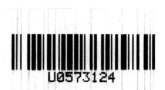

2025 年河南省软科学研究项目“数智技术支持的初中生家庭作业情绪监测”(252400410710)、2023 年河南省职业教育和继续教育课程思政示范课程项目、2021 年度河南省高等教育教学改革研究与实践项目“基于智慧课堂的教学质量智能监控研究”（2021SJGLX254）。

混合学习环境中的学业情绪与认知投入

基于控制-价值理论的实证研究

马运朋 / 著

ACADEMIC EMOTIONS AND COGNITIVE ENGAGEMENT IN BLENDED LEARNING ENVIRONMENTS

An Empirical Study Based on the Control-Value Theory

社会科学文献出版社
SOCIAL SCIENCES ACADEMIC PRESS (CHINA)

目　录

第一章

混合学习中学业情绪和认知投入研究的背景与核心概念

当个性化的学习成为人民群众的普遍期待时，回应和满足这些期待便成为教育改革发展的内在需求。在现代教学理论越来越强调“学”的背景下，传统学校教育、在线教育均受到了极大影响，从为学习者提供个性化学习服务的角度看，线上线下相混合的教学形式因能为学习者提供更多的自主性、灵活性而契合了这一诉求。混合学习成为教育领域最受欢迎的教学设计策略，得到了广泛的应用。不可否认，混合学习是当下教育的“新常态”已成为广大研究者、教学实践者、政府和教育机构的基本共识。实践表明，尽管混合学习在理论上具有诸多优势，但在实践中低效、无效的案例屡见不鲜。其中一个可能的主要原因是混合学习作为一种复合型学习方式，其效果受到多种因素的影响，如混合学习环境设计、学生对混合学习方式的价值评估等。然而，关于混合学习效果影响因素及其作用机制的研究尚显不足，缺乏深入、系统的探讨，导致在设计和开展混合学习实践时缺乏具体且有益的指导，混合学习的效果难以达到预期。因此，亟须对混合学习效果的影响因素及其作用机制进行更为细致的研究，从而为混合学习实践提供更为精准、有效的指引。

第一节　混合学习成为教育研究的时代课题

一　混合学习是适应21世纪人才培养需求的重要途径

进入21世纪，新技术和数字化的发展产生了巨大的影响，数字技术正在成为推动全球发展变化的基础变量，从根本上改变了人们传统的工作、学习和生活方式。信息通信技术革命带来的社会变革，重新定义了社会期望和要求，这些期望和要求被认为是有价值的知识和基本技能。同时，随着科技的飞速发展，社会对人才的要求日益提高，21世纪学习者面临的挑战之一不仅是学习什么，还包括如何学习。“需要学习什么知识，以什么方式展开学习”成为技术革新背景下教育领域的核心命题①。根据 Häkkinen 等②的观点，教育机构必须将这些技能以及支持这些技能的教学实践纳入课程，这些教学实践同样对更好的学习环境提出了要求，即让学生能够积极参与使用信息和通信技术设备。因此，学生需要学什么以及怎样学，与两个方面相关：学生需要针对21世纪的生活和工作学习什么以及他们需要或想要怎样的学习环境③。

在一个日益以技术为驱动力的世界里，由于社会需求的不断变化，传统的教育模式已经难以完全满足当前及未来社会对人才的需求，关于重新思考教育必要性的讨论激增。社会期望发生了变化，学生身份也比以前复杂得多，这都要求教育做出相应的变化。教育系统所面临的挑战是如何改变课程内容和教学过程，使学生具备在这个信息丰富和不断变化的环境中有效发挥作用的技能，即要让学习者为“真实世界”做好准备。这是前文所涉第一个“教什么”或者“学什么”的问题。与此同时，信息技术提供了前所未有的机会来满足下一代学习者的需求和期望，成为教育变革的主要驱动力。信息技术的引入优化了学习和教学环境，对几乎所有教育机构来说都是一个挑战，许多大学教室正在从以教师为中心的封闭空间，过渡到以学生为中心、充满技术的动态变化环境，以适应学习者进行主动、协作学习的需求，这涉及第二个“怎么教”或者“怎样学”的问题。

---

① 杨晓哲、叶露：《新技术支持下义务教育的学习环境与方式变革》，《全球教育展望》2022年第5期。

② Häkkinen, P., et al., “Preparing Teacher-students for Twenty-first-century Learning Practices (PREP 21): A Framework for Enhancing Collaborative Problem-solving and Strategic Learning Skills”, *Teachers and Teaching* 23 (1), 2017, pp. 25-41.

③ 约翰·丹尼尔等：《理解教育技术——从慕课到混合学习，下一步走向何方?》，翁朱华、顾凤佳译，《开放教育研究》2015年第6期。

正如 Fullan① 所强调的那样，如果没有和技术有效配合的教学方法，仍然使用传统面对面的以教师为中心的讲授式教学模式，那么就容易造成技术使用与教学实际的脱离，技术就不能带来教学的实质性变革和实现所期望的教学目标。为了适应技术发展对教育形态变革提出的要求，就必须从呆板的、师生授受、技术低效使用的传统课堂教学模式，转向技术赋能的、贯通课堂内外的、从校内向校外延伸、从物理空间向虚拟空间拓展的数字化学习新形态。高等教育正在积极寻找有效的学习模式，探索新技术背景下教与学的环境创变与方法变革，发挥信息技术的优势，探索线上线下深度融合，构建面向个性化、适应差异性、更加开放灵活的教育新生态，为学生提供更多的学习机会，使其学习质量更高。

混合学习作为一种设计方法，能够提供更灵活、多样化、个性化的学习模式，实现以学生为中心的主动学习，促进学生沟通能力、信息素养、创造力和协作能力等 21 世纪重要技能的发展。Hadiyanto 等②研究发现，在混合学习课堂学习的学生技能有显著提升。混合学习为满足 21 世纪的教育改革和人才培养需求提供了可能，成为应对高等教育转型和 21 世纪学习变革挑战的一种有效策略。越来越多的国家、国际组织、教育机构认可和接受混合学习，并视混合学习为教育改革和创新的一项重要举措。混合学习被认为是“高等教育发生重大变化的先兆”③，正成为教育领域的一个主要全球趋势，最终将成为“新的传统模式”④。

---

① Fullan, M., *Stratosphere: Integrating Technology, Pedagogy, and Change Knowledge* (Toronto, Ontario: Pearson Canada Ltd., 2013), p. 7.

② Hadiyanto, H., Failasofah, F., et al., “Students' Practices of 21st Century Skills between Conventional Learning and Blended Learning”, *Journal of University Teaching and Learning Practice* 18 (3), 2021, pp. 83-102.

③ Dziuban, C., Graham, C. R., Moskal, P. D., et al., “Blended Learning: The New Normal and Emerging Technologies”, *International Journal of Educational Technology in Higher Education* 15, 2018, pp. 1-16.

④ Graham, C. R., “Emerging Practice and Research in Blended Learning”, *Handbook of Distance Education*, ed. Moore, M. G. (New York, N. Y.: Routledge, 2013), p. 333.

二 学生混合学习投入有待进一步理论研究和实践改进

混合学习作为一种融合了传统面对面教学和在线学习的模式，旨在通过结合两种学习方式的优势，提高学生的学习成效，已经成为21世纪教育改革的重要趋势。先前关于混合学习实践的研究表明，混合学习能够带来许多积极的结果，比如增强学生学习、反思和合作的动机，降低辍学率，消除地理、时间、情境等条件的限制和障碍，给学生提供更灵活的学习活动[①]。然而，混合学习所蕴含的这些优势，是否天然地会产生比其他学习方式更好的学习效果？为了回答这个问题，很多学者围绕面对面教学、在线学习、混合学习的效果进行了大量的比较研究。结果发现，尽管混合学习的好处是广泛且被认可的，但对其效果的研究结论并不一致。例如，关于不同学习方式之间考试成绩的比较研究，Dowling 等[②]和 Webb 等[③]研究发现，混合学习的考试和作业成绩与传统课堂教学相比显著更高。其他研究则得出了与此相反的结论，Chen 和 Jones[④] 以及 Cosgrove 和 Olitsky[⑤] 发现不同教学形式之间的考试成绩没有显著差异，而 Bryant 等[⑥]则发现传统课堂教学模式的考试成绩更好。即使如此，研究人员仍然认为，由于使用了互动技术，混合学习可以产生更高的认

① Oftedal, B. F., Urstad, K. H., Hvidsten, V., et al., "Blended VS On-campus Learning: A Study of Exam Results in the Bachelor Degree in Nursing", *International Journal of Learning, Teaching and Educational Research* 11 (3), 2015, pp. 59-68.

② Dowling, C., Godfrey, J. M., Gyles, N., "Do Hybrid Flexible Delivery Teaching Methods Improve Accounting Students' Learning Outcomes?", *Accounting Education* 12 (4), 2003, pp. 373-391.

③ Webb, H. W., Gill, G., Poe, G., "Teaching with the Case Method Online: Pure Versus Hybrid Approaches", *Decision Sciences Journal of Innovative Education* 3 (2), 2005, pp. 223-250.

④ Chen, C. C., Jones, K. T., "Blended Learning vs. Traditional Classroom Settings: Assessing Effectiveness and Student Perceptions in an MBA Accounting Course", *Journal of Educators Online* 4 (1), 2007, pp. 1-15.

⑤ Cosgrove, S. B., Olitsky, N. H., "Knowledge Retention, Student Learning, and Blended Course Work: Evidence From Principles of Economics Courses", *Southern Economic Journal* 82 (2), 2015, pp. 556-579.

⑥ Bryant, K., Campbell, J., Kerr, D., "Impact of Web Based Flexible Learning on Academic Performance in Information Systems", *Journal of Information Systems Education* 14 (1), 2003, pp. 41-50.

知投入度[①]。因此，虽然有不同的结论，但混合学习一直被认为是一种高质量的教学方法，它比传统的面对面教学或完全在线教学更具潜力也是众多研究结论中的主流观点[②]。

现有研究相互矛盾的结果表明，混合学习和其他教学形式对学习效果的影响可能远比教学模式的差异复杂得多，仅仅简单地把教学模式作为类别变量来进行效果比较并不能很好地解释为何会产生不同结果，还缺乏对混合学习效果影响机制的全面了解。因此，另一个学者们感兴趣的研究议题就是混合学习如何才能取得好的学习效果。回答这一问题需要更细致的研究，深入分析混合学习的具体设计特征，如互动性、灵活性，并综合考虑可能因素的影响，如学生的心理特征、在线学习经验、先验知识、学科背景、人口学特征等。现有的研究主要集中在混合学习环境及其特征对认知学习结果（如考试成绩）、知识自我评估和学习者反应（如学习者满意度）等方面的影响。例如，Pearcy[③] 研究了面对面教学、在线教学和混合教学中互动数量和质量对学生学习体验和满意度的影响，结果表明混合学习增加了高质量的互动机会，与更积极的学习成果相关。Müller 和 Wulf[④] 认为学生心理特征在学习中起着重要作用，学生的心流体验介导了课程灵活性和互动对感知学习的积极影响。一项对 238 名学生调查数据的多元回归分析结果表明，混合学习设计特征，如技术质量、在线工具和资源、面对面支持，与学生的态度和自我调节共同预测了学生满意度，但这些不是学习效果的显著预测因素[⑤]。

① Yang, S. H., "Conceptualizing Effective Feedback Practice Through An Online Community of Inquiry", *Computers & Education* 94, 2016, pp. 162-177.

② Wold, K., "Collaborative Inquiry: Expert Analysis of Blended Learning in Higher Education", *International Journal on E-learning* 12 (2), 2013, pp. 221-238.

③ Pearcy, A. G., "Finding The Perfect Blend: A Comparative Study of Online, Face-to-Face, and Blended Instruction", University of North Texas, 2009.

④ Müller, F. A., Wulf, T., "Blended Learning Environments and Learning Outcomes: The Mediating Role of Flow Experience", *The International Journal of Management Education* 20, 2022, p. 100694.

⑤ Kintu, M. J., Zhu, C., Kagambe, E., " Blended Learning Effectiveness: The Relationship Between Student Characteristics, Design Features and Outcomes", *International Journal of Educational Technology in Higher Education* 14, 2017, pp. 1-20.

经过文献梳理发现，一方面，混合学习作为一种教学方法，通过结合在线和面对面学习，已被证明能够提升学生的学习投入度和学习成果①；另一方面，在众多混合学习成效影响因素中，作为“教育底线”② 和“学习圣杯”③ 的学习投入被认为是影响学习成效的关键因素。虽然已有研究探索了混合学习环境的某些特征对学习投入的影响，但混合学习的有效性受到相当多潜在因素的影响，现有结论仍然不够丰富，混合学习在什么情况下能够成功仍然不够清楚，是实践中想要引入混合学习的教育机构和教师面临的挑战，尤其是认知投入，作为学习投入的重要维度之一，对学生的学业成就具有至关重要的作用。认知投入是指学生在学习过程中，运用适当的学习策略、投入必要的学习精力来理解复杂的问题或掌握复杂的技能④，强调学生在学习过程中的主观努力和对思维策略的运用，是衡量学习质量和学习效果的重要指标。尽管已有研究开始探索混合学习环境中的学习投入，但仍然缺乏一致的或具体的理论框架来指导研究或实践⑤。混合学习在满足哪些特定条件、符合哪种特征时才能真正促进认知投入，尚缺乏足够的研究支撑，急需更多关于混合学习中认知投入的研究为走出混合学习实践困境提供指导。

三　学业情绪理论为混合学习认知投入研究提供新视角

学习投入与学业成就、满意度等重要学业成果密切相关。混合学习环境实现了面对面和在线学习方式的结合，带来如何有效地整合两种学习模式，以及如何评估和促进学生的学习投入等挑战。研究者对混合学习环境中的学

---

① Garrison, D. R., Kanuka, H., “Blended Learning: Uncovering Its Transformative Potential in Higher Education”, *The Internet and Higher Education* 7 (2), 2004, pp. 95-105.

② Coates, H., *Student Engagement in Campus-based and Online Education: University Connections* (New York, N. Y.: Routledge, 2006), p. 26.

③ Sinatra, G. M., Heddy, B. C., Lombardi, D., “The Challenges of Defining and Measuring Student Engagement in Science”, *Educational Psychologist* 50 (1), 2015, pp. 1-13.

④ Fredricks, J. A., McColskey, W., “The Measurement of Student Engagement: A Comparative Analysis of Various Methods and Student Self-report Instruments”, *Handbook of Research on Student Engagement*, ed. Dunne, E., Owen, D. (Boston, M. A.: Springer, 2012).

⑤ Halverson, L. R., Graham, C. R., “Learner Engagement in Blended Learning Environments: A Conceptual Framework”, *Online Learning* 23 (2), 2019, pp. 145-178.

习投入进行了广泛研究。比如，Vaughan① 的研究强调了通过异步通信技术评估学习投入的重要性，并提倡利用协作学习应用程序和混合评估方法来提高学生的学习投入度和满意度。Fisher 等②通过经验抽样和结构方程建模调查了学生的学习投入度，研究发现，翻转和混合学习与学生的投入度、表现和满意度正相关。同时，Halverson 和 Graham③ 提出了一个混合学习环境中学习者投入的概念框架，包括认知和情感指标，为理解学生的投入提供了新的视角。已有研究结果共同表明混合学习投入在优化学生学习体验和成果方面的重要性，并为教育者提供了宝贵的见解，来改进混合学习环境的教学设计和评估策略。

然而，在混合学习环境中，学生需要在面对面和在线学习模式之间进行切换，可能会引发不同的学业情绪反应，如焦虑、兴奋或挫败感等。如果学生不能够有效地管理和调节这些情绪，将有可能影响混合学习环境中的认知投入水平，进而影响混合学习效果。理解混合学习环境中学业情绪何以产生、如何影响认知投入，对于提高混合学习效果至关重要。Pekrun④ 提出的学业情绪控制-价值理论强调学业情绪（与学习活动、学习结果直接相联系的各种情绪）在学生学习过程中的重要作用。该理论融合了归因理论、控制感理论以及期望价值理论等多个理论视角，构建了一个全面的研究框架，让研究者能够更全面地理解学业情绪的产生机制和影响因素，为深入研究学业情绪奠定了理论基础。

学业情绪控制-价值理论认为，学业情绪是与学习活动和学习结果直接相关的各种情绪体验，例如学习过程中的兴奋、成功后的自豪感，以及考试相

① Vaughan, N., "Student Engagement and Blended Learning: Making the Assessment Connection", *Education Sciences* 4 (4), 2014, pp. 247-264.

② Fisher, R., Perényi, A., Birdthistle, N., "The Positive Relationship Between Flipped and Blended Learning and Student Engagement, Performance and Satisfaction", *Active Learning in Higher Education* 22 (2), 2021, pp. 97-113.

③ Halverson, L. R., Graham, C. R., "Learner Engagement in Blended Learning Environments: A Conceptual Framework", *Online Learning* 23 (2), 2019, pp. 145-178.

④ Pekrun, R., "The Control-Value Theory of Achievement Emotions: Assumptions, Corollaries, and Implications for Educational Research and Practice", *Educational Psychology Review* 18 (4), 2006, pp. 315-341.

关的焦虑等。积极的学业情绪（如兴趣、愉快、希望）能够激发学生的学习动机，促使学生更加主动地参与学习活动。比如，在混合学习中，积极的情绪体验能够促使学生更加积极地利用线上资源、参与讨论、完成作业等，从而提高认知投入水平。相反，消极的学业情绪（如羞愧、焦虑、气愤）则会削弱学生的学习动机，降低认知投入。学业情绪控制-价值理论为混合学习环境中的认知投入研究提供了新的视角和思路，也为通过设计多样化的学习任务和活动、提供必要的支持和指导等方式影响学生的学业情绪变化，进而为有效提高学生的认知投入水平和学习效果提供了指导。

第二节　核心概念界定

混合学习环境、学业情绪和认知投入是本研究的核心概念，围绕着这三个概念的定义和相互关系呈现本研究主题在研究领域中所处的学术场域，对理解本研究的目标、内容和意义是必要的，图 1-1 呈现了相关概念研究领域之间的关系。

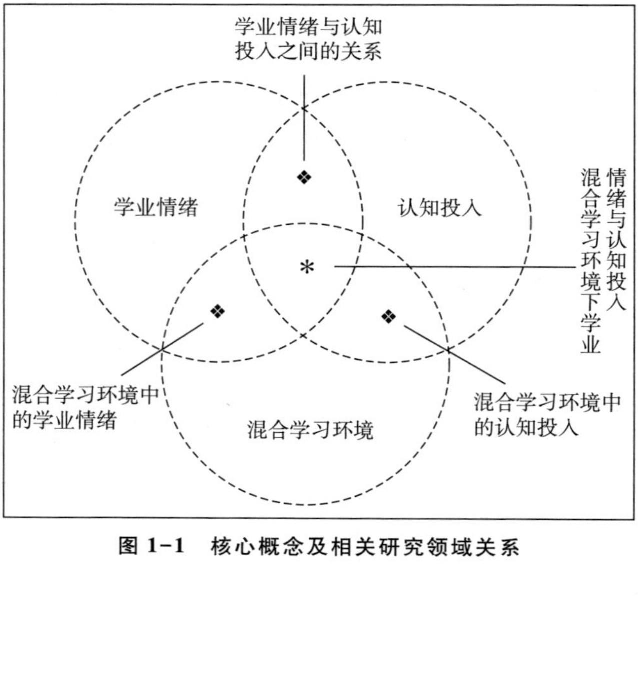

图 1-1　核心概念及相关研究领域关系

一 混合学习环境

教育是人类生活中最重要的方面之一，由于技术飞速进步，教育发生了巨大的变化。互联网的出现和指数式增长让在线学习成为一种可选择的常态化学习方式，甚至成为教育体验的常规组成部分，带来了学习环境的新趋势和新用途。新时代的教学环境要求师生之间进行更多的技术整合①，出现了电子学习、远程学习、基于网络的学习等教学方法。而随着网络技术在教育领域的应用，传统的面对面学习环境和新兴的在线学习环境之间的界限逐渐模糊，面对面学习与在线学习两种学习环境走向结合、两种学习方式不断融合，使面对面学习和在线学习相关要素结合起来，为学习环境提供了多种结构，并为如何最大限度地提供教学和技术支持提供了指导②。研究人员和教育机构对此表现出极大的兴趣，试图从面对面学习环境和在线学习环境提供的优势中获益，混合学习环境也在学习方式、学习环境概念嬗变的过程中肇始并不断发展，进入理论研究和实践探索视野。

对混合学习环境概念的理解有两个角度。一个是从术语构成角度把混合学习和学习环境结合起来看混合学习环境的定义。基于对"混合学习"和"学习环境"两个概念的梳理和界定，两个术语结合而成的混合学习环境，是适应特定情境的众多学习环境的具体体现之一，其表征的是用于支撑、实现、优化混合学习的一种学习环境。它是支持面对面学习与在线学习相结合的学习方式中所有要素的集合③，包括线下面对面学习环境和在线学习环境两个部分所需的物质条件、心理特征、人际关系等相关激励和支撑条件，用于支持完成面对面和在线学习活动，诸如教师讲授、分组讨论、评估指导和学生展

① Kintu, M. J., Zhu, C., Kagambe, E., "Blended Learning Effectiveness: The Relationship Between Student Characteristics, Design Features and Outcomes", *International Journal of Educational Technology in Higher Education* 14, 2017, pp. 1-20.

② Yang, S., Carter, Jr R. A., Zhang, L., et al., "Emanant Themes of Blended Learning in K-12 Educational Environments: Lessons from the Every Student Succeeds Act", *Computers & Education* 163, 2021, p. 104116.

③ 卢丹：《批判性思维导向的混合学习环境设计与应用研究——以大学实用英语写作课为例》，博士学位论文，东北师范大学，2018，第5页。

示阐述等线下活动，以及异步讨论、协同探究、自主学习以及参与论证等在线活动①，强调在线学习环境与课堂教学环境的融合，结合线上学习和实体教学的优势，为学生打造一个适应知识构建的场域②。

另一个是从实践操作角度把面对面学习环境和在线学习环境结合起来看混合学习环境的定义。面对面学习体验和在线学习的结合点是混合学习的生长点，也是理解两种环境结合的出发点。在线学习环境与面对面学习环境的主要区别在于技术的使用程度、方式，在线学习逐渐将学习过程中的控制和责任转移到学习者身上，让他们有机会随时随地学习，这种转变似乎对学习者的学习效率产生了积极的影响③。混合学习环境是指面对面教学环境和以信息通信技术为媒介的教学环境的有效混合④。其关键就是如何在在线学习和传统面对面学习环境之间找到平衡，既能充分发挥传统面对面教学的优势，又能充分发挥在线学习的优势。Graham 和 Allen⑤ 将混合学习环境描述为两种典型学习环境，即传统的面对面学习环境和 ICT 中介或电子学习环境的教学、方法和交互媒体的组合。

在当前的教育领域，混合学习环境的定义已经得到了广泛的探讨和应用。然而，不管是术语构成视角还是实践操作视角，只不过是看待混合学习环境定义的角度不同罢了，它们所表达的本质内容是一致的，也是本研究对混合学习环境的理解，即通过支持面对面学习和在线学习相关要素或条件的融合，创设灵活、交互的环境，既能发挥面对面学习的优势，如通过协作和社区进行的互动增强社会联结，又能体现在线学习的优势，如学习的灵活性、自主性，实现两种学习环境的优势互补，达到两种学习方式的效益倍增。

---

① 陈新亚：《混合学习环境下高校课堂论证式教学研究》，博士学位论文，浙江大学，2022，第9页。

② 吴南中：《混合学习视域下的教学设计框架重构——兼论教育大数据对教学设计的支持作用》，《中国电化教育》2016 年第 5 期。

③ Chou, S. W., Liu, C. H., "Learning Effectiveness in a Web-based Virtual Learning Environment: A Learner Control Perspective", *Journal of Computer Assisted Learning* 21 (1), 2005, pp. 65-76.

④ Driscoll, M., "Blended Learning: Let's Get Beyond the Hype", *E-learning* 1 (4), 2002, pp. 1-4.

⑤ Graham, C. G., Allen, S., "Designing Blended Learning Environments", *Encyclopedia of Distance Learning*, ed. Rogers, P. L., et al., (IGI Global Scientific Publishing, 2009), p. 563.

二　学业情绪

（一）情绪的定义

情绪（emotions）是一个异常复杂的心理结构，心理学家们对其概念内涵仍未达成共识，以至于这一术语被不同的学者用于表达不同的含义、心理过程和功能①。1981年，Kleinginna和Kleinginna从情绪相关文献中整理出92个定义和9个怀疑论陈述，并根据所强调的情感现象或理论问题，将这些定义和陈述归纳为11类。在此基础上，他们将情绪定义为"情绪是由神经-荷尔蒙系统介导的主、客观因素之间相互作用的复杂集合"②。美国心理学会（American Psychological Association，APA）将情绪定义为"一种复杂的反应模式，涉及经验、行为和生理元素，个体通过这些要素来处理对个人有重大意义的事务或事件"③。Pekrun④将情绪定义为"包含情感、认知、动机、表情及周边心理过程等多元协调过程"。除了试图定义什么是情绪外，研究人员还尝试识别和划分不同类型的情绪及其构成要素。Ekman⑤认为人类文化中普遍存在6种基本情绪：恐惧、厌恶、愤怒、惊讶、喜悦和悲伤。Hockenbury和Hockenbury⑥认为，情绪是复杂的心理状态，涉及3个不同的组成部分：主观体验、生理反应和行为或表达反应。虽然定义界说、分类识别和要素分析的观点众多，尚未形成一个普遍被接受的理论，但情绪对人类的思维和行为起

---

① 乐国安、董颖红：《情绪的基本结构：争论、应用及其前瞻》，《南开学报》（哲学社会科学版）2013年第1期。

② Kleinginna Jr, P. R., Kleinginna, A. M., "A Categorized List of Emotion Definitions, with Suggestions for a Consensual Definition", *Motivation and Emotion* 5 (4), 1981, pp. 345-379.

③ American Psychological Association, "APA Dictionary of Psychology", https://dictionary.apa.org/emotion, updated on 2018-04-19.

④ Pekrun, R., "The Control-Value Theory of Achievement Emotions: Assumptions, Corollaries, and Implications for Educational Research and Practice", *Educational Psychology Review* 18 (4), 2006, pp. 315-341.

⑤ Ekman, P., "Basic Emotions", *Handbook of Cognition and Emotion*, ed. Tim Dalgleish, Mick Power (New York, N. Y.: Wiley, 1999), p. 46.

⑥ Hockenbury, D. H., Hockenbury, S. E., *Discovering Psychology* (New York, N. Y.: Worth Publishers, 2010), p. 321.

着重要的作用，是所有理论的普遍共识和共同基础。

情绪是人对客观事物的态度体验及相应的行为反应，它是人脑的高级功能，与其他的心理过程有复杂的相互作用关系，从而保证着个体的生存和发展①。情绪状态标志着个体适应环境时的生物性动力状态，每一种情绪都代表着某种适应动力②。作为人对客观世界所持有的一种心理状态，情绪反映了个体对周遭各类事物产生的一系列主观感受和心理响应。这种心理状态不仅仅体现在感觉和知觉层面，更重要的是它还表现在思维和意志行为上，与其他心理活动如认知、记忆、意志等存在着错综复杂的相互关系和相互作用，在一定程度上塑造了人类的心理活动模式，并在个体的生存和发展过程中发挥着至关重要的作用，不仅影响个体的心理健康，还关系到个体的社会适应能力和人际交往能力。情绪可以引发个体的生理变化，如心跳加速、血压升高等，这些生理变化有助于个体应对环境中的挑战和威胁。同时，情绪还可以影响个体的认知过程，如注意力、记忆和判断力等，使个体能够更加有效地处理信息和解决问题。

（二）学业情绪的定义

教育情境中的学生在日常学习、课堂教学、学业考试等活动中也会有情绪的产生，并影响着学生的认知加工过程、学业成绩等。学生在学习或教学情境中感受到的与成就相关的情绪被称为学业情绪（academic emotions, achievement emotions），是影响学习的关键因素，它既是学生在教育情境中体验到的，也是学生学业成就和个人成长的工具③。

学业情绪概念最初由德国学者 Pekrun 等④在 2002 年提出，并将之定义为“与成就活动及其成功或失败结果相关的情绪”。学业情绪受到成就任务的成

① 俞国良、董妍：《学业情绪研究及其对学生发展的意义》，《教育研究》2005 年第 10 期。

② 汤冬玲等：《情绪调节自我效能感：一个新的研究主题》，《心理科学进展》2010 年第 4 期。

③ Pekrun, R., Stephens, E. J., "Achievement Emotions in Higher Education", *Higher Education: Handbook of Theory and Research*; ed. Paulsen, M. B., Perna, L. W., (Springer Netherlands, 2010).

④ Pekrun, R., Goetz, T., Titz, W., et al., "Academic Emotions in Students' Self-regulated Learning and Achievement: A Program of Qualitative and Quantitative Research", *Educational Psychologist* 37 (2), 2002, pp. 91-105.

功和失败、相关的认知评估以及学校、家庭等社会环境的共同影响，同时反过来影响个体的注意力、动机、策略的使用、执行任务时的自我调节以及长期的成就结果①。国内学者俞国良、董妍②对学业情绪的范围做了界定，认为学业情绪不仅包括学生在获悉学业成功或失败后体验到的各种情绪，同样也包括学生在课程学习中的情绪体验、在日常做作业过程中的情绪体验以及在考试期间的情绪体验等。学业情绪与一般情绪同属人类情绪，但又具有异于一般情绪的特征：①主体特定，即学业情绪的主体是以学习为主要活动的学生；②情境特殊，即学业情绪是在学习活动发生的情境中产生的，因而受到学习环境、个体特征等因素的综合影响；③领域特异，即不同的专业领域和学科，学业情绪的产生、前因及后果也不同③。

Pekrun 和 Perry④ 从效价（valence）、唤醒水平（arousal）和客体聚集（object focus）3 个维度对学业情绪进行划分，形成学业情绪 3×2 框架。效价区分了积极学业情绪（如享受学习过程、取得成就之后的骄傲等）和消极学业情绪（如测试之前的焦虑、无法成功的无望等）。唤醒水平是指伴随情绪体验的个体生理系统的唤醒或激活程度，区分了高唤醒度（激活）学业情绪与低唤醒度（失活）学业情绪。客体聚焦区分了活动相关学业情绪与结果相关学业情绪，而结果相关学业情绪从历时角度又区分了与正在进行的动作或事件平行发生的并发情绪、与未来动作和事件相关的前瞻性情绪和与过去动作和事件相关的回顾性情绪。同时，根据发生的具体情境，又分为课堂学业情绪（class-related emotions）、学习学业情绪（learning-related emotions）、测试学业情绪（test emotions）⑤。

---

① Pekrun, R., "The Control-Value Theory of Achievement Emotions: Assumptions, Corollaries, and Implications for Educational Research and Practice", *Educational Psychology Review* 18 (4), 2006, pp. 315-341.

② 俞国良、董妍：《学业情绪研究及其对学生发展的意义》，《教育研究》2005 年第 10 期。

③ 马惠霞：《大学生学业情绪研究》，北京师范大学出版社，2011。

④ Pekrun, R., Perry, R. P., "Control-Value Theory of Achievement Emotions", *International Handbook of Emotions in Education*, ed. Robertson, L. (New York, N. Y.: Routledge, 2014).

⑤ Pekrun, R., Goetz, T., Perry, R. P., "Academic Emotions Questionnaire (AEQ)-User's Manual", Department of Psychology, University of Munich: Munich, Germany, 2005.

参考 Pekrun 等①的研究，本研究中所涉及的学习相关学业情绪共 8 种，根据学业情绪三维分类方法，每个情绪在分类框架所处位置见表 1-1。本研究根据效价和唤醒水平两个维度，将所要研究的与学习相关的学业情绪分为 3 类：积极激活情绪包括享受、希望和骄傲，消极激活情绪包括愤怒、焦虑和羞愧，消极失活情绪包括无聊和绝望。

表 1-1　纳入研究的学习相关学业情绪

客体聚焦	积极情绪	消极情绪	
	激活	激活	失活
活动相关	享受（enjoyment）	愤怒（anger）	无聊（boredom）
结果相关（前瞻性）	希望（hope）	焦虑（anxiety）	绝望（hopeless）
结果相关（回顾性）	骄傲（Pride）	羞愧（Shame）	

三　认知投入

（一）学习投入

Shulman② 认为“学习始于学生的投入”，Kuh③ 总结大量关于大学生发展的研究发现，学习投入是学习和个人发展的唯一最佳预测指标。与此同时，学习投入也被用作课堂教学成功的指标和机构卓越的标志④。学习投入早在 20 世纪 30 年代就已经开始在教育领域得到关注，20 世纪 80 年代开始被广泛

① Pekrun, R., Goetz, T., Frenzel, A. C., et al., “Measuring Emotions in Students' Learning and Performance: The Achievement Emotions Questionnaire (AEQ)”, *Contemporary Educational Psychology* 36 (1), 2011, pp. 36-48.

② Shulman, L. S., “Making Differences: A Table of Learning”, *Change: The Magazine of Higher Learning* 34 (6), 2002, pp. 36-44.

③ Kuh, G. D., “What We' re Learning About Student Engagement From NSSE: Benchmarks for Effective Educational Practices”, *Change: The Magazine of Higher Learning* 35 (2), 2003, pp. 24-32.

④ Axelson, R. D., Flick, A., “Defining Student Engagement”, *Change: The Magazine of Higher Learning* 43 (1), 2010, pp. 38-43.

讨论，当时它通常被认为与防止学生无聊和辍学有关[①]。学习投入的概念在文献中已经存在了将近一个世纪，其含义随着时间的推移而演变。

从行为观点来看，学习投入被视为学生的行为参与和有效的教学实践[②]。Kuh[③]将学习投入定义为“学生投入的时间和精力，这些活动在经验上与大学的预期结果有关，以及机构如何引导学生参与这些活动”。行为观点突出了学生积极参与课堂活动和教育过程的重要性，以及教师在激发学生潜力方面的关键作用。随着心理学研究的深入，学习投入开始被看作一种多维的个体心理状态，涵盖情感、认知和行为等多个层面[④]。Skinner 等[⑤]认为，“学习投入”一词通常是指学生积极投入学习活动内容的程度，包括学生在学习任务中的主动行为、努力和坚持，以及他们在学习活动中的情绪状态。学习投入被 Appleton 等[⑥]描述为“活动中的能量”（energy in action），人与活动的连接。心理学强调了学生个体内在动机、自我调节学习能力以及对学习内容的兴趣等心理因素在教育过程中的重要作用。

社会文化视角将学习投入的概念扩展到社会文化背景，认为学习投入不仅受个体心理状态的影响，还与其所处的社会文化环境密切相关[⑦]。

---

① Finn, J. D., Zimmer, K. S., "Student Engagement: What Is It? Why Does It Matter?", *Handbook of Research on Student Engagement*, ed. Reschly, A. L., Christenson, S. L. (Boston, M. A.: Springer US, 2012).

② Kuh, G. D., Cruce, T. M., Shoup, R., et al., "Unmasking the Effects of Student Engagement on First-year College Grades and Persistence", *The Journal of Higher Education* 79 (5), 2008, pp. 540–563.

③ Kuh, G. D., "The National Survey of Student Engagement: Conceptual and Empirical Foundations", *New Directions for Institutional Research* 2009 (141), 2009, pp. 5–20.

④ Fredricks, J. A., Blumenfeld, P. C., Paris, A. H., "School Engagement: Potential of the Concept, State of the Evidence", *Review of Educational Research* 74 (1), 2004, pp. 59–109.

⑤ Skinner, E. A., Wellborn, J. G., Connell, J. P., "What It Takes to Do Well in School and Whether I've Got It: A Process Model of Perceived Control and Children's Engagement and Achievement in School", *Journal of Educational Psychology* 82 (1), 1990, pp. 22–32.

⑥ Appleton, J. J., Christenson, S. L., Kim, D., et al., "Measuring Cognitive and Psychological Engagement: Validation of the Student Engagement Instrument", *Journal of School Psychology* 44 (5), 2006, pp. 427–445.

⑦ Zyngier, D., "(Re) conceptualising Student Engagement: Doing Education Not Doing Time", *Teaching and Teacher Education* 24 (7), 2008, pp. 1765–1776.

Coates[①] 将其定义为“一种广泛的结构，包括主动学习，参与具有挑战性的学术活动，与学术人员沟通，积累丰富的教育经验，以及感到大学学习社区的合法性和支持”。社会文化视角认识到了家庭背景、社会价值观和教育政策等宏观因素对学习投入的深远影响。近年来，建构主义方法为理解学习投入带来了新的视角，它侧重于学生的身份认同、自我感知以及他们与教育背景的互动关系[②]。建构主义观点认为，学生是自身学习经历的主动建构者，他们的学习投入是个体与教育环境相互作用的结果。Kahu[③] 在 2013 年提出的学习投入框架中，将上述多元观点融合在一起，将学习投入视为一个嵌入社会文化背景中的复杂现象。Fredericks 等[④]讨论了学习投入作为一种元结构的潜力，将不同的研究方向，如动机、归属感、学校氛围等结合在一起，为研究这些相互包含的结构如何相互作用提供了一个机会。综合观点不仅综合了行为参与、心理状态、社会文化因素和建构主义视角，还旨在区分和理解学习投入的前因后果，为教育实践提供了一个更为全面和深入的理论基础。通过这种整合性的视角，可以更全面地理解学习投入的多维特性，以及如何通过教育实践来促进学习投入。

现有关于学习投入的理论和研究文献表明，研究中使用的概念和术语存在相当大的差异[⑤]。研究人员经常使用的英文术语有 engagement、student engagement、learner engagement、learning engagement、academic engagement 等，还有学者使用 school engagement、course engagement、participation、involve-

① Coates, H., “A Model of Online and General Campus-based Student Engagement”, *Assessment & Evaluation in Higher Education* 32 (2), 2007, pp. 121-141.

② Kahu, E., Stephens, C., Leach, L., et al., “Linking Academic Emotions and Student Engagement: Mature-aged Distance Students' Transition to University”, *Journal of Further and Higher Education* 39 (4), 2014, pp. 481-497.

③ Kahu, E. “Framing Student Engagement in Higher Education”, *Studies in Higher Education* 38 (5), 2013, pp. 758-773.

④ Fredricks, J. A., Blumenfeld, P. C., Paris, A. H., “School Engagement: Potential of the Concept, State of the Evidence”, *Review of Educational Research* 74 (1), 2004, pp. 59-109.

⑤ Appleton, J. J., Christenson, S. L., Furlong, M. J., “Student Engagement with School: Critical Conceptual and Methodological Issues of The Construct”, *Psychology in the Schools* 45 (5), 2008, pp. 369-386.

ment、investment 等。Wong 和 Liem① 对文献中学习投入的概念进行了总结，并分析了不同概念之间的相关关系。他们提出双因素模型，将学习投入与学校参与区分开来，并详细阐明了两个维度下不同学习投入的概念定义和范围，比如学习投入根据学习活动分类，可划分为具体学科的学习投入，如数学学习投入、科学学习投入，在具体学科学习投入之下，又可以根据活动类型细化为学科课堂学习投入、作业学习投入、自我学习投入等，而具体情境投入下又包括具体的学习投入维度，比如行为投入、情感投入、认知投入等。而学校投入则是指学生与学校共同体的联结状态，包括关系性投入、参与性投入和心理性投入。

众多关于学习投入概念的一个共同点是其多维结构特征。Ainley② 认为学习投入由 3 个维度构成：深层（deep）投入、浅层（surface）投入、成就（achieving）投入。Fredricks 等③在行为、情感和认知 3 个维度的基础上新增加了社交投入，Reeve 和 Tseng④ 提出了代理投入维度，作为学习投入的第 4 个维度。Schaufeli 等⑤的学习投入量表包括活力、奉献和专注 3 个维度。Shernoff 等⑥基于心流理论（Flow Theory）将学习投入概念转化为享受、专注和兴趣的组合。在众多学习投入构成维度的理论中，行为、情感和认知是学习投入 3 个主要维度（也有文献使用亚型、构念、子类型等概念）的观点被广泛

① Wong, Z. Y., Liem, G. A. D., "Student Engagement: Current State of the Construct, Conceptual Refinement, and Future Research Directions", *Educational Psychology Review* 34 (1), 2021, pp. 107-138.

② Ainley, M. D., "Interest in Learning and Classroom Interactions", *Perspectives on Practice and Meaning in Mathematics and Science Classrooms*, ed. Clark, D. (Dordrecht: Springer Netherlands, 2001).

③ Fredricks, J. A., Wang, M. T., Linn, J. S., et al., "Using Qualitative Methods to Develop a Survey Measure of Math and Science Engagement", *Learning and Instruction* 43, 2016, pp. 5-15.

④ Reeve, J., Tseng, C. M., "Agency as a Fourth Aspect of Students' Engagement During Learning Activities", *Contemporary Educational Psychology* 36 (4), 2011, pp. 257-267.

⑤ Schaufeli, W. B., Martínez, I. M., Pinto, A. M., et al., "Burnout and Engagement in University Students", *Journal of Cross-cultural Psychology* 33 (5), 2002, pp. 464-481.

⑥ Shernoff, D. J., Csikszentmihalyi, M., Shneider, B., et al., "Student Engagement in High School Classrooms from the Perspective of Flow Theory", *School Psychology Quarterly* 18 (2), 2003, pp. 158-176.

接受和使用。

（二）认知投入

如前所述，不同的视角导致了学习投入的多个定义和维度，而从行为角度理解学习投入过于狭隘，需要从心理学角度看待学生的学习投入，所以与学生心理投入有关的认知投入成为很多学习投入构成维度的共同内容。认知投入的定义因研究者的理论视角和语境的不同而不同，同样尚未达成明确的共识。文献中存在很多定义，Corno 和 Mandinach[①] 首次使用“认知投入”一词，把它作为动机行为的测量指标，并认为认知投入影响学生在课堂任务上付出努力的数量和种类，自我调节学习则是认知投入的最高形式。Fredricks 等[②]将认知投入视为学生的内部学习过程，如自我调节、元认知和反思。Lee 和 Koszalka[③] 将认知投入定义为“涉及对学习任务的有意义和深思熟虑的方法”。Richardson 和 Newby[④] 认为认知投入是学生在学习过程中使用的动机和策略。Fredricks 和 McColskey[⑤] 将认知投入视为学生参与学习活动的水平，包括思维、策略和理解复杂想法的努力。

尽管研究人员从不同的角度阐述了认知投入的定义，但他们普遍认同认知投入是学习投入的重要组成部分之一，是学习者在学习环境中为理解和掌握复杂的学习内容和学习技能而付出的努力，并与学习者学习策略的应用有

① Corno, L., Mandinach, E. B., “The Role of Cognitive Engagement in Classroom Learning and Motivation”, *Educational Psychologist* 18 (2), 1983, pp. 88-108.

② Fredricks, J. A., Blumenfeld, P. C., Paris, A. H., “School Engagement: Potential of the Concept, State of the Evidence”, *Review of Educational Research* 74 (1), 2004, pp. 59-109.

③ Lee, S., Koszalka, T. A., “Course-level Implementation of First Principles, Goal Orientations, and Cognitive Engagement: A Multilevel Mediation Model”, *Asia Pacific Education Review* 17 (2), 2016, pp. 365-375.

④ Richardson, J. C., Newby, T., “The Role of Students' Cognitive Engagement in Online Learning”, *American Journal of Distance Education* 20 (1), 2006, pp. 23-37.

⑤ Fredricks, J. A., McColskey, W., “The Measurement of Student Engagement: A Comparative Analysis of Various Methods and Student Self-report Instruments”, *Handbook of Research on Student Engagement*, ed. Dunne, E., Owen, D. (Boston, M. A.: Springer, 2012).

关。认知投入是学生在学习中进行认知和策略性投入的过程[①]，也就是学生所采用的影响其学习过程的认知策略[②]。策略的使用可以是肤浅的，也可以是深刻的。浅层（shallow/surface）认知投入涉及记忆和阐述策略的使用，深层（deep/meaningful）认知投入则包括在学生尝试将新思想与旧思想联系起来时使用的阐述和组织策略。认知投入被认为是评估学生学习的一个关键指标，是有意义学习的先决条件。更高水平的认知投入表明学生更有可能构建高层次有意义的知识，并实现深度认知加工，进而可能取得更好的学习成绩。

综上所述，本书参考 Greene[③] 的相关研究，根据认知策略使用的类型和程度、自我调节过程的使用以及付出努力的程度来定义和测量认知投入，并将混合学习过程中的认知投入分为浅层认知投入和深层认知投入。浅层认知投入涉及死记硬背和其他有意识的、机械的而不是深思熟虑的认知行为，主要涉及重复阅读、记忆等浅层认知策略；深度认知投入被视为主动利用先验知识，通过将新信息与先验知识进行整合，有意识地创造更复杂的知识结构的过程，主要涉及鉴别、联结等深层认知策略。

---

① Shelbi, L., et al., "Students' Active Cognitive Engagement with Instructional Videos Predicts Stem Learning", *Computers & Education* 216, 2024, p. 105050.

② Li, S., Lajoie, S. P., "Cognitive Engagement in Self-regulated Learning: An Integrative Model", *European Journal of Psychology of Education* 37 (3), 2021, pp. 833-852.

③ Greene, B. A., "Measuring Cognitive Engagement With Self-report Scales: Reflections from over 20 Years of Research", *Educational Psychologist* 50 (1), 2015, pp. 14-30.

第二章
文献综述

混合学习环境通过整合线上和线下教学活动，旨在为学生提供更加灵活、个性化的学习体验。混合学习环境中学生的学业情绪和认知投入被认为是影响学习效果和学习体验的重要因素。然而，这种教学模式对学生的学业情绪和认知投入产生了哪些影响，以及这些影响背后的机制是什么，仍然是教育研究领域中亟待深入探讨的问题。本章将从以下方面进行系统性的文献回顾：首先是对混合学习的研究现状进行综述，分析当前混合学习领域的主要研究成果和发展趋势；其次是对学业情绪研究现状进行回顾，分析学业情绪领域的研究进展和主要研究结论；最后是对认知投入的研究现状进行综述，分析认知投入研究进展和主要研究成果。通过文献综述识别现有研究中的空白或不足，为模型构建提供研究背景，为本研究提供历史基础。

第一节　混合学习研究综述

混合学习已经被采用，并成为教育技术领域的研究热点，研究成果涉及诸多领域。Halverson 等[①]在 2014 年对混合学习第一个 10 年期间的研究进行了系统回顾，确定了以下 7 个主要领域：教学设计——策略和最佳实践、设计过程、实施；倾向——感知、态度、偏好和期望；探索——混合学习的性质、

① Halverson, L. R., et al., "A Thematic Analysis of the Most Highly Cited Scholarship in the First Decade of Blended Learning Research", *The Internet and Higher Education* 20, 2014, pp. 20-34.

作用、好处和挑战；学习者的结果——表现、满意度、参与度、动机、努力、学习独立性、失败率和保留率；比较——混合学习与面对面和在线学习、混合学习与面对面学习、混合学习与在线学习之间在成绩、表现、互动等方面的比较；技术——舒适度、效果、类型和用途；互动——学生对学生、学生对教师、协作、社区和社会存在。概括起来看，混合学习研究主要集中在概念愿景、实践探索、技术使用、环境设计、评估改进等方面。

一　混合学习的概念及愿景

混合学习对教育者来讲并不是什么新鲜事物，它作为一种教育理念早已存在，自 20 世纪 60 年代以来就一直存在于文献之中。但是混合学习作为术语直到 21 世纪初才出现，它至今仍然可以被认定为处于前范式科学阶段，仍然需要寻求普遍认可的定义和进行研究与实践的方式。正如库恩范式理论所认为的那样，在没有一个范式或者某个范式候选者的情况下，所有可能与某一特定科学的发展有关的事实似乎都具有同等的相关性。因此，在过去 30 多年里，出现了很多混合学习的定义，比如英文文献中的 blended learning、hybrid learning、flexible learning、technology-mediated instruction、integrated learning、web-enhanced instruction、mixed-mode instruction、multi-mode learning 等术语，以及中文文献中的混合式学习、混合学习、混合式教学、混合教学、混合课程等概念，都常用以指代混合学习，而且通常可以互换使用。

随着“混合学习”这一术语在教育学术界、实践领域的使用频率越来越高，为了避免理解偏差、沟通障碍和无效实践等问题，需要对混合学习的概念进行清晰的厘定和廓清，建立明确的定义、模型，否则容易造成理论研究的言说体系模糊和实践探索的操作边界不清。然而，正如前文所述，如何定义混合或者混合学习是一项远超人们想象的棘手任务——因为人们对这一问题的看法大相径庭。通过文献梳理发现，国内外学者对混合学习的理解不尽相同。国内比较有代表性的观点有：何克抗[①]认为混合学习就是把面对面学习

① 何克抗：《从 Blending Learning 看教育技术理论的新发展（上）》，《电化教育研究》2004 年第 3 期。

和 E-learning 的优势有机结合起来；李克东、赵建华[①]认为混合学习建立在人们对在线学习进行反思和重建的基础上，是将面对面学习和在线学习结合起来以长处弥补短处的学习方式；黎加厚[②]认为混合学习的本质是借助信息技术对教学过程中的各类教学要素进行优化，以实现教学目标或达到预定的教育目的。

相对而言，国外学者对混合学习的研究起步时间较国内稍早，主要观点有：混合学习是面对面学习与在线学习优势的结合，是为实现特定的教育目标，把在线教育的各种技术进行有机结合，是教学过程中各种教学活动的混合，是通过整合各种学习资源，形成一个以学生为中心的学习环境，目的是激励学生通过自己的努力找到最佳的学习资源和学习方法，是多种教学方法的结合。Oliver 和 Trigwell[③] 通过梳理现有文献，总结出混合学习的定义主要包括以下几种：混合学习是电子学习与传统学习的混合，是在线学习与面对面学习的混合，是不同教学媒体的混合，是不同学习情境的混合，是不同学习理论的混合，是不同学习目标的混合，是不同教学方法的混合。混合学习还可以是不同学习空间的混合，不同学习进程的混合，不同学习环境的混合[④]。Driscoll[⑤] 认为混合学习对不同的人意味着不同的内容，也有的学者认为解释广度的过于宽泛意味着几乎任何情形的学习都可以被视为混合学习，混合学习是个没有意义的概念，因为根本不存在"非混合的学习"[⑥]。

由此可以看出，尽管混合学习已成为一个流行术语，但在使用该术语时，其含义仍有相当多的模糊性。这不仅仅是一个概念术语问题，对混合学习实践活动设计和学术研究的开展来说更是一个挑战，因为概念的模糊性使实践者和研究者在试图明晰"什么是混合学习"以及"在实践中怎么做"时感到

---

① 李克东、赵建华：《混合学习的原理与应用模式》，《电化教育研究》2004 年第 7 期。

② 黎加厚：《信息时代的教育叙事与教师主体意识的觉醒》，《中国电化教育》2004 年第 10 期。

③ Oliver, M., Trigwell, K., "Can 'Blended Learning' Be Redeemed?", *E-learning and Digital Media* 2 (1), 2005, pp. 17-26.

④ 孙众等：《混合学习的深化与创新——第八届混合学习国际会议暨教育技术国际研讨会综述》，《中国远程教育》2015 年第 9 期。

⑤ Driscoll, M., "Blended Learning: Let's Get Beyond the Hype", *E-learning* 1 (4), 2002, pp. 1-4.

⑥ 詹泽慧、李晓华：《混合学习：定义、策略、现状与发展趋势——与美国印第安纳大学柯蒂斯·邦克教授的对话》，《中国电化教育》2009 年第 12 期。

困惑。随着实践的不断深入，对混合学习的认识越来越深入全面，其内涵也不断丰富，在学习环境、学习形态、学习方式和学习过程等多方面都有所拓展。从目前来看，混合学习对教育者和研究人员来说仍然是一个复杂概念，不管是该领域的哪一个主题，都需要更丰富、更细致的研究①。混合学习的核心要义是通过精心设计整合面对面和在线学习，最大化两种学习方式的好处并避免劣势，强调“利用网络发挥其最大作用，利用课堂时间发挥其最大作用”②，来提高学习质量或带来其他积极影响的教学愿景。

二　混合学习模式的实践探索

混合学习实践深化了混合学习的内涵，混合学习内涵的逐步深化反过来给混合学习的实践带来创新可能。对文献进行梳理发现，除了教育领域，医学和护理、商业、工程、政治学、生物学、统计学和英语等其他学科领域也对混合学习表现出了极大的研究兴趣，对实践模式和经验探索的研究主要有基于教学设计理论的混合学习应用、基于实证数据支持的实践研究、改善学习效果的混合学习经验总结等方面。

很多研究者在积极探索混合学习的同时，提出了基于自身实践案例的混合学习模式。有观点认为混合学习模式可以分为混合同步学习以及混合异步学习两种模式，内容涵盖基于同步文本、同步视频、即时语音的不同同步环境的研究，以及不同异步教学、学习的研究。比如有学者认为：“混合学习就是老师或开课单位在课程中视教学需要，而机动选用实体教室、同步模式或非同步模式来进行教学的方法。”③

还有很多学者从实践探索、理论研究中存在的混合学习类型入手，对混合学习模式进行分类总结。比如有研究者从物理特性上将混合式教学模式分为线下主导型混合教学、线上主导型混合教学、完全融合型混合教学 3 类，根据教学特性将混合式教学模式分为讲授式、自主式以及交互协作式 3 类，

① Hrastinski, S., “What Do We Mean by Blended Learning?”, *TechTrends* 63, 2019, pp. 564-569.

② Graham, C. R., Osguthorpe, R. T., Russell, T., “Blended Learning Environments: Definitions and Directions”, *Quarterly Review of Distance Education* 4 (3), 2003, pp. 227-233.

③ 陈卫东、刘欣红、王海燕：《混合学习的本质探析》，《现代远距离教育》2010 年第 5 期。

从物理特性和教学特性两个维度进行划分则划分为 9 类①。

Graham② 根据实施混合学习的主要目的将混合学习分为 3 类：侧重于通过混合以提供更多灵活性、相同学习机会或学习体验，来解决可访问性和便利性问题的赋能型混合（enabling blends）、通过混合实现教学法上的部分改变的增强型混合（enhancing blends）、通过混合实现教学法上的根本性改变、教学设计的基础性重构的变革性混合（transforming blends）。该分类认为，根据教学目的的不同，混合学习的层次也有所不同。比如赋能型混合学习是浅层次的，在教学法上的改变比较小，对教师和学生的要求也较小，在线部分的功能主要起辅助作用。

Staker 和 Horn 对 K-12 教育领域中出现的大多数混合学习项目进行了分类，总结了 4 种混合学习模式：转换模式（rotation model）、弹性模式（flex model）、自混合模式（self-blend model）和丰富的虚拟学习模式（enriched-virtual model）③。Desire 2 Learn（D2L）是一家专门开发集成学习平台以改善学习体验的软件公司，提出了 5 种混合学习模式：面对面驱动（face to face driver）、转换（rotation）、灵活（flex）、在线实验室（online lab）和在线驱动（online driver）④。还有其他学者、机构等根据混合学习实施情况对混合学习模式进行总结和分类，研究成果不胜枚举。

三　混合学习中的技术应用

技术是一种复杂的元素，在各种教育环境中运行。自 1990 年以来，很少有完全不包含任何技术的教室，研究者们对技术研究的问题也开始从有技术是否比没有技术好，转向某种技术应用与另一种技术应用之间有什么区别，

① 冯晓英、王瑞雪、吴怡君：《国内外混合式教学研究现状述评——基于混合式教学的分析框架》，《远程教育杂志》2018 年第 3 期。

② Graham, C. R., *Handbook of Blended Learning: Global Perspectives, Local Designs* (San Francisco, C. A.: Pfeiffer Publishing, 2006), pp. 3-21.

③ Staker, H., Horn, M. B., "Classifying K-12 Blended Learning", http://www.ed.gov/fulltext/ED535180.pdf.

④ Tang, C. M., Chawm, L. Y., "Digital Literacy: A Prerequisite for Effective Learning in a Blended Learning Environment?", *Electronic Journal of E-learning* 14 (1), 2016, pp. 54-65.

以及一种技术是否比另一种技术更有效。也就是说，人们不再将重点放在技术本身，而是转向关注技术的使用方式。同样，在混合学习情境中，这种转向也是必要且必需的。在这种情况下，推动混合学习过程的不是技术，而是如何使用技术，了解具体的策略和技术使用方法对于设计有效的混合学习至关重要。因此，混合学习情境中的技术使用研究更多地聚焦于如何运用不同的技术更好地实现混合学习，尝试回答的问题是“技术何以有效”这样一个问题。

在混合学习中，互联网充当了补充传统教学形式的工具，人们相信新的信息和通信技术的结合可能会带来更高效和有效的教育。很多研究尝试运用不同的技术实施混合学习，如将即时聊天、同步语音、视频会议系统、虚拟世界、云计算等各种技术运用于混合学习实践，并一同呈现了技术使用给学习者带来的积极影响。蒋玲等[①]选择 Windows Live 群作为应用研究的平台，以“现代教育技术”公共课程为课程研究对象对课程平台进行了具体的设计，并实践应用，结果显示基于 Windows Live 群的混合学习能够满足学生的学习需要，可有效提高大学课堂的学习兴趣和参与度。张亚和姜占好[②]研究了人机混合反馈对学习投入和二语写作水平的影响，结果表明，人机混合反馈能够显著提高学习者的反馈投入，从而显著提升其二语写作水平。Castro[③] 从技术视角分析了高等教育中的混合学习研究趋势，包括下一代学习管理系统、自适应教科书和开放式教育资源、学习分析、自适应学习技术、数字设备和移动学习、学习空间等。研究结果表明，大多数基于技术的教育计划通常没有充分利用所实施技术的全部潜力。比如，大多数电子学习和混合学习仅将学习管理系统用作教学管理或内容交付工具，而没有对课程进行任何真正的教学转型。另外，系统和平台缺乏集成、互操作性和融合特性也被报告为技术使

① 蒋玲、黄磊、张丹清：《基于 Windows Live 群的混合式学习课程平台应用研究》，《中国电化教育》2012 年第 10 期。

② 张亚、姜占好：《人机混合反馈环境对学习投入和二语写作水平的影响研究》，《外语界》2022 年第 4 期。

③ Castro, R.,“Blended Learning in Higher Education: Trends and Capabilities”, *Education and Information Technologies* 24 (4), 2019, pp. 2523-2546.

用的障碍。朱波和吴萍萍[①]在技术快速变革的背景下探究了富技术学习空间支持的混合学习路向，认为富技术学习空间契合了混合学习泛在化、多元化和复杂性等特点，将促进学习模式在更多维度混合。

四 混合学习环境设计研究

随着网络技术在教育领域的创新应用，传统面对面学习与在线学习的界限变得模糊。网络技术促进了面对面和在线学习要素的结合，为学习环境提供了多样化的结构，并指导了如何最大化地提供教学和技术支持。研究人员和教育机构对此表现出浓厚的兴趣，试图从这两种学习环境的优势中获益，混合学习环境应运而生，并在学习和教学方式的演变中不断发展，成为理论研究和实践探索的焦点。

人们对混合学习环境的设计持续感兴趣的主要原因是，面对面和在线教学活动的结合为优化学习提供了新的机会，研究体现为以下两个方面。

一方面是关于环境设计的理论研究，已有关于混合学习环境设计的模型或者理论框架主要包括探究共同体（CoI）模型、PST（教学、社会、技术）模型、TPACK 模型[②]、APT（评估、教学、技术）模型[③]、混合教学的分析框架[④]等，同时还包括对混合学习环境的评估研究，如智慧教室环境的设计以及对环境适应性的测评，具体有中小学智慧教室评估量表（SCEQ）、面向智慧教室的中小学课堂互动观察工具（CIOSM）[⑤] 等。

另一方面是关于环境设计的具体实践探索，即确定混合学习环境设计的

① 朱波、吴萍萍：《富技术学习空间支持的混合学习路向》，《济南大学学报》（社会科学版）2022 年第 6 期。

② Mishra, P., Koehler, M. J., "Technological Pedagogical Content Knowledge: A Framework for Teacher Knowledge", *Teachers College Record* 108 (6), 2006, pp. 1017-1054.

③ 张屹、郝琪、陈蓓蕾等：《智慧教室环境下大学生课堂学习投入度及影响因素研究——以"教育技术学研究方法课"为例》，《中国电化教育》2019 年第 1 期。

④ 冯晓英、王瑞雪、吴怡君：《国内外混合式教学研究现状述评——基于混合式教学的分析框架》，《远程教育杂志》2018 年第 3 期。

⑤ 王晓晨、黄荣怀、王梦舒等：《智慧教室环境下的中小学课堂人际互动分析》，《电化教育研究》2016 年第 12 期。

关键问题。如 Gedik 等①采用基于设计的研究方法，深入探讨混合学习环境设计中的教学方法、课程结构、教学材料、互动以及教师和学生的角色定位等问题，揭示了混合教学实施的多方面优势，如提升学生兴趣、增强灵活性、节省时间、有效监控学习进度，以及促进更丰富的互动与合作，同时也指出了混合教学实践中的挑战，如工作量的增加、课程和时间管理的复杂性增加、内容重叠，以及线上线下教学环境的融合问题。研究结果指出了在混合课程设计中需要考虑的背景因素、教学框架、教师专业能力以及技术挑战。Boelens 等②研究发现，混合学习环境设计存在四大挑战：如何充分体现灵活性以及需要多大程度的灵活性；混合学习环境中的互动问题；如何促进学生的学习过程；如何营造情感学习氛围。

五 混合学习效果评估及影响因素探索

混合学习实践的快速增加，激发了研究者对其有效性的关注和研究兴趣。实证研究表明，在个体层面，混合学习可以提升学生的投入度、效率、满意度、出勤率、合作水平、知识建构和问题解决能力，同时也能提高教职员工的满意度。混合学习还促进了学生之间以及学生与教师之间的互动，并有助于培养学生的自主性。例如，在中佛罗里达大学进行的研究发现，混合学习的成功率高于完全传统的面对面或完全在线学习③。

在机构层面，混合学习能够增强可及性和灵活性，从而增加教育机会。灵活性使学生可以在不同的时间和地点学习，从而增加受教育的机会。此外，采用混合学习可以提高教育的成本效益，因为它与传统的校园学习相比，降低了运营成本④。

---

① Gedik, N., Kiraz, E., Ozden, M. Y., "Design of a Blended Learning Environment: Considerations and Implementation Issues", *Australasian Journal of Educational Technology* 29 (1), 2013, pp. 1-19.

② Boelens, R., De Wever, B., Voet, M., "Four Key Challenges to the Design of Blended Learning: A Systematic Literature Review", *Educational Research Review* 22, 2017, pp. 1-18.

③ Graham, C. R., "Emerging Practice and Research in Blended Learning", *Handbook of Distance Education*, ed. Moore, M. G. (New York, N. Y.: Routledge, 2013), p. 333.

④ Owston, R., York, D., Murtha, S., "Student Perceptions and Achievement in a University Blended Learning Strategic Initiative", *The Internet and Higher Education* 18, 2013, pp. 38-46.

一些研究比较了传统教学与混合学习的学生体验，而其他研究则专注于混合学习环境本身。研究结果显示，关于混合学习效果的实证研究结果不一。例如，在格拉纳达大学，本科阶段的普通会计课程引入混合学习后，学生的考试成绩有所提高，辍学率降低。然而，也有研究报告了混合学习对成绩的负面影响，指出在线和混合学习环境中的学生保留存在问题，与传统班级教育相比，辍学率可能更高①。

另一个学者们比较感兴趣的问题是混合学习效果受到哪些因素的影响。刘江岳和李思妠②立足于教学活动的双重主体——教师与学生，基于 3P 学习分析框架，构建了学生学习预备、教师教学能力、感知易用性、感知有用性、交互行为、学习氛围与在线学习效果之间的关系模型，结果表明，学生的学习预备、教师教学能力、感知易用性、感知有用性、交互行为、学习氛围对混合学习中学生的认知收获、主观情感体验均能产生正向影响。综合而言，混合学习效果的影响因素包括：动机调节、自我效能感、学习风格等学生个体特征③，教师教学能力、计算机自我效能感、师生互动等教师、教学因素④，以及学习资源、学习技术等环境因素⑤。

---

① Deschacht, N., Goeman, K., "The Effect of Blended Learning on Course Persistence and Performance of Adult Learners: A Difference-in-Differences Analysis", *Computers & Education*, 2015, pp. 83-89.

② 刘江岳、李思妠：《混合式学习效果影响因素及机制研究——基于结构方程模型的实证分析》，《中国教育信息化》2024 年第 2 期。

③ 王改花、张李飞、傅钢善：《学习者特征对混合学习效果影响研究》，《开放教育研究》2021 年第 1 期。

④ 马婧：《混合教学环境下大学生学习投入影响机制研究——教学行为的视角》，《中国远程教育》2020 年第 2 期；李妍、朱永海、丁智：《混合学习中基于雨课堂的深度学习探究——以"多媒体创作基础及应用"课程为例》，《现代教育技术》2018 年第 11 期。

⑤ 李利、顾卫星、叶建敏等：《混合学习中大学生教学情境感知对深度学习的影响研究》，《中国电化教育》2019 年第 9 期；吴南中、夏海鹰：《混合学习中"虚实互动"效果的影响因素研究》，《现代远距离教育》2019 年第 2 期。

六　混合学习研究现状述评

（一）从研究演变上看

国内外混合学习研究大致分为两个阶段：2000～2013 年为第一个阶段，属于缓慢增长阶段；2014 年至今为第二个阶段，属于快速增长阶段。其中 2013～2016 年可以视为从第一阶段向第二阶段转变的过渡期，其代表性事件是 2013 年 MOOC、SPOC 以及翻转课堂等新兴在线学习和信息化教学模式的出现和应用。2017 年之后文献快速增加，这与已有的文献系统分析结果一致。2020 年新冠疫情导致在线学习、混合学习研究显著增加。混合学习研究整体的趋势是从缓慢增长到快速增长，当前及以后一段时间将处于快速增长阶段。

（二）从研究内容上看

关注度最高的主题是混合学习中的学习结果（learning outcomes），相关研究一直致力于探索将面对面和在线学习相结合所带来的各种可能性影响，比如学业成就、参与度、满意度、动机等，将这些结果与混合学习设计有关要素结合起来，探寻混合学习为学习赋能的方法与机制，以追求这种学习与教学模式带来的好处。这表明对混合学习的研究仍然处于摸索成功路径和模式的阶段，尚没有形成一个可以被广泛接受和使用的标准模式、模型或规范。缺乏相关理论的观照和实践的积累是当前国内外混合学习领域的基本现状，高等教育领域对混合学习并没有清晰、充分的认识，对何谓混合学习，如何设计与实施混合学习，以及怎样评估其有效性等问题一知半解，由此延伸到实践层面，形式混合、低效混合、无效混合的课程并不鲜见①，国内外混合学习实践还处于摸索阶段。

（三）从研究方法上看

混合学习的研究展现了多样的方法论，常采用定性和定量方法，包括案例研究、调查研究、内容分析等。定量研究通过统计数据评估混合学习的效果，而定性研究则多深入探讨学习体验和教学过程。实验设计和准实验设计

---

① 丁妍、范慧慧等：《混合式课程教学设计质量与倾向的研究——以全国 30 门获奖混合式课程为例》，《电化教育研究》2021 年第 1 期。

用于测试混合学习的效果，同时案例研究提供了对特定实施情况的深入分析。调查研究通过问卷收集大量数据，评估学生和教师的看法，而内容分析则关注课程内容和结构。技术的使用与评估也是研究重点，包括学习管理系统和其他教育技术工具。混合方法研究结合定量和定性数据，提供了全面视角。随着大数据和学习分析的发展，数据驱动的方法利用学生数据来预测学习成果将为混合学习研究提供新的视角。

第二节　学业情绪研究综述

学业情绪是学生在学习过程中经历的与学业活动相关的情感体验，包括积极情绪如兴奋、喜悦和满足，以及消极情绪如焦虑、厌倦和绝望。学业情绪对学生的认知行为、学习态度、学业成绩乃至身心健康发展都有重要影响。学业情绪研究不仅关注学生在教学或学习过程中的基本情绪体验，还深入探讨了这些情绪如何影响学生的认知加工、学习绩效、心理健康等多个方面。研究主题涵盖学业情绪的界定、分类、识别、调节、对学习的影响机制等多个维度，体现了研究的全面性和深入性。随着教育改革的深入和教育环境的复杂化，学生学业情绪问题日益凸显，成为教育领域亟待解决的问题。

一　学业情绪的概念界定及分类

关于教育情境中情绪的研究由来已久，包括自 20 世纪 30 年代以来分析学生考试焦虑的研究，关于成就动机的研究，以及最近对教育中多种情绪的研究。源于这些不同的研究传统，关于学生和教师情绪的各种理论解释已经形成，但这些不同的传统及其相关的理论解释一直处于相对孤立的状态①。因此，很长一段时间关于学习情境中的情绪研究呈现碎片化状态，研究也多聚

① Pekrun, R., et al., "The Control-Value Theory of Achievement Emotions: An Integrative Approach to Emotions in Education", *Emotion in Education*, ed. Schutz, P., Pekrun, R. (Academic Press, 2007).

焦在某种特定情绪体验上，学业情绪的概念尚没有统一的界定。到 2002 年，德国心理学者 Pekrun 等①首次明确提出学业情绪的概念，将其定义为与学业学习、课堂教学和学业成就有直接关系的情绪体验，如学习时感到的愉快、成功时的骄傲以及考试时的焦虑等。此后，学术界对其进行了广泛而深入的研究，国内学者在此基础上不断发展和完善学业情绪的定义。季常弘和张丽莉②从学业学习的微观角度定义学业情绪，认为它是与学习过程相伴随的，对学习内容、学习方式、学习效果等的态度体验。俞国良和董妍③进一步扩展了 Pekrun 的定义，将学业情绪界定为在教学或学习过程中，与学生的学业相关的各种情绪体验，包括高兴、厌倦、失望、焦虑、气愤等。这些情绪体验不限于获悉学业成功或失败后的情绪，还包括在课堂学习、日常做作业以及考试期间的情绪体验。

关于学业情绪的分类，学者们提出了多种框架。一种常见的分类方法是基于情绪的愉悦度（效价）维度，将学业情绪划分为积极与消极两类。然而，这种划分方法较为简单，未能全面反映学业情绪的复杂性。根据 Pekrun 和 Linnenbrink-Garcia④ 的分类，学业情绪划分为积极激活、积极失活、消极激活和消极失活四大类，如图 2-1 所示。

积极激活的学业情绪包括愉快、希望、骄傲等，通常由积极事件引起，能够激发学生的学习动力；积极失活的学业情绪包括放松、平静和满足等，有助于学生在学习中保持冷静和专注；消极激活的学业情绪包括焦虑、愤怒、羞愧等，可能会干扰学生的学习过程；消极失活的学业情绪包括厌倦、无助、沮丧等，可能导致学生对学习失去兴趣。

---

① Pekrun, R., Goetz, T., Titz, W., et al., "Academic Emotions in Students' Self-regulated Learning and Achievement: A Program of Qualitative and Quantitative Research", *Educational Psychologist* 37 (2), 2002, pp. 91-105.

② 季常弘、张丽莉：《浅谈情绪调节及对学生学业的影响》，《辽宁省交通高等专科学校学报》2003 年第 3 期。

③ 俞国良、董妍：《学业情绪研究及其对学生发展的意义》，《教育研究》2005 年第 10 期。

④ Pekrun, R., Linnenbrink-Garcia, L., "Academic Emotions and Student Engagement", *Handbook of Research on Student Engagement*, ed. Dunne, E., Owen, D. (Boston, M. A.: Springer, 2012).

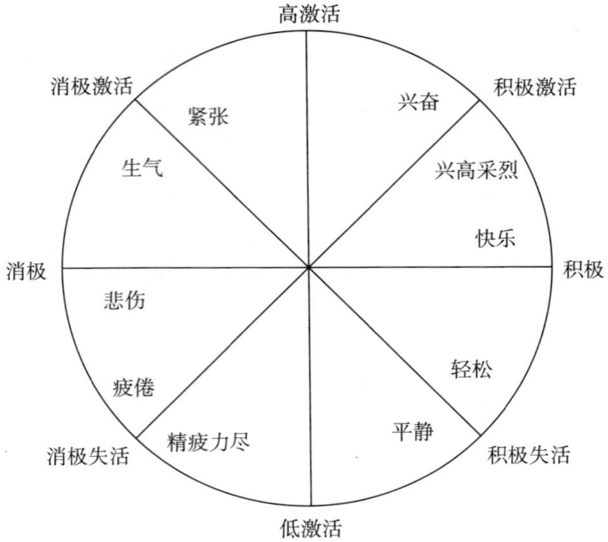

图 2-1　学业情绪循环

Pekrun 和 Perry① 从效价、唤醒水平和客体聚集 3 个维度对学业情绪进行划分，见表 1-1。

我国学者董妍和俞国良②在借鉴 Pekrun 等分类方法的基础上，结合我国青少年的实际情况，编制了《青少年学业情绪问卷》。该问卷将学业情绪细分为积极高唤醒学业情绪（如高兴、骄傲、希望等）、积极低唤醒学业情绪（如放松、平静、满足等）、消极高唤醒学业情绪（如焦虑、愤怒、羞愧等）和消极低唤醒学业情绪（如厌倦、无助、沮丧等）四大类，并具体列出了每种情绪可能包含的具体情绪种类。

二　学业情绪的影响因素研究

学业情绪受到多重因素的影响，包括个体因素（如自我效能感、成就目标、归因方式等）和环境因素（如教师反馈、学生自主性、师生关系、教材

① Pekrun, R., Perry, R. P., "Control-Value Theory of Achievement Emotions", *International Handbook of Emotions in Education*, ed. Robertson, L. (New York, N. Y.: Routledge, 2014).

② 董妍、俞国良：《青少年学业情绪问卷的编制及应用》，《心理学报》2007 年第 5 期。

认知质量等），这些因素影响学生的控制感和价值评估，进而影响学业情绪的产生。

（一）个体因素

个体因素涉及学生内在的心理特质和认知状态。自我效能感、成就目标、归因方式和自我概念是影响学业情绪的关键个体因素。自我效能感是指个体对自己完成特定任务的能力的信念。研究表明，自我效能感与学业情绪正相关，高自我效能感的学生倾向于体验更多的积极学业情绪，如自信和满足，而低自我效能感的学生则更容易经历消极学业情绪，如焦虑和沮丧[①]。李奕萱等[②]对高中生物理和化学学科中同伴学业支持与学业情绪的关系进行研究，结果发现同伴学业支持和学习效能感与高兴学业情绪显著正相关，与厌倦学业情绪显著负相关。许多研究考察了成就目标和学业情绪之间的关系，并得出了不同的结果。Huang[③] 对 78 篇成就目标和学业情绪之间关系的文献进行了元分析，结果表明，掌握目标与更强烈的积极情绪有关，而成绩回避目标与更强烈的消极情绪有关。积极的归因方式，如将成功归因于自己的努力和能力，与积极学业情绪相关；而消极的归因方式，如将失败归因于自己的无能，与消极学业情绪相关。

另外，也有研究探索了学生的人口学特征变量对学业情绪的调节作用，比如 Goetz 等[④]调查了学业情绪的领域间和领域内的关系，包括学生在数学、物理、德语和英语课上经历的快乐、自豪、焦虑、愤怒和厌倦，结果证实了学业情绪领域特异性的假设，即情绪的领域间关系是微弱和不一致的。与八年级学生相比，十一年级学生的学业情绪有更多的领域特异性，表明领域间

① Pekrun, R., "The Control-Value Theory of Achievement Emotions: Assumptions, Corollaries, and Implications for Educational Research and Practice", *Educational Psychology Review* 18 (4), 2006, pp. 315-341.

② 李奕萱等：《高中生物理和化学学科中同伴学业支持与学业情绪的关系：学习效能感的中介作用和性别的调节作用》，《心理发展与教育》2023 年第 1 期。

③ Huang, C., "Achievement Goals and Achievement Emotions: A Meta-analysis", *Educational Psychology Review* 23, 2011, pp. 359-388.

④ Goetz, T., et al., "Between-and Within-domain Relations of Students' Academic Emotions", *Journal of Educational Psychology* 99 (4), 2007, p. 715.

的分化随着年级水平的提升而增加。

（二）环境因素

根据学业情绪控制-价值理论，环境因素在影响学业情绪中扮演着重要角色。该理论强调，环境变量影响个体对控制和价值的认知评估，进而影响学业情绪，环境变量包括教师支持、教师价值引导、教师反馈等因素。在此理论指导下，大量研究探讨了环境因素对学业情绪的影响。例如，把教师的人际行为视为学业情绪的重要前因。Goetz 等[①]研究表明，学生的愉快情绪（享受）与感知到的教师支持和热情（即高度共融）密切相关。相反，当学生认为教师比较冷漠或者要求过高（低交流力）时，学生会经历不愉快的情绪（焦虑和无聊等）。同时，教师能动性（高水平的结构和控制）也与学生情绪相关联，当教师展现出高水平的结构和控制（即高能动性）时，学生会体验到享受等积极情绪，并减少不愉快的情绪（焦虑和无聊等）。Sakiz 等[②]调查了数学课堂中教师情感支持与学生学业情绪之间的关系，结果表明，学生感知的教师情感支持越高，他们的积极学业情绪越强烈。

学业情绪控制-价值理论认为，教师的积极反馈、鼓励和期望可以增强学生的自我效能感，从而激发积极学业情绪。这一观点也得到实证研究结论的支持，比如在特定学科领域中，如在中国一所大学非英语专业本科生的英语学术写作课程中，学生学业情绪的产生受到教师反馈方式的影响，结果表明书面纠正反馈与学生负面情绪之间的关系是丰富、动态且因案例而异，而非通常所认为的书面纠正反馈会引起负面情绪[③]。戴静和顾小清[④]对自适应学习系统中的反馈对学业情绪的影响进行了探究，通过框架构建和应用研究来探

---

① Goetz, T., et al., "Characteristics of Teaching and Students' Emotions in the Classroom: Investigating Differences Across Domains", *Contemporary Educational Psychology* 38 (4), 2013, pp. 383-394.

② Sakiz, G., Pape, S. J., Hoy, A. W., "Does Perceived Teacher Affective Support Matter for Middle School Students in Mathematics Classrooms?", *Journal of School Psychology* 50 (2), 2012, pp. 235-255.

③ Han, Y., Hyland, F., "Academic Emotions in Written Corrective Feedback Situations", *Journal of English for Academic Purposes* 38, 2019, pp. 1-13.

④ 戴静、顾小清：《从认知到情感：自适应学习系统中反馈影响学业情绪的框架构建与应用研究》，《中国电化教育》2024 年第 11 期。

索如何设计自适应学习系统中的反馈以引发积极学业情绪，结果发现，有知识状态反馈相比无知识状态反馈，享受、希望和愤怒水平显著更高，且学业成就的中介效应显著，但知识状态的查看次数对学业情绪无显著影响。此外，相关文献也验证了同学间竞争、教学材料的难易程度、课堂互动质量以及师生关系等因素对学生学业情绪的影响①。陈玲等②发现，技术有用性在中学生的在线辅导过程中对高兴和放松情绪有显著正向影响。

三　学业情绪对学习效果的影响

自学业情绪控制-价值理论提出以来，人们对从学业情绪视角研究学生学业成就的不同前因的兴趣日益增加。例如，Liu 等③探讨教师支持感与学生创造性自我效能感之间的关系，并考虑自主动机和学业情绪的可能中介作用，结果表明，初中生的自主动机和积极学业情绪（愉悦和放松）在教师支持感和创造性自我效能感之间起中介作用，而消极学业情绪（焦虑和厌倦）的中介作用不显著。尹玮等④探索了教师支持对大学生二语交际意愿的影响，发现教师支持不直接预测二语交际意愿，但通过学业情绪间接发挥作用。韦晓保等⑤探索了课堂环境、二语坚毅对英语学业成绩的预测作用以及学业情绪在其中的中介作用。结果显示，课堂环境、二语坚毅对英语学业成绩无直接预测作用，但通过情绪间接预测英语学业成绩。其中，愉悦起正向中介作用，焦虑和无聊起负向中介作用。

---

① 夏洋：《中国英语学习者课堂学业情绪影响机制研究》，中央编译出版社，2016。

② 陈玲、左昭、金娅婷：《中学生在线辅导过程中的学业情绪成因及其影响研究》，《中国电化教育》2024 年第 11 期。

③ Liu, X., Gong, S-Y., Zhang, H., et al., "Perceived Teacher Support and Creative Self-efficacy: The Mediating Roles of Autonomous Motivation and Achievement Emotions in Chinese Junior High School Students", *Thinking Skills and Creativity* 39, 2021, p. 100752.

④ 尹玮等：《教师支持对大学生二语交际意愿的影响：思维模式和学业情绪的中介作用》，《外语界》2024 年第 5 期。

⑤ 韦晓保等：《课堂环境、二语坚毅与英语学业成绩的关系——学业情绪的中介作用》，《现代外语》2024 年第 1 期。

Tan 等①的系统回顾研究表明，学生体验到的积极学业情绪能够促进学习，而关于多媒体学习作用的研究表明，诱发积极学业情绪可以促进学习。高洁②基于社会认知理论探索在线学业情绪对学习投入的影响，结果发现，积极学业情绪、消极学业情绪、学习效能感与在线学习投入两两之间显著相关，在线学业情绪是影响在线学习投入的重要心理因素。Raccanello 等③调查了小学生的快乐、厌倦和焦虑情绪，以及与数学和母语学习成绩的关系，学生在数学课堂中表现出比母语更好的学业情绪。Sağkal 和 Sönmez④ 研究了父母支持对中学生数学学习投入的影响，并验证了数学自我效能感和数学愉悦感的多重中介作用，Tang 等⑤采用多重中介路径模型检验自我效能感和成就情绪在大学微积分学习氛围和学习坚持之间的中介作用，结果表明，自我效能感和焦虑在学习氛围和学习坚持之间起序列中介作用。Park 等⑥在一项眼动研究中发现，学习前积极的学业情绪可以在考试中产生更好的学习效果，并且文本信息的保留时间更长。总体而言，关于学业情绪的研究强调了在教育环境中理解和解决学生的情绪体验对于提高学生学习投入和学业成就的重要意义。

大量相关研究结果表明，学业情绪与学习效果之间存在很强的关系，但

① Tan, J., Mao, J., Jiang, Y., et al, "The Influence of Academic Emotions on Learning Effects: A Systematic Review", *International Journal of Environmental Research and Public Health* 18 (18), 2021, p. 9678.

② 高洁：《在线学业情绪对学习投入的影响——社会认知理论的视角》，《开放教育研究》2016 年第 2 期。

③ Raccanello, D., Brondino, M., Moè, A., et al., "Enjoyment, Boredom, Anxiety in Elementary Schools in Two Domains: Relations with Achievement", *The Journal of Experimental Education* 87 (3), 2018, pp. 449-469.

④ Sağkal, A. S., Sönmez, M. T., "The Effects of Perceived Parental Math Support on Middle School Students' Math Engagement: The Serial Multiple Mediation of Math Self-efficacy and Math Enjoyment", *European Journal of Psychology of Education* 37 (2), 2021, pp. 341-354.

⑤ Tang, D., Fan, W., Zou, Y., et al., "Self-efficacy and Achievement Emotions as Mediators Between Learning Climate and Learning Persistence in College Calculus: A Sequential Mediation Analysis", *Learning and Individual Differences* 92, 2021, p. 102094.

⑥ Park, B., Plass, J. L., Brünken, R., "Cognitive and Affective Processes in Multimedia Learning", *Learning and Instruction* 29, 2014, pp. 125-127.

因果关系尚未得到广泛研究，学习成功是抑制还是促进学业情绪一直是一个难以捉摸的问题。Tan 等[①]在文献回顾中总结到，消极学业情绪通常会导致对学习材料的关注度降低、分心和效率降低，从而导致学习成绩不佳。此外，与学习任务无关的高强度学业情绪负荷会损害学习表现。被动和积极的学业情绪对意识和记忆有负面影响。但是，也有研究指出，消极学业情绪对学习效果没有显著影响，甚至消极学业情绪可以通过调整学习者的学习策略来刺激学生提高学习效果。

因此，学业情绪对学习的影响可以概括为：积极学业情绪，如兴奋、愉悦和自豪，往往能够促进学生的认知活动，提高其学习动机和参与度，从而带来更有效的学习成果。消极学业情绪会对学习产生各种影响，如焦虑、沮丧和羞愧，可能会干扰学习过程，既可能负面影响学习效果，也可能不影响或者正向影响学习效果。

四 学业情绪研究现状述评

尽管已有研究为理解学业情绪提供了宝贵的见解，但现有文献在以下几个方面存在局限。

首先，许多研究聚焦于成就动机或学业情绪等单一因素对学习结果的影响，而忽视了这些因素之间可能存在的相互作用。这种单一因素的研究方法可能无法全面揭示学习过程中的复杂性。例如，学生的自我效能感、成就目标和学业情绪可能相互影响，共同作用于认知投入和学习成效。然而，鲜有研究同时探讨这些因素的联合作用及其与学习结果相关的潜在心理机制。虽然学业情绪控制-价值理论为研究学业情绪提供了一个系统的框架，但是仅有少数研究从该理论的角度分析了成就相关结果的潜在心理机制。

其次，大学生的动机和投入度随年级的变化而变化，而控制-价值理论在大学生群体中的应用尚待深入。大学生可能面临更高的学术标准、更独立的师生互动、更大的班级规模和更激烈的竞争。研究大学生的学业坚持心理机

① Tan, J., Mao, J., Jiang, Y., et al., "The Influence of Academic Emotions on Learning Effects: A Systematic Review", *International Journal of Environmental Research and Public Health* 18 (18), 2021, p. 9678.

制，有助于丰富文献并扩展控制-价值理论在不同教育背景下的应用。

最后，控制-价值理论所提出的各因素交互机制在大学混合学习中尚未被探索。混合学习通常被认为是新传统学习模式或者教学新常态，在混合学习过程中，学生可能会产生不同的学业情绪，这些影响可能来自环境因素，也可能来自个体对控制和价值的评估，或者个体学习特征，而这些都没有得到很好的研究。

因此，在混合学习环境中，学生体验到学业情绪如何影响他们的学习动机、认知投入和学习成效值得研究，探索混合学习环境中的学业情绪及其前因、后果具有重要的现实意义。

第三节　认知投入研究综述

认知投入是学习投入的关键部分，是学生在学习中投入的心理和认知努力，包括注意力、记忆力等。其表现为深层和浅层认知投入，深层认知投入涉及深度信息处理和自我调节策略，浅层认知投入则为浅层信息处理和简单策略使用。认知投入与学业成就正相关，能促进学习主动性和积极性。可通过量表测量和观察法评估认知投入，其水平受学习动机、教学环境和自我调节学习策略等因素影响。认知投入对学生的学习过程、学习效果等具有重要意义，得到教育者的广泛关注和深入研究。

一　认知投入的内涵及其意义

“认知投入”一词首次出现在 1983 年，被作为动机行为的测量指标，影响学生在课堂任务上付出努力的数量和种类，自我调节学习则是认知投入的最高形式[①]。Fredricks 等[②]认为认知投入由学生的内部学习过程组成，如自我调

① Corno, L., Mandinach, E. B., “The Role of Cognitive Engagement in Classroom Learning and Motivation”, *Educational Psychologist* 18 (2), 1983, pp. 88-108.

② Fredricks, J. A., Blumenfeld, P. C., Paris, A. H., “School Engagement: Potential of the Concept, State of the Evidence”, *Review of Educational Research* 74 (1), 2004, pp. 59-109.

节、元认知和反思。Lee 和 Koszalka[①] 将认知投入定义为“涉及对学习任务的有意义和深思熟虑的方法”。Richardson 和 Newby[②] 认为认知投入是学生在学习过程中使用的动机和策略。田浩、武法提[③]根据已有文献修订形成认知投入编码框架，包括问题探究、观点整合、自我反思和同伴支持 4 个一级维度，一级维度下包括 11 个二级维度。从文献中有关定义可以看出，认知投入研究是一个多层面的学术研究领域，它可以归结为几个主要的研究视角。首先，强调学习心理投入。受侧重于学习过程中心理投入的研究影响，认知投入研究揭示了学生如何将内在动机和情感与学习活动紧密相连。其次，强调自我调节学习。认知投入也与强调自我调节学习过程的研究密切相关，此类研究关注学生如何管理自己的学习策略和思考过程，以促进更深层次的认知投入。最后，强调学习动机。认知投入的研究还与动机领域的学术文献有交叉，旨在探讨激发和维持学习投入的内在和外在因素。通过这些研究视角的融合，能够更全面地理解学生在教育环境中的认知投入，以及如何通过支持认知投入过程来增强学习成效。

二　认知投入的前因与后果

认知投入是指学生在认知层面对学习活动的积极参与，包括注意力、兴趣和努力等方面。认知投入不仅影响学习过程，还与学习成效紧密相关。认知投入的前因涉及多个层面，包括个体特质、教学策略和学习环境等方面。在个体特质影响认知投入方面，现有研究表明，个体特质如动机、自我效能感、成就目标等是影响认知投入的重要因素。自我决定理论认为，内在动机

---

① Lee, S., Koszalka, T. A., “Course-level Implementation of First Principles, Goal Orientations, and Cognitive Engagement: A Multilevel Mediation Model”, *Asia Pacific Education Review* 17 (2), 2016, pp. 365–375.

② Richardson, J. C., Newby, T., “The Role of Students' Cognitive Engagement in Online Learning”, *American Journal of Distance Education* 20 (1), 2006, pp. 23–37.

③ 田浩、武法提：《协作问题解决中平等参与对大学生认知投入的影响机制研究》，《现代远距离教育》2024 年第 4 期。

如好奇心和对知识的渴望，能够激发学生深入学习和探索[①]。Bandura[②] 认为自我效能感，即学生对自己学习能力的信心，也对认知投入有显著影响。此外，目标设定理论指出，明确和具有挑战性的目标能够提高学生的认知投入[③]。

在教师的教学策略对认知投入的影响方面，研究结果表明有效的教学策略，如提供及时反馈、采用启发式教学方法、使用合作学习等，能够提高学生的认知投入[④]。学习环境的设计对学生的认知投入至关重要。具有支持性和挑战性的学习环境，包括积极的课堂氛围、合理的课堂管理和适当的资源支持，能够促进学生的认知投入[⑤]。随着教育技术的快速发展，越来越多的研究开始关注技术如何影响学生的认知投入。互动性和个性化的学习工具，如在线学习平台和智能教学系统，能够提高学生的认知投入。师亚飞等[⑥]以学习动机为中间变量，研究混合同步课堂中混合同步学习环境对学生认知投入的影响机制，结果表明，外部动机是混合同步学习环境影响浅层认知投入的中介变量，内部动机在混合同步学习环境影响深层认知投入和浅层认知投入过程中均有中介效应，外部动机对内部动机具有显著的正向影响，外部动机和内部动机在混合同步学习环境影响认知投入过程中有链式中介效应。卢国庆等[⑦]采用纵向即时经验采样法，获取智能教室环境下 102 名学生在真实课堂情境中的教学环境感知、自我效

---

① Ryan, R. M., "Overview of Self-determination Theory: An Organismic Dialectical Perspective", *Handbook of Self-determination Research*, ed. Deci, E. L., Ryan, R. M. (Rochester, N. Y.: The University of Rochester Press, 2002).

② Bandura, A., *Self-efficacy: The Exercise of Control* (New York: W. H. Freeman and Co., 1997).

③ Locke, E. A., Latham, G. P., "Building a Practically Useful Theory of Goal Setting and Task Motivation: A 35-Year Odyssey", *American Psychologist* 57 (9), 2002, p. 705.

④ Hattie, J., Timperley, H., "The Power of Feedback", *Review of Educational Research* 77 (1), 2007, pp. 81-112.

⑤ Ames, C., "Classrooms: Goals, Structures, and Student Motivation", *Journal of Educational Psychology* 84 (3), 1992, p. 261.

⑥ 师亚飞、童名文、孙佳等：《混合同步学习环境对学生认知投入的影响机制研究》，《中国远程教育》2021 年第 9 期。

⑦ 卢国庆、刘清堂、郑清等：《智能教室中环境感知及自我效能感对个体认知投入的影响研究》，《远程教育杂志》2021 年第 3 期。

能感和认知投入等数据，探索认知投入的关键影响因素，结果表明，学生的自我效能感影响后续教学活动中的深层认知投入，环境感知因素对深层、浅层认知投入有不同的影响。

认知投入给学生带来的影响通常体现在学习效率、学业成就、批判性思维能力以及问题解决能力等方面。大量研究表明，认知投入与学业成就之间存在显著的正相关关系。高认知投入的学生能够更深入地理解和掌握知识，从而提高学习效率和质量。例如，Pekrun 等[①]通过实证研究发现，学生在学习过程中投入的认知资源越多，学业成就往往越好。这一结论在后续的多项研究中得到了进一步验证。此外，认知投入还通过影响学生的学习策略、问题解决能力和批判性思维等间接促进学业成就的提升。高认知投入的学生更倾向于采用有效的学习策略，如深度加工、自我监控和反思等，有助于更好地掌握知识和技能[②]。

认知投入不仅影响学生的学业成就，还对其心理发展产生积极影响。学生在学习过程中会不可避免地遇到各种困难和挫折，高认知投入的学生往往表现出更强的自信心和自尊心、坚韧性和毅力，他们相信自己能够克服困难并取得成功，高认知投入有助于他们更好地应对学习中的挑战和压力[③]。

三　研究现状述评

从研究内容上看，现有研究围绕认知投入的内涵、构成、评估，认知投入对学生学业成就等的影响，以及环境因素、个体差异、技术使用等对认知投入的影响展开。认知投入通常被定义为学生在学习过程中的积极心理参与，

---

① Pekrun, R., Goetz, T., Titz, W., et al., "Academic Emotions in Students' Self-regulated Learning and Achievement: A Program of Qualitative and Quantitative Research", *Educational Psychologist* 37 (2), 2002, pp. 91-105.

② Assor, A., Kaplan, H., Kanat-Maymon, Y., et al., "Directly Controlling Teacher Behaviors as Predictors of Poor Motivation and Engagement in Girls and Boys: The Role of Anger and Anxiety", *Learning and Instruction* 15 (5), 2005, pp. 397-413.

③ Frenzel, A. C., Pekrun, R., Goetz, T., "Perceived Learning Environment and Students' Emotional Experiences: A Multilevel Analysis of Mathematics Classrooms", *Learning and Instruction* 17 (5), 2007, pp. 478-493.

包括注意力集中、深入思考和信息处理等认知活动。研究者们提出了多种模型来描述认知投入的维度，如 Kuh 等①提出学生投入模型，强调了学生与教育机构互动的重要性。评估学生认知投入的方法多样，包括自我报告、观察记录、经验取样、学习过程和学习成果分析等。大量研究探讨了认知投入与学业成就之间的关系，例如，Fredricks 等②研究表明，认知投入是学业成就的重要预测因素。教学环境和教师行为对学生的认知投入有显著影响。Graham③研究发现，教师支持和课堂管理策略能够促进学生的认知投入。随着教育技术的发展，数字工具和在线平台在促进学生认知投入方面发挥着越来越重要的作用。例如，Wang 等④探讨了在线学习环境中互动技术对学生认知投入的影响。学生的认知投入还受到个体差异的影响，包括学习动机、兴趣、自我效能感和先前知识等方面。Ryan 和 Deci⑤ 的自我决定理论强调了满足基本心理需求对促进认知投入的重要性。尽管认知投入的研究取得了一定的进展，但仍面临一些挑战，如准确测量认知投入、区分不同类型和水平的认知投入等。

在研究取向方面，以人为本的研究倾向于以典型的个体为主要分析单位，并强调特定个体特征与学习投入之间的关系。以情境为导向的研究通常采用更全面或社会化的理论视角，在集体层面衡量学习投入，重点是特定学习环境（如学校、课堂或文化）的特征如何促进或阻碍学生学习投入。人与人之间的视角超越了个人与情境的二分法，采用关系方法来观察真实人物与其所

① Kuh, G. D., Kinzie, J., Schuh, J. H., et al., *Student Success in College: Creating Conditions that Matter* (San Francisco, C. A.: John Wiley & Sons, 2011).

② Fredricks, J. A., Blumenfeld, P. C., Paris, A. H. "School Engagement: Potential of the Concept, State of the Evidence", *Review of Educational Research* 74 (1), 2004, pp. 59-109.

③ Graham, C. R., "Emerging Practice and Research in Blended Learning", *Handbook of Distance Education*, ed. Moore, M. G. (New York, N. Y.: Routledge, 2013).

④ Wang, Z., Chen, L., Anderson, T., "A Framework for Interaction and Cognitive Engagement in Connectivist Learning Contexts", *The International Review of Research in Open and Distributed Learning* 15 (2), 2014, pp. 21-141.

⑤ Ryan, R. M., Deci, E. L., *Self-determination Theory: Basic Psychological Needs in Motivation, Development, and Wellness* (New York, N. Y.: Guilford Publications, 2017).

处环境之间的互动，侧重于学生如何与他人和学习环境互动，以产生特定类型、水平或形式的投入。特别关注真实的人在特定环境中从事任务的过程，人与情境特征之间的相互作用，以及个人和情境相互促进发展的方式。随着对学习投入的理解从认知到社会认知取向的不断扩展，情境中的人这一视角引起了越来越多的关注，一些研究使用这一视角分析了学习投入[①]。例如，Xie 等[②]通过定量设计考察了大学生在真实移动学习环境中的自我效能感、情境特征和行为与认知投入之间的交互关系，揭示了自我效能感和情境特征在预测学生学习投入方面的重要作用。

从整体上看，对学习投入的研究一直在增加，学者们在不同领域开展了大量研究工作，在混合学习领域，学习投入也引起了相当大的研究兴趣。尽管已有研究在探索混合情境中的学习投入，但很少有研究全面调查学习环境和相关近端因素对学习投入的影响。没有理论框架指导研究或实践，学习投入的定义和操作也缺乏一致性或具体性。因此，确定表征学习投入程度的定义、模型和度量方法对于确定教学方法（促进因素）以及个体特征的变化是否会导致学习投入（衡量指标）的提高非常重要。

另外，关注认知投入尤其关键，一是因为对认知投入的研究少于行为投入和情感投入，二是有证据表明认知投入对学业成绩很重要。但大多数研究集中在与学业投入和行为投入相关的更多可观测的指标上，而专注于某一特定领域认知投入的研究还很有限，比如对数学课程中认知投入的具体研究，或者针对混合学习中认知投入的具体研究还非常少。

---

① Zhang, F., Zhang, Z., "Exploring Chinese College Students' Engagement in an Online EAP Course", *System* 120, 2024, p. 103214.

② Xie, K., Heddy, B. C., Vongkulluksn, V. W., "Examining Engagement in Context Using Experience-sampling Method with Mobile Technology", *Contemporary Educational Psychology* 59, 2019, p. 101788.

第四节 小结

文献综述发现，混合学习以其独特的优势，如灵活性、个性化、互动性等，逐渐成为教育领域的研究热点和实践趋势。混合学习不仅结合了传统面对面教学与在线学习的优势，更在促进师生互动、提高学习效果等方面展现出了巨大的潜力。尽管混合学习在教育实践中得到了广泛应用，关于其效果和作用机制的研究非常丰富，但仍然有许多未解的问题需要研究，尤其是在学业情绪和认知投入两个关键领域。

学业情绪是学生在学习过程中产生的各种情绪体验，包括焦虑、愉悦、失望等，不仅影响学生的学习动机和态度，还直接关系到学生的学习效果和心理健康。在混合学习环境中，学生面临着更加复杂多变的学习情境，如在线学习的孤独感、学习任务的多样性、学习自我控制等，都可能对学生的学业情绪产生影响。因此，研究混合学习环境中的学业情绪，对于深入了解学生的学习体验、优化学习环境、提高学习效果具有重要意义。

另外，认知投入是学生在学习过程中投入的认知资源和努力程度，是衡量学生学习质量的重要指标。在混合学习环境中，学生的认知投入受到多种因素的影响，如学习任务的难度、学习资源的丰富性、学习环境的支持性等。同时，学生的学业情绪也可能对认知投入产生影响，如积极的学业情绪有助于提高学生的认知投入水平，而消极的学业情绪则可能降低学生的认知投入水平。因此，研究混合学习环境下学业情绪与认知投入的影响机制，对于揭示混合学习的效果和作用机制、优化教学设计、提高学习效果具有重要的理论价值和实践意义。

目前关于混合学习环境下学业情绪与认知投入的研究相对较少，且缺乏深入的定量分析和实证研究，导致对混合学习环境下学业情绪与认知投入的影响机制缺乏全面、准确的认识，对混合学习实践缺乏有力的理论支持和实践指导。

本研究以定量研究为主，结合定性分析的方法，对混合学习环境下学业情绪与认知投入的影响机制进行深入探讨，重点关注以下几个方面：首先，对混合学习环境下学业情绪与认知投入的现状进行深入了解和分析，揭示其存在的问题和挑战；其次，探讨混合学习环境下学业情绪与认知投入的影响因素，包括学习环境感知、学生个体特征等；最后，构建混合学习环境下学业情绪与认知投入的影响机制模型，并通过实证研究验证模型的准确性和有效性。通过揭示混合学习环境下学业情绪与认知投入的影响机制，为混合学习的实践提供有力的理论支持和实践指导。

第三章
理论基础与研究模型构建

本章在梳理学习环境理论、学业情绪控制-价值理论的基础上，明确混合学习环境感知、主观控制价值评估、学业情绪与认知投入之间的内在联系，构建混合学习环境中学业情绪对认知投入的影响机制研究模型。具体来说，首先，通过对学习环境感知相关理论、框架以及测量工具的回顾，整合探究共同体模型、技术接受模型、学业情绪控制-价值理论以及 PST（教学、社会、技术）模型，提出 TCTS 混合学习环境感知框架，以对混合学习环境概念化。其次，基于学业情绪控制-价值理论和学习投入理论，构建混合学习环境中学业情绪对认知投入的影响机制研究模型：环境→评估→情绪→投入（Environment→Evaluation→Emotions→Engagement，4E）模型。该模型以混合学习环境感知为自变量，认知投入为因变量，控制-价值评估、学业情绪为中介变量，并考虑了人口学调节变量的影响。基于该模型，本研究将深入揭示混合学习环境如何经由学业情绪影响认知投入的内在机制，为后续实证研究提供理论支持。

第一节　理论基础

一　技术支持的学习环境理论

（一）学习环境理论概述

在当代教育心理学领域，学生的学习成效被广泛视为多种因素交互作用的产物，这些因素不仅涵盖个体层面的认知、动机和情绪状态，还涉及外在的学习环境，即个体因素与环境因素协同作用。学习环境是指学生在学习过程中经历或感知的环境的总称，涉及心理学、教育学、技术、文化和实用研究领域①。学习环境对学生的影响深远，它塑造着学生的思维方式、情感体验以及行为模式，进而影响学生学习效果。此外，研究表明，学习环境不仅对学生的学术表现有积极影响，而且对学生成年后的社会情感健康、创造力和批判性思维等有积极影响。鉴于学习环境对学生发展的多重影响和重要意义，学习环境研究已成为教育心理学的一项重要议题。

学习环境研究的理论视角众多，涉及心理学、教育学、社会学、设计学等多个学科领域。心理学侧重于研究学生的认知、情感和动机等心理过程，以及这些过程如何与学习环境相互作用。教育学从教学方法、课程设计、评估方式等方面探讨学习环境对学生学习的影响。社会学侧重于研究学习环境的社会文化因素，如社会资本、群体动力和学校文化。基于技术视角的研究探讨了技术工具和数字媒体如何集成到学习环境中，以及这些工具如何影响学习过程。设计学从空间设计、信息设计和用户体验等方面研究物理和虚拟学习环境的设计。建构主义强调学习环境应支持学生的主动探索、实践和社会互动。基于批判理论视角的分析侧重于学习环境中的权力关系、意识形态和教育公平问题。现象学关注学生在特定学习环境中的主观体验和感知，并形成不同流派的学习环境理论，如建构主义学习环境理论、社会文化理论、情境学习理论、社区心理学理论、自我决定理论等②，为理解和设计学习环境提供了丰富的视角。

学习环境理论研究的里程碑主要有 6 个③：①Lewin 关于人的行为、环境和个人特征的理论，即人的行为是环境和个人特征的函数；②Murray 认为个人行为会根据环境中情境变量的变化而变化；③Getzels 和 Thelen 研究发现，

① 〔美〕戴维·H. 乔纳森：《学习环境的理论基础》，郑太年、任友群译，华东师范大学出版社，2002。

② Deci, E. L., Ryan, R. M., "The 'What' and 'Why' of Goal Pursuits: Human Needs and the Self-determination of Behavior", *Psychological Inquiry* 11 (4), 2000, pp. 227–268.

③ Abualrub, I., Karseth, B., Stensaker, B., "The Various Understandings of Learning Environment in Higher Education and Its Quality Implications", *Quality in Higher Education* 19 (1), 2013, pp. 90–110.

通过学生的个人需求和期望与课堂环境的相互作用可以预见他们的行为和结果；④Stern 提出人与环境的一致性，指出环境和个人需求之间越匹配，个人和周围环境之间的互动结果越会得到改善；⑤Walberg 编制了学习环境量表，包括学生的年龄、能力和动机，教学的数量和质量，以及家庭、教室、团队和媒体环境，并将学生的学习视为这些变量的函数；⑥Moos 设计了课堂环境量表。从对学习环境的研究来看，随着时间的推移，学习环境研究的主要目的就是确定学习环境的变量及其对学生学习的影响。

学习环境研究以 Lewin 的理论为基础，即人类行为是个人特征和环境的函数，环境和个人特征之间的相互作用对人的行为具有决定性影响，因而，通过学生对其学习经历的感知的定量数据来了解学习环境的特征已经成为学习环境研究的一个鲜明标志[①]。学习环境感知至少内含两个方面的问题：学生对学习环境感知的评估及其给学生带来的影响。学习环境感知是学生对其所处学习环境的主观体验、认识和评估，包括对教育场所的物理条件、社会氛围、教学方法、课程内容等多方面的理解和感受。学生对学习环境的感知影响着他们的学习动机、参与度、情绪状态和学业成就。当然，在不同视角下对学习环境感知的解读也有差别。Fraser 和 Walberg[②] 将学习环境感知定义为学生对课堂氛围的认知评估，包括对教学、学习、学生参与和课堂管理等方面的看法。Jonassen[③] 提出学习环境感知是学生对学习情境中的认知工具、社会互动和教学活动的认知和情感反应。Lave 和 Wenger[④] 从情境学习理论出发，将

① Welters, R., Lewthwaite, B., Thomas, J., et al., "Re-engaged Students' Perceptions of Mainstream and Flexible Learning Environments—A 'Semi-quantitative' Approach", *International Journal of Inclusive Education* 23 (12), 2019, pp. 1315-1331.

② Fraser, B. J., Walberg, H. J., *Educational Environments: Evaluation, Antecedents and Consequences* (Pergamon Press, 1991).

③ Jonassen, D. H., "Objectivism Versus Constructivism: Do We Need a New Philosophical Paradigm?", *Educational Technology Research and Development* 39 (3), 1991, pp. 5-14.

④ Lave, J., Wenger, E., *Situated Learning: Legitimate Peripheral Participation* (Cambridge University Press, 1991).

学习环境感知视为学生在特定社会实践中的参与和身份认同。Ryan 和 Deci[①]的自我决定理论认为学习环境感知是学生对自主性、能力感和关联性需求满足程度的体验。

（二）学习环境感知相关理论和研究模型

1. 探究共同体模型

针对计算机支持的学习环境，Garrison 等[②]提出探究共同体（Community of Inquiry，CoI）模型，包括认知临场感（cognitive presence）、教学临场感（teaching presence）和社会临场感（social presence）。该模型是在线和混合学习环境下重要的理论模型，是指导研究在线和混合学习的有力工具。认知临场感是高等教育成功的最基本要素，是指学生在探究共同体中通过持续的交流互动来建构知识和意义，并在意义建构过程中反思和对话的过程。社会临场感被定义为探究共同体的参与者将个人特征投射到社区的能力，从而将自己呈现给其他参与者，使其成为“真实的人”。教学临场感作为模型的核心要素，对混合学习环境中的在线部分至关重要，确保学习体验具有意义。教学临场感是指教学设计和组织、促进对话和直接教学等一系列活动设计。为了确保足够的教学临场感，学生希望教师能够以类似于传统课堂的方式组织教学。同时，学习环境还应能够使学生轻松参与教学过程，以实现对学科主题的理解[③]。无论是在线课程还是面对面课程情境，社会临场感在教育情境中的作用，是 CoI 模型所包含的 3 个要素中被最广泛研究的。

2. 学业情绪控制-价值理论

学业情绪控制-价值理论（The Control-Value Theory of Achievement Emotions）认为，学生的学业情绪受到其对学习活动和学习结果的控制和价值评

---

① Ryan, R. M., Deci, E. L., “Self-determination Theory and the Facilitation of Intrinsic Motivation, Social Development, and Well-being”, *American Psychologist* 55 (1), 2000, pp. 68-78.

② Garrison, D. R., Anderson, T., Archer, W., “Critical Inquiry in a Text-based Environment: Computer Conferencing in Higher Education”, *The Internet and Higher Education* 2 (2-3), 2000, pp. 87-105.

③ Rehn, N., Maor, D., McConney, A., “Investigating Teacher Presence in Courses Using Synchronous Videoconferencing”, *Distance Education* 37 (3), 2016, pp. 302-316.

估的直接影响，学生对控制和价值的评估被视为学业情绪的近端前因。与社会认知学习理论的假设一致，学业情绪控制-价值理论暗示环境对个体学业情绪的影响在很大程度上是通过控制和价值评估介导的，也就是说，影响学生对控制和价值评估的环境因素对他们的学业情绪非常重要[①]。根据这一理论，影响学生控制和价值评估的任何环境因素都会影响由此产生的学业情绪，进而通过多个中介过程影响学习表现和成就。因此，学生学习活动发生的情境，即其所处学习环境的要素，包括教学和任务属性（包括任务要求、任务难度、教学结构、认知质量）、价值引导、自主支持、期望和目标结构等[②]，会对学生的学业成就产生直接和间接影响。

在教学和任务属性方面，通过不同的教学方法——如创造具有激励性的学习环境，提供合适的学习材料，并为学习提供情感、信息和物质支持等——所培养形成的个体能力，是与控制和能力相关的自我评估的基础，影响学业情绪的产生。此外，接受高质量的教学对学生来说可能是愉快的。因此，高质量的教学可能有助于实现活动的积极内在价值，从而有助于与活动相关的积极情绪的长期发展。反之亦然，低质量的教学可能会导致无聊等学业情绪的产生。任务（难度和复杂性）和任务标准（要求）与成功和失败有关，因而对与成功和失败相关的情绪（如预期的享受、焦虑，回顾时的骄傲、羞耻等）至关重要。自主支持对于学习活动中的自我调节至关重要，有助于能力发展和享受情绪的形成，还有助于形成基于内在归因的积极学业情绪。期望和目标结构使学生可以有不同的机会体验成功，也会由此对学生的控制评估产生影响，继而对学业情绪产生影响。价值引导通过提供价值信息、模仿和情绪感染、创造刺激性和有意义的学习环境，以及创造满足非成就相关需求的环境，共同促进了成就相关活动外在和内在价值评估的形成和发展。

① Pekrun, R., et al., "The Control-Value Theory of Achievement Emotions: An Integrative Approach to Emotions in Education", *Emotion in Education*, ed. Schutz, P., Pekrun, R. (Academic Press, 2007).

② Pekrun, R., "The Control-Value Theory of Achievement Emotions: Assumptions, Corollaries, and Implications for Educational Research and Practice", *Educational Psychology Review* 18 (4), 2006, pp. 315-341.

成功和失败的反馈可能会在特定情境下产生与成就相关的情绪（如喜悦、失望、自豪、羞耻等）。除了情境效应之外，如果个人接受反馈并相应地归因，可能成为能力和控制评估的基础，进而影响学业情绪[①]。

3. 技术接受模型

技术接受模型（Technology Acceptance Model，TAM）是在理性行为理论和计划行为理论的基础上提出的，最初用于“明确系统设计特征、感知有用性、感知易用性、使用态度和实际使用行为之间的因果关系”[②]。模型中的感知有用性（perceived usefulness，一个人相信使用特定的信息系统会提高他们绩效的程度）和感知易用性（perceived ease of use，一个人相信使用一个特定信息系统的容易程度）是接受和使用意图的两个主要预测变量。在教育环境中，TAM 是电子学习接受文献中最常见的基础理论，被广泛用于检查用户对不同类型技术和不同学习环境的接受程度，例如翻转智能应用程序、在线学习、基于计算机的课程评估、平板电脑、个人学习环境（PLE）、一般的学习管理系统（LMS）、大规模开放在线课程、移动学习等[③]，TAM 也被用于评估混合学习采用情况[④]，以及学生对混合学习系统的感知和接受度[⑤]。TAM 已成为调查学生、教师和其他利益相关者对学习技术接受程度和对技术支持学习环境感知程度的科学研究范式。

---

① Pekrun, R.,“A Social-cognitive, Control-Value Theory of Achievement Emotions”, *Motivational Psychology of Human Development-developing Motivation and Motivating Development*, ed. Heckhausen, J. (Elsevier, 2000).

② Davis, F. D.,“User Acceptance of Information Technology: System Characteristics, User Perceptions and Behavioral Impacts”, *International Journal of Man-machine Studies* 38 (3), 1993, pp. 475-487.

③ Hoi, V. N., Mu, G. M.,“Perceived Teacher Support and Students' Acceptance of Mobile-assisted Language Learning: Evidence from Vietnamese Higher Education Context”, *British Journal of Educational Technology* 52 (2), 2020, pp. 879-898.

④ Martín-García, A. V., Martínez-Abad, F., Reyes-González, D.,“TAM and Stages of Adoption of Blended Learning in Higher Education by Application of Data Mining Techniques”, *British Journal of Educational Technology* 50 (5), 2019, pp. 2484-2500.

⑤ Al-Azawei, A., Parslow, P., Lundqvist, K.,“Investigating the Effect of Learning Styles in a Blended E-learning System: An Extension of the Technology Acceptance Model (TAM)”, *Australasian Journal of Educational Technology* 33 (2), 2017, pp. 1-23.

4. PST 模型

Kirschner 等[①]强调教育系统是由教学、社会和技术要素融合而成的复杂体系。在这一理念的基础上，Wang[②] 进一步发展出一个学习环境设计框架，称为 PST 模型，该模型由 3 个核心要素构成：教学（pedagogical）、社会（social）和技术（technical/technological）。该模型阐释了教学设计的重要性，涉及精心挑选教学内容、设计学习活动以及高效利用各种资源的方法。社会性设计关注于营造一个既安全又包容的环境，让学习者能够在其中自由地分享知识、交流想法。技术设计旨在确保学习者能够访问到既有用又吸引人的技术资源，且资源应当易于使用、容易访问。在任何学习环境中，PST 模型的 3 个要素都各自承担着独特的角色。技术要素为教学和社会要素提供了基础设施和工具，而教学要素和社会要素被普遍认为是影响学习成效的关键因素。通过这种综合性的设计视角，PST 模型为构建有效且富有吸引力的学习环境提供了一种方法论指导。

二　学业情绪控制-价值理论

（一）源起和理论框架

尽管对学术情境中情绪的研究已经得到了广泛的重视，并得到了不同领域研究人员的认可和验证，诸如 20 世纪 30 年代以来被大量讨论的考试焦虑、关于成就动机的研究等。然而，早前研究的不同理论传统及相应解释在很大程度上是独立和分散的，这些研究只专注于情绪的某一方面或者某种特定的情绪，缺乏系统性和整体性，在很大程度上忽视了焦虑以外的其他学业情绪[③]。针对这种情况，Pekrun 试图提供一个整合框架，用于理解在成就和学术环境中所经历的情绪，并分析其前因后果，即学业情绪控制-价值理论。

学业情绪控制-价值理论建立在对期望价值理论（Expectancy-Value Theory）、

---

① Kirschner, P., Strijbos, J-W., Kreijns, K., et al., "Designing Electronic Collaborative Learning Environments", *Educational Technology Research and Development* 52 (3), 2004, pp. 47-66.

② Wang, Q., "A Generic Model for Guiding the Integration of ICT into Teaching and Learning", *Innovations in Education and Teaching International* 45 (4), 2008, pp. 411-419.

③ 刘影：《中学生学业情绪表达策略使用的情境特异性》，博士学位论文，华东师范大学，2018。

压力评估和情绪交易理论（Transactional Theories of Stress Appraisals and Related Emotions）、感知控制理论（Theories of Perceived Control）、学业情绪归因理论（Attributional Theories of Achievement Emotions）以及影响学习和表现情绪模型（Models Addressing the Effects of Emotions on Learning and Performance）等相关理论和模型进行综合的基础之上。该理论强调情绪随时间和情境的变化而变化的特点，即成就情绪、前因和后果之间通过反馈机制相互影响，形成动态系统（见图 3-1）①。

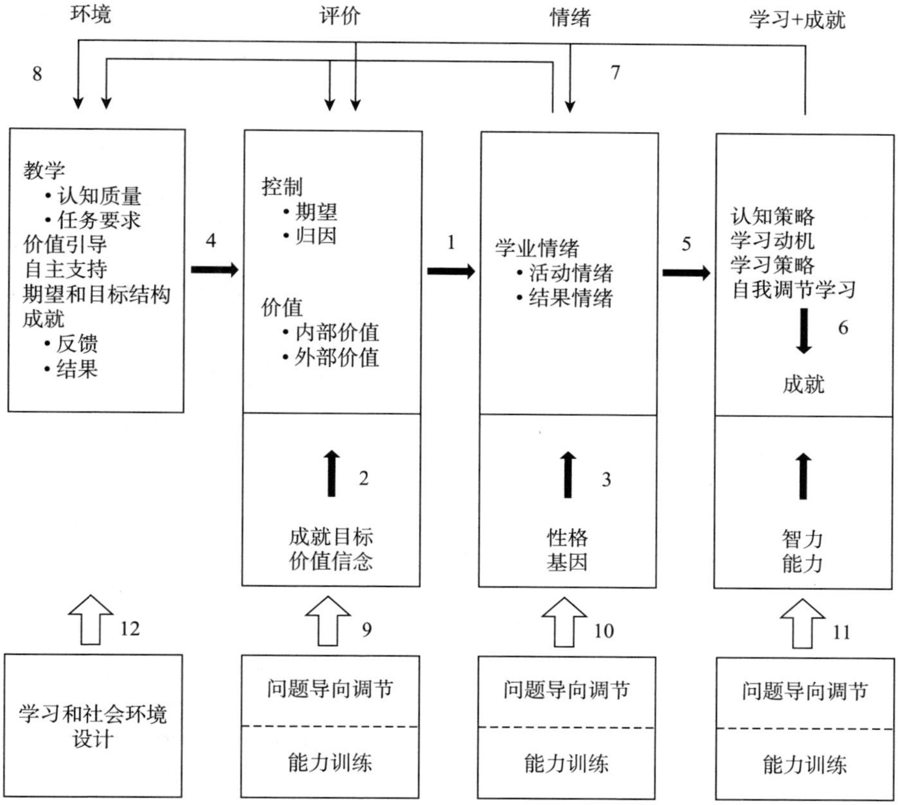

图 3-1　学业情绪控制-价值理论框架

① Pekrun, R., et al., "The Control-Value Theory of Achievement Emotions: An Integrative Approach to Emotions in Education", *Emotion in Education*, ed. Schutz, P., Pekrun, R.（Academic Press, 2007）.

（二）基本假设和主要内容

学业情绪控制–价值理论的核心在于解释学业情绪的诱发机制及其对学习表现的影响，该理论的主要观点包括以下几个方面。

1. 主观控制与价值评估是学业情绪的近端前因

学业情绪控制–价值理论假设生理过程、遗传倾向和认知评估是情绪的主要来源。然而，无论是生理过程还是学生的遗传倾向都是教育工作者无法控制的[①]。因此，认知评估与学业情绪具有特定的关系。控制评估（control appraisals）和价值评估（value appraisals）是学业情绪控制–价值理论的核心构成要素，学业情绪的产生主要源自个体对主观控制感和任务价值的认知评估，这是学业情绪控制–价值理论的基本假设之一。控制评估涉及个体对自己在特定学术任务中成功与否的信念，与成就行动和结果的感知可控性有关。价值评估涉及个体对任务的个人意义和价值的主观评估，涉及这些活动和结果的主观重要性。研究表明，学生在大学环境中的学业控制对学生的乐趣和希望有积极影响，但与学生的无聊和焦虑负相关[②]。与控制相关的评估（如感知的学业控制和自我效能感）与学生的积极情绪正相关，与消极情绪负相关。与价值相关的评估如认为某项活动有价值与活动期间的无聊等消极情绪负相关，与享受和希望等积极情绪正相关[③]。主观控制评估和主观价值评估是学业情绪

① Pekrun, R., Goetz, T., Titz, W., et al., "Academic Emotions in Students' Self-regulated Learning and Achievement: A Program of Qualitative and Quantitative Research", *Educational Psychologist* 37 (2), 2002, pp. 91–105.

② Stupnisky, R. H., Perry, R. P., Renaud, R. D., et al., "Looking Beyond Grades: Comparing Self-esteem and Perceived Academic Control as Predictors of First-year College Students' Well-being", *Learning and Individual Differences*, 2013, pp. 151–157; Tempelaar, D. T., Niculescu, A., Rienties, B., et al., "How Achievement Emotions Impact Students' Decisions for Online Learning, and What Precedes Those Emotions", *The Internet and Higher Education* 15 (3), 2012, pp. 161–169; You, J. W., Kang, M., "The Role of Academic Emotions in the Relationship Between Perceived Academic Control and Self-regulated Learning in Online Learning", *Computers & Education* 77, 2014, pp. 125–133.

③ Noteborn, G., et al., "The Role of Emotions and Task Significance in Virtual Education", *The Internet and Higher Education* 15 (3), 2012, pp. 176–183; Buil, I., Catalán, S., Martínez, E., "Do Clickers Enhance Learning? A Control-Value Theory Approach", *Computers & Education* 103, 2016, pp. 170–182.

的关键决定因素，此即图 3-1 中箭头 1 所示的过程。

2. 个体特征和学习环境是学业情绪的远端前因

主观控制和价值评估被视为学业情绪的近端前因，影响主观控制和价值评估的因素则被确定为学业情绪的远端前因。不同的个体特征和环境因素可以通过主观控制和价值评估对学生的学业情绪产生直接或间接影响，这是学业情绪控制-价值理论的另一个基本假设。学业情绪控制-价值理论进一步识别了影响控制评估和价值评估的远端因素，包括个体的成就目标、价值信念，以及学习环境因素如教学的认知质量、任务要求、自主支持等。这些因素通过塑造个体的控制评估和价值评估直接或间接地影响学业情绪①，对应图 3-1 中箭头 2 和箭头 4 所指的过程。例如，成就目标能够影响个体对成功和失败的期望，而学习环境提供的自主支持则可以调节个体的评估过程，最终影响学业情绪。理解远端和近端前因如何共同作用于学业情绪，对于教育者设计有效的教学策略和营造理想的学习环境至关重要。

3. 学业情绪通过多个中介过程影响学习表现和成就

学业情绪控制-价值理论明确了学业情绪对学生学业投入和成就的影响是一个多中介的作用过程，这些过程包括认知资源的分配、兴趣和动机的激发、学习策略的选择以及自我调节的能力，即图 3-1 中箭头 5 到箭头 6 的作用过程。积极的情绪，如兴趣和自豪，已被证明能够促进认知资源利用和增强学习动机，而消极的情绪，如焦虑和羞愧，可能消耗认知资源并干扰学习过程。情绪对学习和表现的影响受到多种认知策略和动机机制的调节。例如，学生的学习动机是调节学业情绪的关键影响因素之一。此外，认知策略的有效分配和学习策略的适当使用也是重要的中介变量，它们影响学业情绪如何引致学习成效。自我调节能力，包括时间管理、注意力控制和学习策略的调整，同样在学业情绪与学习成效之间起着至关重要的作用。同时，外部调节，如教师的指导和同伴的支持，也被认为在调节学业情绪的过程中发挥着重要作用。

---

① Pekrun, R., et al., "The Control-Value Theory of Achievement Emotions: An Integrative Approach to Emotions in Education", *Emotion in Education*, ed. Schutz, P., Pekrun, R. (Academic Press, 2007).

4. 学业情绪控制-价值理论强调前因、学业情绪、后果的动态反馈循环

学业情绪控制-价值理论的核心在于强调学业情绪的产生不仅受先前的认知评估和信念驱动，而且这些情绪体验也会通过调节学习行为和学业成就对这些因素产生反作用[①]。情绪体验和调节是一个持续的、相互作用的过程，随着个体在不同学习情境中体验的变化而不断演变和调整。学习过程及其成就结果预期将对情绪产生反馈效应，不仅影响学生体验的情绪状态（如图 3-1 中箭头 7 所示），也影响课堂内外的环境因素调整与设计（如图 3-1 中箭头 8 所示）。学业情绪的前因、情绪本身及其后果之间存在随时间推移的相互因果关系，形成了一个动态的反馈循环。理解这种动态反馈循环对教育实践具有重要意义，因为它强调教育者在设计教学策略时需要考虑情绪因素如何在学习过程中发挥作用，比如教育者通过优化学习环境和采用有效的情绪调节策略，以促进学生的积极学业情绪，从而达到提高学习成效和学业成就的目的。

第二节　TCTS 混合学习环境感知框架

基于前述理论和模型，本研究提出 TCTS 混合学习环境感知框架，如图 3-2 所示。该框架将混合学习环境感知划分为技术维度（technical dimension）、内容维度（content dimension）、教师维度（teacher dimension）、社交维度（social interaction dimension）4 个维度。

一　技术维度（T）

在过去 30 多年里，技术支持的学习和教学吸引了研究者越来越多的兴趣。由于教育技术的快速发展，学习环境的特征发生了重大变化。将技术融入学习环境会带来新的启示，技术支持的学习环境（Technology-Supported

---

① Pekrun, R., Elliot, A. J., Maier, M. A., "Achievement Goals and Achievement Emotions: Testing a Model of Their Joint Relations with Academic Performance", *Journal of Educational Psychology* 101 (1), 2009, pp. 115-135.

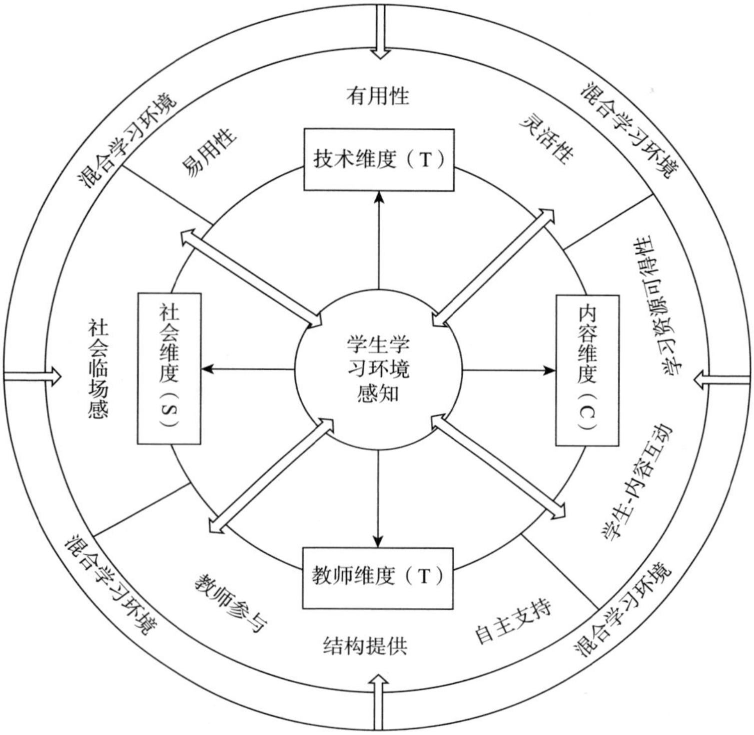

图 3-2　TCTS 混合学习环境感知框架

Learning Environments，TSLEs）有可能促进传统学习环境（Traditional Learning Environments，TLEs）中无法发展的新知识、技能甚至态度。混合学习环境就是结合了 TSLEs 和 TLEs 各自优势的一种方式，而且已经被证明比单一的在线学习或者完全的传统面对面学习更有效，而带来这些变化的则是技术在教育中的融合应用。因而，要了解混合学习环境如何以及何以有益于教学和实践，诱发和激励积极学业情绪并带来积极学业结果和成就，首先要研究的就是技术带来的学习环境体验。在 TCTS 混合学习环境感知框架中，技术维度由有用性、易用性和灵活性 3 个方面来表征。

（一）有用性和易用性

技术维度评估的是混合学习环境中的技术使用体验。易用性是指混合学习过程中所使用的学习技术、学习平台是否容易使用，学生是否可以快速学习和轻松使用这些技术和平台。有用性是指学习技术和学习平台是否能够满足学生需求。易用性和有用性已成为众多技术支持学习环境感知工具的主要内容，被广泛应用并得到检验，本研究不再展开详细论述。

（二）灵活性

20世纪70年代初，当英国等发达经济体进入“后福特主义”时代时，经济学范式转变为“灵活性生产”，要求教育体系变得更加灵活来适应新的经济范式，灵活性学习开始在20世纪70年代的美国出现，而术语则在20世纪80年代初出现于英国的相关文献中，自20世纪末开始，“灵活性”一词开始被频繁使用①。进入21世纪，随着社会需求和技术发展的不断变化，学习者希望灵活地、自适应地、创新地、协作地、非正式地、泛在地学习，要求增加适度的学习灵活性，在学习内容、学习时间以及学习地点和方式等方面获得更多的自主性和发言权。教育要根据学习者的这种需求变化做出相应的改变，为学习者提供更多的选择、便利和个性化服务，以适应学习者的需要，灵活性学习因此成为教育者和教育机构关注的焦点。

技术和灵活性之间存在着密切的联系，灵活性被认为是教育技术的主要优势②。据《新媒体联盟地平线报告（2015高等教育版）》预测，创建灵活的、有益创新的学习环境是两个长期趋势之一③，反过来又确证技术创新对灵活性学习的重要作用。灵活性可以被看作大学学习特征的一个重要方面。这一特征依赖于信息通信技术，特别是在线学习机会。基于网络的学习将学习环境转变为更加交互、灵活和个人的空间④。灵活性随着在线学习和面对面学

① Li, K. C., Wong, B., "Revisiting the Definitions and Implementation of Flexible Learning", *Innovations in Open and Flexible Education*, ed. Li, K. C., Yuen, K. S., Wong, B. (Springer Singapore, 2018).

② Goh, E., Wen, J., "Applying the Technology Acceptance Model to Understand Hospitality Management Students' Intentions to Use Electronic Discussion Boards as a Learning Tool", *Journal of Teaching in Travel & Tourism* 21 (2), 2021, pp. 142–154.

③ L. 约翰逊等：《新媒体联盟地平线报告（2015高等教育版）》，《北京广播电视大学学报》2015年第S1期。

④ Saghafi, M., Franz, J., Crowther, P., "A Holistic Model for Blended Learning", *Journal of Interactive Learning Research* 25 (4), 2014, pp. 531–549.

习的结合成为混合学习的关键特征。

灵活性的核心是技术适应学习者及其需求的程度，所提供的教育服务应该允许他们自己决定学习什么，何时、如何以及在哪里学习[①]。Davis 提出 TAM 时，灵活性被作为易用性维度下的一个项目，但他指出，灵活性并不总是与易用性相联系[②]。信息技术和教学方法的发展正在挑战教室的时空界限，为有效地实施教学提供了新的环境，其特点是将灵活和创新的技术引入教学。研究表明，学生表现出偏好电子学习的原因包括技术使用所带来的便利性和灵活性[③]。技术创新是灵活性学习的一个重要推动因素，但绝不是主要决定因素。因为，虽然信息技术的使用给学习者的学习带来了更多的可能性，但它同时也可能带来面对面情感交互的降低，进而影响这种更“灵活的”学习方式的体验质量，所以在权衡灵活性与其他影响学习体验质量的因素时，灵活性这一特征或因素可能会被搁置或被放弃[④]。因此，作为混合学习环境核心特征之一的灵活性，在很大程度上被现有研究所忽视。

尽管缺乏统一的标准，但混合学习环境通常具有一些共同特征。Arbaugh[⑤] 强调技术和教学特征，如课程软件包的易用性、在线环境的灵活性以及学习环境的互动性等混合型课程的核心要素。Kintu 等[⑥]研究了技术质量、在线工具设

① Müller, C., Mildenberger, T., “Facilitating Flexible Learning by Replacing Classroom Time with an Online Learning Environment: A Systematic Review of Blended Learning in Higher Education”, *Educational Research Review* 34, 2021, p. 100394.

② Davis, F. D., “Perceived Usefulness, Perceived Ease of Use, and User Acceptance of Information Technology”, *MIS Quarterly* 13 (3), 1989, p. 319.

③ Clayton, K. E., Blumberg, F. C., Anthony, J. A., “Linkages Between Course Status, Perceived Course Value, and Students’ Preference for Traditional Versus Non-traditional Learning Environments”, *Computers & Education* 125, 2018, pp. 175-181.

④ Boer, W., Collis, B., “Becoming More Systematic About Flexible Learning: Beyond Time and Distance”, *Research in Learning Technology* 13 (1), 2005, pp. 33-48.

⑤ Arbaugh, J. B., “How Classroom Environment and Student Engagement Affect Learning in Internet-based MBA Courses”, *Business Communication Quarterly* 63 (4), 2000, pp. 9-26.

⑥ Kintu, M. J., Zhu, C., Kagambe, E., “Blended Learning Effectiveness: The Relationship Between Student Characteristics, Design Features and Outcomes”, *International Journal of Educational Technology in Higher Education* 14 (1), 2017, pp. 1-20.

计和课程互动作为混合学习环境要素的重要特征。Chou 和 Chou[①] 得出结论，混合学习环境的在线部分为学生在学习过程中提供了更大的灵活性，面对面的部分倾向于鼓励与同伴和教师的互动。混合学习促进了独立学习和在线合作，保留了面对面的课堂教学成分，其基本前提是通过为学生提供数字技术所赋予的学习灵活性来补充面对面的课堂学习。对学生而言，混合学习的主要积极特征是互动、灵活性以及学习和评估的新方法[②]。综合已有文献观点来看，灵活性和互动性通常被视为混合学习环境的核心特征[③]。灵活性涉及课程资源、学习活动类型、学习媒体、交流和社会互动选项以及许多其他可能性的选择[④]。本研究将技术带来的混合学习灵活性变量纳入 TAM，探究学生对灵活性的体验如何影响学业情绪、认知投入。

二 内容维度（C）

学习是一个通过与不同类型资源的交互来认知新信息的过程，学习资源是学习成功至关重要的内容支持[⑤]。只有当学生与内容互动，有意义的学习才会发生。在在线学习环境中，学习资源可以是多种形式的数字材料和工具，包括但不限于文本、音频、视频、讨论区、思维导图工具、自动评分系统、协作编辑平台和视频会议软件。数字学习资源具有可塑性，通过了解学生与各种资源的互动情况，教育工作者可以根据需求创建和调整学习资源，以满足教学和学习的需求。在包括在线活动的混合学习环境中，教师设计学习资源并创造一个更加动态和有效的环境，为学生提供了与学习资源互动的机会，

---

① Chou, A. Y., Chou, D. C., "Course Management Systems and Blended Learning: An Innovative Learning Approach", *Decision Sciences Journal of Innovative Education* 9 (3), 2011, pp. 463-484.

② Wicks, D. A., et al., "An Investigation into the Community of Inquiry of Blended Classrooms by a Faculty Learning Community", *The Internet and Higher Education* 25, 2015, pp. 53-62.

③ Mueller, F. A., Wulf, T., "Blended Learning Environments and Learning Outcomes: The Mediating Role of Flow Experience", *The International Journal of Management Education* 20 (3), 2022, p. 100694.

④ Boer, W. D., Collis, B., "Becoming More Systematic about Flexible Learning: Beyond Time and Distance", *Research in Learning Technology* 13 (1), 2005, pp. 33-48.

⑤ Wilhelm-Chapin, M. K., Koszalka, T. A., "Graduate Students' Use and Perceived Value of Learning Resources in Learning the Content in an Online Course", *TechTrends* 64 (3), 2020, pp. 361-372.

学生能够操作和控制多媒体学习资源，比如通过改变视频的速度、在课程论坛帖子中交流或使用标记工具来注释、突出显示或搜索电子文本等方式来进行交互，在交互过程中学习投入得以实现。此外，教师和同学也是重要的学习资源，可以提供指导和合作机会，但这些内容与 TCTS 混合学习环境框架中的教师和社会维度重叠，因而不再作为资源内容进行探讨。

三　教师维度（T）

教师支持是可塑的和多维的，不同的研究对教师支持的定义和衡量标准不一致。例如，自我决定理论和社会支持理论分别对教师支持做出了定义。自我决定理论认为，教师支持是指那些能够满足学生基本心理需求的支持性教学行为，其中包括 3 个相互关联的维度：自主支持、结构提供和教师参与①。自主支持是指激发学生内在动机的教学行为，包括支持学生的兴趣和偏好、采纳学生的观点、为强制性学习任务提供理由、鼓励学生自己做决定以及接受学生的负面情绪。结构提供被视为能力支持，被描述为提供可预测和一致的学习环境的所有教学策略，主要是通过解释现实的目标和期望、给出明确的指示、提供适当的反馈和提供最佳挑战来实现的。教师参与即关系支持，与学生和老师建立联系的感觉有关，通常由教师对学生表现出关心、提供灵感和表示欣赏、奉献时间和资源以及基于学生的需求进行沟通来实现②。自我决定理论认为，教师支持可以影响学生的焦虑、抑郁、希望和其他情绪③。

---

① Ryan, R. M., Deci, E. L., "Intrinsic and Extrinsic Motivation from a Self-determination Theory Perspective: Definitions, Theory, Practices, and Future Directions", *Contemporary Educational Psychology* 61, 2020, p. 101860.

② Skinner, E., Furrer, C., Marchand, G., et al., "Engagement and Disaffection in the Classroom: Part of a Larger Motivational Dynamic?", *Journal of Educational Psychology* 100 (4), 2008, pp. 765-781; Reeve, J., Jang, H., Carrell, D., et al., "Enhancing Students' Engagement by Increasing Teachers' Autonomy Support", *Motivation and Emotion* 28 (2), 2004, pp. 147-169.

③ Van Ryzin, M. J., Gravely, A. A., Roseth, C. J., "Autonomy, Belongingness, and Engagement in School as Contributors to Adolescent Psychological Well-being", *Journal of Youth and Adolescence* 38 (1), 2007, pp. 1-12.

社会支持理论认为教师支持可以从两个方面来看待：广义和狭义①。广义上，社会支持理论将教师支持定义为教师在任何环境中向学生提供的信息、工具、情感和评估支持。信息支持是指在特定内容领域提供建议或信息。工具支持是指提供金钱或时间等资源。情感支持是指爱、信任或同理心。评估支持是指向每个学生提供评估反馈。狭义的观点认为，教师支持只在课堂环境中以帮助、信任、友谊和兴趣的形式出现。此外，还有观点从社会支持理论出发，认为教师支持作为社会支持的一种形式，包括情感支持、认知支持和自主支持，通过提供结构和自主之间的平衡来优化学生的学习，同时也解决他们的个人需求②。具体来说，情感支持是指教师关心学生，认知支持是指教师提供建议和直接帮助等教学支持，自主支持是指教师允许学生自主决定自己的行为③。

感知教师支持是学生学习的一个非常重要的促进因素。许多实证研究证实了整体教师支持或教师支持的某一个维度（主要是自主支持）的独特效果，研究表明，感知到的教师支持与学生的需求满意度、学业情绪、学业投入以及学业成就等方面存在相对一致的正相关关系④。

四　社会维度（S）

教育研究认为，互动是教与学体验最重要的组成部分，与教师和同伴的互动是学生积极参与在线学习活动的重要驱动力。因此，当以对话的形式进

① Lei, H., Cui, Y., Chiu, M. M., "The Relationship Between Teacher Support and Students' Academic Emotions: A Meta-analysis", *Frontiers in Psychology* 8, 2018, pp. 1-12.

② Patrick, H., Ryan, A. M., Kaplan, A., "Early Adolescents' Perceptions of the Classroom Social Environment, Motivational Beliefs, and Engagement", *Journal of Educational Psychology* 99 (1), 2007, pp. 83-98.

③ Li, H., Zhang, M., Hou, S., et al., "Examining the Dynamic Links Among Perceived Teacher Support, Mathematics Learning Engagement, and Dimensions of Mathematics Anxiety in Elementary School Students: A Four-wave Longitudinal Study", *Contemporary Educational Psychology* 75, 2023, p. 102211.

④ Mercer, S. H., Nellis, L. M., Martínez, R. S., et al., "Supporting the Students Most in Need: Academic Self-efficacy and Perceived Teacher Support in Relation to Within-year Academic Growth", *Journal of School Psychology* 49 (3), 2011, pp. 323-338.

行时，教学是有效的。教学理想地发生在学生使用社会媒介和智力工具来实现认知发展的环境中。社会临场感是一个可以用来检验学习环境中社会互动质量的概念。研究者们开始关注社会临场感，并认为它是学生与他人互动时的感觉，被用于确定环境中互动发生时人际关系的性质和强度，以及用户评估学生参与环境以及相互支持和帮助的程度。社会临场感的概念起源于20世纪70年代的远程通信时代。Short等①首先对社会临场感进行概念化，将之定义为“媒体传递关于面部表情、目光方向、姿势、着装和非语言暗示的信息的能力”，即互动中其他人的“真实性”，是一种媒介效应，强调社会临场感是“媒体本身的特征”。

文献回顾表明，社会临场感是由媒体技术决定的观点得到了通信研究者的支持，此类研究是基于“在所有其他情况相等的情况下，媒介的某些特性可以增加或减少社会临场感”这一假设②。与这些以媒介为中心的社会临场感观点相反，社会信息加工理论认为，个人能够适应不同的传播媒介，因此可以相应地实现他们的传播目标③。从这个角度来看，社会临场感是个人的一种品质及其对媒介的使用，而不是所使用媒体的属性。换言之，社会临场感的体验在很大程度上取决于互动者，而不是媒介本身。

在社会临场感转向认知维度的基础上，Garrison等④开发了一个全面的模型指导在线学习的研究和实践，即CoI模型。该模型包括教学临场感、认知临场感和社会临场感3个要素。社会临场感是探究共同体中的参与者通过所使用的交流媒介，在社会和情感上投射自我的能力，体现了情感表达的支持性情境、开放的沟通以及构建理解的群体凝聚力。该观点认为学习者的社会

---

① Short, J., Williams, E., Christie, B., *The Social Psychology of Telecommunications* (New York, N.Y.: John Wiley, 1976).

② Oh, C.S., Bailenson, J.N., Welch, G.F., "A Systematic Review of Social Presence: Definition, Antecedents, and Implications", *Frontiers in Robotics and AI* 5, 2018, pp. 1-35.

③ Walther, J.B., "Interpersonal Effects in Computer-mediated Interaction", *Communication Research* 19 (1), 1992, pp. 52-90.

④ Garrison, D.R., Anderson, T., Archer, W., "Critical Inquiry in a Text-based Environment: Computer Conferencing in Higher Education", *The Internet and Higher Education* 2 (2-3), 2000, pp. 87-105.

临场感要比媒体自身的属性更重要。随着研究的深入，该观点得到越来越多的认可，社会临场感已经成为在线学习的一个核心概念①。许多学者研究表明，社会临场感会影响在线学习的情感因素，影响学习者的批判性思维和高阶思维发展，是感知学习、学习投入、学习满意度及学习意向的显著正向预测变量②。

第三节　研究模型构建

一　混合学习环境因素对认知投入的影响

学习活动中的投入被广泛地认为是学习者与学习环境之间互动的结果，学习投入因而被认为是可塑的，并且受到学习环境的显著影响③。与学生学习投入相关的环境支持维度包括与教师的支持性关系和与同伴的支持性关系、教师对自主的支持、同伴的接纳和即时反馈等。研究表明，支持性环境对学生的学习投入具有积极的影响④。学习投入产生于学习者与学习环境的双向互动。学生的认知投入，作为衡量学习效果的重要指标，受到多方面因素的影响。本研究基于 TCTS 混合学习环境感知框架，从人与环境交互的角度出发，探讨学生感知的混合学习环境因素对认知投入的影响，并结合相关实证研究进行深入分析。

① 腾艳杨：《社会临场感研究综述》，《现代教育技术》2013 年第 3 期。

② 张婧鑫等：《在线学习社会临场感影响因素及学业预警研究——基于 CoI 理论视角》，《现代远距离教育》2019 年第 4 期。

③ Reschly, A. L., Christenson, S. L., *Handbook of Research on Student Engagement* (New York, N. Y.: Springer, 2022); Shernoff, D. J., *Optimal Learning Environments to Promote Student Engagement* (New York, N. Y.: Springer, 2013).

④ Roorda, D. L., Koomen, H. M. Y., Spilt, J. L., et al., "The Influence of Affective Teacher-Student Relationships on Students' School Engagement and Achievement", *Review of Educational Research* 81 (4), 2011, pp. 493-529.

（一）技术使用与认知投入

最早提出投入理论的 Kearsley 和 Shneiderman① 认为，技术具有独特的促进作用，能以其他途径难以实现的方式促进投入。随着技术的进步，各种研究调查了不同的技术如何增强教育环境，其中一个共同的主题是不同的学习技术如何促进学习投入。例如，基于游戏的语言学习、翻转课堂、社交网络、混合学习和在线论坛中计算机介导的讨论等影响了学生学习投入的潜在水平。学习技术的使用与学生的学习投入和学习成果之间存在普遍的正相关关系②。学生可以在学习管理系统（LMS）中通过基于问题的学习活动或者按照自己的节奏访问资源进行自我调节学习来促进认知投入③。Alshuaibi 等④认为，社交媒体可以增加学生在学习中的认知投入，因为他们的研究发现认知投入在社交媒体和学业成绩之间起着中介作用。McGowan 和 Hanna⑤ 对学生观看教学视频中的认知投入进行了研究，并把学生对课程视频的回放、快进、后退、暂停等操作行为视为认知投入，研究显示，观看教学视频使学生能够按照自己的时间和节奏学习讲座内容，并以适合他们的方式利用资源，促进了认知投入，对学习有益。Trenholm 等⑥调查了数学本科生对录制的教学视频的认知

---

① Kearsley, G., Shneiderman, B., "Engagement Theory: A Framework for Technology-based Teaching And Learning", *Educational Technology* 38 (5), 1998, pp. 20-23.

② Mohammadi Zenouzagh, Z., Admiraal, W., Saab, N., "Potential of Computer-mediated Communications in Directing Communication Repair, Co-regulation Patterns and Student Engagement", *Journal of Computer Assisted Learning* 40 (5), 2024, pp. 2121-2134.

③ Avcı, Ü., Ergün, E., "Online Students' LMS Activities and Their Effect on Engagement, Information Literacy and Academic Performance", *Interactive Learning Environments* 30 (1), 2019, pp. 71-84.

④ Alshuaibi, M. S. I., Alshuaibi, A. S. I., Shamsudin, F. M., et al., "Use of Social Media, Student Engagement, and Academic Performance of Business Students in Malaysia", *International Journal of Educational Management* 32 (4), 2018, pp. 625-640.

⑤ McGowan, A., Hanna, P., "How Video Lecture Capture Affects Student Engagement in a Higher Education Computer Programming Course: A Study of Attendance, Video Viewing Behaviours and Student Attitude", e Challenges e-2015 Conference, 2015, pp. 1-8.

⑥ Trenholm, S., Hajek, B., Robinson, C. L., et al., "Investigating Undergraduate Mathematics Learners' Cognitive Engagement with Recorded Lecture Videos", *International Journal of Mathematical Education in Science and Technology* 50 (1), 2018, pp. 3-24.

投入。该研究通过两种测量学习方法的量表来评估认知投入：浅层认知投入和深层认知投入。结果表明，课堂出勤率的下降和对录制的讲座视频的依赖与浅层学习方法的增加有关。通过提供丰富的学习资源和工具，技术提高了学生的认知投入。文献也指出，尽管学习技术在提高学生的认知投入方面具有潜力，但效果受到多种因素的影响，包括教学设计、教师支持和学生的数字素养等①。因此，技术的使用需要在教学设计中得到适当的支持和引导，以确保其对认知投入的积极影响。

（二）学习资源与认知投入

关于在线学习资源和认知投入的研究涵盖学生如何与数字平台互动以及学生如何与课程学习资源交互等一系列相关主题。Moore② 将学生与内容的互动定义为“与内容进行智力互动的过程，导致学习者的理解、观点或思维的认知结构发生变化”。Ahern③ 强调了选择最有效的软件支持学生与内容的互动来促进认知投入的重要性。Ertmer 等④专注于在线课程中学生与内容的互动，特别是研究了问题提示在促进更高层次的课程内容投入方面的作用，通过使用 Bloom 的 6 个认知处理水平对学生的回答进行编码，提供了对不同问题类型如何影响学生投入的解释。Rambe⑤ 探索了社交媒体的使用，强调社交媒体在个性

---

① Venn, E., Park, J., Andersen, L. P., et al., "How Do Learning Technologies Impact on Undergraduates' Emotional and Cognitive Engagement with Their Learning?", *Teaching in Higher Education* 28 (4), 2020, pp. 822–839.

② Moore, M. G., "Editorial: Three Types of Interaction", *American Journal of Distance Education* 3 (2), 1989, pp. 1–7.

③ Ahern, T. C., "CMC for Language Acquisition", *Handbook of Research on Computer-enhanced Language Acquisition and Learning* (IGI Global, 2008).

④ Ertmer, P. A., Sadaf, A., Ertmer, D. J., "Student–Content Interactions in Online Courses: The Role of Question Prompts in Facilitating Higher-level Engagement with Course Content", *Journal of Computing in Higher Education* 23 (2–3), 2011, pp. 157–186.

⑤ Rambe, P., "Activity Theory and Technology Mediated Interaction: Cognitive Scaffolding Using Question-based Consultation on Facebook", *Australasian Journal of Educational Technology* 28 (8), 2012, pp. 1333–1360.

化学习环境中的潜力。Murray 等[①]比较了在线和混合课程中学生与在线内容的互动模式，强调了互动在教育过程中的重要性。Mutahi 等[②]使用认知学习伴侣系统研究了学生个体和课堂层面的学习投入和表现，强调了内容互动在理解学生学习投入方面的重要性。总体而言，已有文献表明，学生与内容的互动和认知投入在在线学习环境中起着至关重要的作用，影响着学习成果和教学实践。

（三）教师支持与认知投入

支持性环境与学习投入之间存在正相关关系。学习投入作为一种行为态度，受到学校环境的影响。教师支持作为一种环境要素，对学习者的学习投入具有重要影响。已有研究证实，感知教师支持正向预测学生的学习投入，学生感知到的教师支持越多，其学习投入水平越高[③]。例如，Fredricks 等[④]探讨了传统教学环境下教师支持与学生学习投入的关系，结果发现，当学生感知到教师的支持时，往往会表现出更高的投入。栾琳等[⑤]对教师支持策略与大学生在线学习投入的研究表明，当学习者感知到教师的支持性行为时，会表现出更高的学习投入程度。同样，许多针对小学、初中和高中样本的研究也发现，感知到更多教师支持的学生在课堂活动上表现出更多的投入和努力[⑥]。

---

① Murray, M. , et al. , "Student Interaction with Content in Online and Hybrid Courses: Leading Horses to the Proverbial Water", *Informing Science: The International Journal of an Emerging Transdiscipline* 16, 2013, pp. 99-115.

② Mutahi, J. , Kinai, A. , Bore, N. , et al. , "Studying Engagement and Performance with Learning Technology in an African Classroom", Proceedings of the Seventh International Learning Analytics & Knowledge Conference, 2017.

③ 张茜、王建华：《教师支持与大学生外语学习投入的关系探究——学业情绪的多重中介作用》，《中国外语》2023 年第 5 期。

④ Fredricks, J. A. , Blumenfeld, P. C. , Paris, A. H. , "School Engagement: Potential of the Concept, State of the Evidence", *Review of Educational Research* 74 (1), 2004, pp. 59-109.

⑤ 栾琳、董艳、刘金金：《教师支持策略对大学生在线学习投入的影响研究》，《现代教育技术》2022 年第 3 期。

⑥ Dietrich, J. , Dicke, A-L. , Kracke, B. , et al. , "Teacher Support and Its Influence on Students' Intrinsic Value and Effort: Dimensional Comparison Effects Across Subjects", *Learning and Instruction* 39, 2015, pp. 45-54; Liu, R-D. , Zhen, R. , Ding, Y. , et al. , "Teacher Support and Math Engagement: Roles of Academic Self-efficacy and Positive Emotions", *Educational Psychology* 38 (1), 2017, pp. 3-16.

另外，研究结果表明，感知到的教师支持与学生学习策略的使用和成就有关。一些研究将感知到的教师支持与学生对学习策略的使用联系起来，发现感知到的教师支持对认知投入有积极影响[①]。例如，Fredricks 等[②]认为，感知到的教师支持与认知投入正相关。另一个发现是，当学生接收到由热情的教师提供的支持性反馈时，他们会较少使用浅层的学习策略[③]。

（四）社会临场感与认知投入

社会临场感的重要性在于它支持认知临场感，间接地促进了学习者批判性思维的形成过程。社会存在影响着学生在网上开展社会互动的方式，从而影响学习成果，社会互动反过来可能会加强社会临场感。在线讨论使学生能够探索多种观点，协商内容意义，并确定自己的知识差距。自我决定理论认为学生能够感觉到与周围环境中重要他人的联系是其成功参与的先决条件。Zhu[④] 对异步在线讨论进行了分析，以探索每次讨论中发生的互动类型和学生认知投入水平，该研究强调了互动和学习投入如何影响高等教育教学的重要性。当教学以讨论或对话的形式进行时，教学是最有效的。

二　个体因素及 TCTS 因素对学业情绪的影响

学业情绪控制-价值理论提供了理解学习过程中与成就活动或成就结果直接相关的情绪发展机制的一种综合方法。该理论认为学生的学业情绪与他们的学习环境和成就行为有关，承认学业情绪受远端环境因素和个体因素的影响。不同的个体特征和环境因素可以通过控制和价值评估对学生的学业情绪产生直接

---

① Ahmed, W., et al., "Perceived Social Support and Early Adolescents' Achievement: The Mediational Roles of Motivational Beliefs and Emotions", *Journal of Youth and Adolescence* 39 (1), 2008, pp. 36-46.

② Fredricks, J. A., Blumenfeld, P. C., Friedel, J., et al., "School Engagement", *What Do Children Need to Flourish? Conceptualizing and Measuring Indicators of Positive Development*, ed. Moore, K. A., Lippman, L. H. (Springer, 2006).

③ Young, M. R., "The Motivational Effects of the Classroom Environment in Facilitating Self-regulated Learning", *Journal of Marketing Education* 27 (1), 2005, pp. 25-40.

④ Zhu, E., "Interaction and Cognitive Engagement: An Analysis of Four Asynchronous Online Discussions", *Instructional Science* 34 (6), 2006, pp. 451-480.

或间接影响，上述假设已得到相关研究的证实。Yang 等①针对新冠疫情期间中国学生在线外语学习的质性研究表明，学生在在线学习过程中体验到了多种不同的学业情绪，如愉悦、焦虑等，且研究结果显示，学业情绪由教师因素等环境因素和控制评估等个体因素共同诱发。情绪的个体差异是由对情境和事件的认知解释不同造成的。因此，情绪是具有情境意义的主观体验。Richard② 的认知-动机-关系理论认为，情绪既不是由环境也不是由个人产生的，而是通过人与环境的相互作用产生的，这些相互作用会随着时间和情况的变化而变化。

（一）个体因素与学业情绪

学业情绪控制-价值理论认为学生对控制和价值的评估是学业情绪的近端决定因素，控制评估关注个体对成就相关行为和结果的可控性感知，包括因果期望（如自我效能和结果预期）、成就的因果归因，以及能力评估（例如，对自身能力的自我认知），价值评估关注这些活动和结果对个体的主观重要性。上述假设已被现有研究证实，如 Respondek 等③的研究结果表明，感知到的学业控制和学业情绪都是学业成功的重要预测因素，并且控制感与享受等积极情绪正相关，与焦虑等消极情绪负相关，这些结论与 Perry 等④、Pekrun 等⑤、Hall 等⑥的研

① Yang, Y., Gao, Z., Han, Y., "Exploring Chinese EFL Learners' Achievement Emotions and Their Antecedents in an Online English Learning Environment", *Frontiers in Psychology* 12, 2021, pp. 1-17.

② Richard, S. L., "Progress on a Cognitive-Motivational-Relational Theory of Emotion", *American Psychologist* 46 (8), 1991, pp. 819-834.

③ Respondek, L., Seufert, T., Stupnisky, R., et al., "Perceived Academic Control and Academic Emotions Predict Undergraduate University Student Success: Examining Effects on Dropout Intention and Achievement", *Frontiers in Psychology* 8, 2017, pp. 1-18.

④ Perry, R. P., Hladkyj, S., Pekrun, R. H., et al., "Academic Control and Action Control in the Achievement of College Students: A Longitudinal Field Study", *Journal of Educational Psychology* 93 (4), 2001, pp. 776-789.

⑤ Pekrun, R., Goetz, T., Frenzel, A. C., et al., "Measuring Emotions in Students' Learning and Performance: The Achievement Emotions Questionnaire (AEQ)", *Contemporary Educational Psychology* 36 (1), 2011, pp. 36-48.

⑥ Hall, N. C., Perry, R. P., Ruthig, J. C., et al., "Primary and Secondary Control in Achievement Settings: A Longitudinal Field Study of Academic Motivation, Emotions, and Performance", *Journal of Applied Social Psychology* 36 (6), 2006, pp. 1430-1470.

究结论共同支持上述假设。

另外，实证研究显示，学习者特征与学业情绪之间也存在着紧密的联系。此类研究主要集中在学生的自我认知、学习动机和学习策略等特征与学业情绪的关系上，或者注重结合学生的学习特点和教育环境探讨不同学习者特征，如性别、年龄、学科背景等，对学业情绪的影响及其作用机制。例如，有学者通过实证研究发现，学习者的自我认知水平与其学业情绪有显著的相关性。自我认知水平较高的学生往往能够更有效地调节自己的情绪，对学习困难表现出更为积极的态度①。此外，学习动机的强弱也直接影响学生的学业情绪。动机强烈的学生在面对学习任务时，往往能够保持较高的情绪投入，从而提高学习效果②。

（二）环境因素与学业情绪

学业情绪控制-价值理论指出，学生感知的学习环境、评估（如自主控制）和情绪（如焦虑和快乐）是预测成就相关表现和学习坚持性的关键因素。迄今为止，现有的实证研究已经表明学业情绪可以由环境因素触发，证明环境因素在影响学生的学业情绪和学业成就方面起着重要作用。

1. 技术使用与学业情绪

学习过程中的技术使用与学业情绪之间存在着复杂的关系。一方面，在线学习平台、学习应用程序等技术的使用，可以帮助学生更高效地获取学习资源，减少寻找资料的时间，减轻压力，从而改善学业情绪。Shadiev 和 Huang③ 应用语音语言翻译技术提高学生在外语授课环境下的学业情绪和学习满意度。Wu 等④基于控制-价值理论与技术接受和使用统一理论（UTAUT），

---

① Dweck, C. S., *Self-theories: Their Role in Motivation, Personality, and Development* (New York, N. Y.: Psychology Press, 2013).

② 燕奉群：《高中生学业情绪、学习动机和学业成就的关系研究》，硕士学位论文，哈尔滨师范大学，2012。

③ Shadiev, R., Huang, Y. M., "Improving Student Academic Emotions and Learning Satisfaction in Lectures in a Foreign Language with Speech-enabled Language Translation Technology", *Australasian Journal of Educational Technology* 38 (3), 2022, pp. 202-213.

④ Wu, C., Gong, X., Luo, L., et al., "Applying Control-Value Theory and Unified Theory of Acceptance and Use of Technology to Explore Pre-service Teachers' Academic Emotions and Learning Satisfaction", *Frontiers in Psychology* 12, 2021, pp. 1-13.

研究了大规模开放在线课程中职前教师的学业情绪和学习满意度，结果显示，学业情绪并不能预测学习满意度，学习兴趣和技术接受度通过学业情绪对学习满意度起中介作用，技术接受度的 4 个维度在学业情绪与学习满意度之间没有中介作用。An 等①以华东地区 501 名中学生为样本，考察了技术接受与自我导向学习之间的关系，以及积极情绪和技术自我效能感在其中的中介作用。结果表明，积极情绪在技术接受和自我导向学习之间起中介作用，技术自我效能感也在技术接受和自我导向学习之间起中介作用，积极情绪和技术自我效能感在技术接受和自我导向学习之间起中介作用。

技术虽然可以提高学习效率、增强学习动力和促进积极情绪，但也可能导致学生过度依赖技术、信息过载和社交隔离等问题，从而触发消极情绪。过度依赖技术可能导致学生失去独立思考和解决问题的能力②。当学生遇到学习困难时，更倾向于寻求在线答案而不是独立思考，从而导致学习上的挫败感和焦虑③。技术的使用使学生可以接触到大量的信息，但信息过载可能导致学生感到困惑和不安，过度使用技术还可能带来学生与现实世界的社交隔离，导致孤独感和社交焦虑等学业情绪产生。

2. 学习资源与学业情绪

在线学习资源的广泛使用为学生提供了便捷的学习途径，但同时也引发了复杂的学业情绪。例如，当能够通过在线资源自主探索和发现新知识时，学生往往会体验到满足感和成就感，这与更好的学习策略使用和更高的学习投入度相关。Moreno④ 认为，在线学习资源的视觉和听觉设计不仅能够传递

---

① An, F., Xi, L., Yu, J., et al., "Relationship Between Technology Acceptance and Self-directed Learning: Mediation Role of Positive Emotions and Technological Self-efficacy", *Sustainability* 14 (16), 2022, p. 10390.

② Cohen, A., Soffer, T., Henderson, M., "Students' Use of Technology and Their Perceptions of Its Usefulness in Higher Education: International Comparison", *Journal of Computer Assisted Learning* 38 (5), 2022, pp. 1321-1331.

③ Selwyn, N., "The Use of Computer Technology in University Teaching and Learning: A Critical Perspective", *Journal of Computer Assisted Learning* 23 (2), 2007, pp. 83-94.

④ Moreno, R., "Does the Modality Principle Hold for Different Media? A Test of the Method-Affects-Learning Hypothesis", *Journal of Computer Assisted Learning* 22 (3), 2006, pp. 149-158.

信息，还具有激发情绪的功能，通过设计学习资源中的关键知识内容，可以激发学习动机，引发积极情绪，从而提高学习效果。学习者对在线学习资源的控制程度，同样会对学业情绪和学习效果产生显著影响①。王雪等②对在线学习资源如何影响学业情绪和学习效果进行元分析，结果表明学习资源的设计和应用对学生的学业情绪和学习效果均有正向的影响，根据效应值大小标准，学习资源对激发学生积极情绪、提升学习效果整体上具有中等程度的积极影响。

3. 教师支持与学业情绪

基于学业情绪控制-价值理论，学生学业情绪受到教师支持（远端环境因素）的影响。对教师支持的感知是学校环境中最常被研究的社会关系结构之一。实证证据表明，教师提供的情感、认知支持会影响学生的学业情绪。例如，有研究发现，感知到较高程度教师支持的学生很可能产生较多的学业愉悦感、较少的学业无望感、较少的焦虑感，反之亦然③。有效的教师支持可以缓冲学业压力和消极情绪带来的负面影响，促进学生轻松、愉快地学习，获得更多积极情绪体验和幸福感。整体而言，教师支持可以影响学生的焦虑、抑郁、希望和其他情绪④。因此，教师支持是一种社会关系或环境要素，对学生的学业情绪至关重要。研究得到的普遍结论是：感知的教师支持与学生的

---

① Stark, L., Malkmus, E., Stark, R., et al., "Learning-related Emotions in Multimedia Learning: An Application of Control-Value Theory", *Learning and Instruction* 58, 2018, pp. 42-52.

② 王雪等：《在线学习资源如何影响学业情绪和学习效果——基于控制-价值理论的元分析》，《现代远程教育研究》2021年第5期。

③ Li, H., Zhang, M., Hou, S., et al., "Examining the Dynamic Links Among Perceived Teacher Support, Mathematics Learning Engagement, and Dimensions of Mathematics Anxiety in Elementary School Students: A Four-wave Longitudinal Study", *Contemporary Educational Psychology* 75, 2023, p. 102211; Li, X., Zhang, F., Duan, P., et al., "Teacher Support, Academic Engagement and Learning Anxiety in Online Foreign Language Learning", *British Journal of Educational Technology* 55 (5), 2024, pp. 2151-2172.

④ 张茜、王建华：《教师支持与大学生外语学习投入的关系探究——学业情绪的多重中介作用》，《中国外语》2023年第5期；Lei, H., Cui, Y., Chiu, M. M., "The Relationship Between Teacher Support and Students' Academic Emotions: A Meta-analysis", *Frontiers in Psychology* 8, 2018, pp. 1-12。

积极情绪显著正相关，与消极情绪负相关。具体来说，感知到更多教师支持的学生会产生更多的乐趣、兴趣、希望、自豪感或宽慰感。

此外，学生对教师支持的积极评估与学生的控制信念和内在价值有关，并与他们的乐趣有积极关系，而与无聊和焦虑有消极关系。教师支持与学生的内在价值和努力之间存在明显的正相关关系①。控制和价值评估是影响学生学业情绪的近端因素，可以推断的是，教师支持会通过控制和价值评估间接影响学业情绪。

4. 社会临场感与学业情绪

社会临场感是指在远程教育或在线学习环境中，学生感受到的社会互动和他人存在感。当学生在在线学习环境中感受到较强的社会临场感时，可能会体验到更多的积极学业情绪，如参与感和归属感。强烈的社会临场感有助于减少学生的孤立感，降低因孤立而产生的消极学业情绪，如焦虑和沮丧。在具有强烈社会临场感的环境中，个体可能会受到他人情绪的影响，即情绪感染，从而影响学业情绪。强社会临场感的学习环境可以提供更多的同伴交流，通过及时的反馈可以减少不确定性和焦虑，提升积极学业情绪。更强的社会临场感和网络社区感，有助于改善在线课程中的社会情绪氛围②。Angelaki 和 Mavroidis③ 在希腊开放大学对 94 名本科生和研究生进行问卷调查，结果认为，由于导师和同学们的支持和鼓励，大多数学生对积极情绪的感受更强烈，而对消极情绪的感受不那么强烈。超过 80%的参与者认为社会存在是课程中沟通的重要因素，与积极情绪有关。无论课程水平、年龄和婚姻状况如何，学生与导师和学生与学生的沟通对学生的学业情绪都有重要影响。

---

① Dietrich, J., Dicke, A-L., Kracke, B., et al., "Teacher Support and Its Influence on Students' Intrinsic Value and Effort: Dimensional Comparison Effects Across Subjects", *Learning and Instruction* 39, 2015, pp. 45-54; Assor, A., Kaplan, H., Roth, G., "Choice Is Good, but Relevance is Excellent: Autonomy-enhancing and Suppressing Teacher Behaviours Predicting Students' Engagement in Schoolwork", *British Journal of Educational Psychology* 72 (2), 2002, pp. 261-278.

② Richardson, J. C., Swan, K., "Examining Social Presence in Online Courses in Relation to Students' Perceived Learning and Satisfaction", *Journal of Asynchronous Learning Networks* 7 (1), 2001, pp. 68-88.

③ Angelaki, C., Mavroidis, I., "Communication and Social Presence: The Impact on Adult Learners' Emotions in Distance Learning", *European Journal of Open, Distance and E-learning* 16 (1), 2013, pp. 78-93.

三　学业情绪与认知投入的关系

大量的实证研究检验了学业情绪与学生学习投入之间的关系。结果表明，积极的情绪（如享受）与学术兴趣、动机、学习投入和高成就等因素有关。相反，负面情绪（如无聊）会降低兴趣、注意力、内在动机，并与表面学习有关。例如，Li 等[①]对数学学习中情绪和投入的研究发现，学业情绪会影响学习投入。例如，与低数学焦虑者相比，高数学焦虑者在数学课程上投入的精力较少，而且倾向于避免选择更难的数学问题。Pekrun 和 Linnenbrink-Garcia[②]总结了学业情绪与学生学习投入之间联系的有关研究，认为学习投入是学业情绪和学业成就之间的中介，并强调未来的研究需要集中在针对情绪的教育干预上。Shoshani 等[③]对心理学课程对学生幸福感、学习投入和学业成就的影响进行了为期 2 年的纵向评估，结果显示，积极干预对积极情绪、同伴关系、学校参与和平均成绩有正向影响。Kamari 等[④]研究了学业和社会积极情绪在社会成就目标与学习投入之间关系中的中介作用，研究结果验证了积极情绪对学生投入水平的重要影响。Luo 和 Luo[⑤] 研究了新加坡学生在成就目标和学习投入水平之间作为中介的离散成就情绪，强调了享受、自豪、无聊和焦虑等特定情绪在影响学习投入方面的作用。积极学业情绪可以促进学习者的认知资源分配、动机的产生和学习投入，而焦虑、无聊等消极学业情绪会

① Li, H., Zhang, M., Hou, S., et al., "Examining the Dynamic Links Among Perceived Teacher Support, Mathematics Learning Engagement, and Dimensions of Mathematics Anxiety in Elementary School Students: A Four-wave Longitudinal Study", *Contemporary Educational Psychology* 75, 2023, p. 102211.

② Pekrun, R., Linnenbrink-Garcia, L., "Academic Emotions and Student Engagement", *Handbook of Research on Student Engagement*, ed. Dunne, E., Owen, D. (Boston, M. A.: Springer, 2012).

③ Shoshani, A., Steinmetz, S., Kanat-Maymon, Y., "Effects of the Maytiv Positive Psychology School Program on Early Adolescents' Well-being, Engagement, and Achievement", *Journal of School Psychology* 57, 2016, pp. 73-92.

④ Kamari, S., Fouladchang, M., Khormaei, F., et al., "Social Achievement Goals and Academic Engagement: The Mediating Role of Academic and Social Positive Emotions", *Iranian Journal of Psychiatry and Behavioral Sciences* 15 (3), 2021, pp. 1-19.

⑤ Luo, Z., Luo, W., "Discrete Achievement Emotions as Mediators Between Achievement Goals and Academic Engagement of Singapore Students", *Educational Psychology* 42 (6), 2022, pp. 749-766.

导致认知资源撤销，阻碍学习者学习兴趣和动机的产生，降低其对学业任务的投入。

文献综述表明，学界对理解学业情绪和学习投入之间复杂的相互作用越来越感兴趣。现有研究强调了积极心理学干预、教师支持和特定情绪在促进学生学习投入和学业成功方面的重要性。然而，回顾相关研究不难发现，关于积极情绪与学习投入和学业成就之间关系的研究相对较多，也基本形成了较为一致的研究结论，即愉悦等积极情绪显著正向影响学习投入和学业成就。而在消极学业情绪方面，除焦虑的研究相对较多，对失望、无聊等其他特定情绪的影响的相关研究较少。因此，未来研究应继续探索学业情绪影响学习投入的机制，并形成提高学生积极性和学习成果的有效策略。

四　学业情绪对学习环境感知影响认知投入的中介作用

现有研究分别验证了学习环境、学业情绪对学习投入的预测作用。根据社会认知模型，学业情绪在学习过程中起中介或调节作用。因此，有研究对三者之间潜在的作用机制进行了探索验证。积极的学业情绪在教师支持与学习投入之间起中介作用。学业情绪是学习过程中的一个重要变量，是教师支持与学习投入之间的桥梁。比如，Liu 等[①]在论文中总结到，积极的学业情绪（即积极-高唤醒情绪和积极-低唤醒情绪）在教师支持和学习投入之间发挥显著的中介作用。Sadoughi 和 Hejazi[②] 研究发现，教师支持显著影响了伊朗大学生的英语学习投入。Linnenbrink-Garcia 和 Pekrun[③] 认为，学业情绪是教师支持和学生数学学习投入之间的桥梁。教师支持不仅可以直接作用于学生的外语学习投入，还分别通过愉悦、焦虑情绪的中介作用对外语学习投入产

① Liu, R-D., Zhen, R., Ding, Y., et al., "Teacher Support and Math Engagement: Roles of Academic Self-efficacy and Positive Emotions", *Educational Psychology* 38 (1), 2017, pp. 3-16.

② Sadoughi, M., Hejazi, S. Y., "Teacher Support and Academic Engagement Among EFL Learners: The Role of Positive Academic Emotions", *Studies in Educational Evaluation* 70, 2021, p. 101060.

③ Linnenbrink-Garcia, L., Pekrun, R., "Students' Emotions and Academic Engagement: Introduction to the Special Issue", *Contemporary Educational Psychology* 36 (1), 2011, pp. 1-3.

生间接影响，总的中介效应值为 0.38，占教师支持对外语学习投入总效应值的 50.67%①。有研究表明大学生感知到的环境不确定性与焦虑正相关，并对学习投入产生负面影响②。这一发现表明，外部因素，如环境的不确定性，会加剧学生的焦虑，最终对学习投入产生负面影响。

Tang 等③采用多重中介路径模型检验自我效能感和成就情绪在大学微积分学习氛围和学习坚持性之间的中介作用，结果表明，自我效能感和焦虑在学习氛围和学习坚持性之间发挥一系列中介作用。You 和 Kang④ 研究了在线学习中学业情绪（享受、焦虑和厌倦）在学业控制感和自我调节学习两者关系中的作用，研究结果表明快乐在学业控制感和自我调节学习两者关系中起中介作用，厌倦和焦虑对学业控制感和自我调节学习之间的关系有显著的调节作用，厌倦或焦虑水平较低、学业控制感较强的学生，自我调节学习水平较高。类似地，Villavicencio 和 Bernardo⑤ 认为快乐和骄傲都会调节自我调节学习和成绩之间的关系。对于自豪或快乐程度较高的学生来说，自我调节学习与成绩正相关。对于自尊心较弱的学生来说，自我调节学习与成绩无关。对于那些快乐程度较低的人来说，自我调节学习与成绩负相关。

Oh 和 Lee⑥ 根据交易距离理论研究表明，3 种类型的交互在学习焦虑情绪

---

① 张茜、王建华：《教师支持与大学生外语学习投入的关系探究——学业情绪的多重中介作用》，《中国外语》2023 年第 5 期。

② Bhuttah, T. M., Ullah, N., Shahid, N. A., et al., "The Influence of Technology as a Mediator on the Relationship Between Students Anxiety and Engagement", *Humanities & Social Sciences Reviews* 9 (3), 2021, pp. 893-901.

③ Tang, D., Fan, W., Zou, Y., et al., "Self-efficacy and Achievement Emotions as Mediators Between Learning Climate and Learning Persistence in College Calculus: A Sequential Mediation Analysis", *Learning and Individual Differences* 92, 2021, p. 102094.

④ You, J. W., Kang, M., "The Role of Academic Emotions in the Relationship Between Perceived Academic Control and Self-regulated Learning in Online Learning", *Computers & Education* 77, 2014, pp. 125-133.

⑤ Villavicencio, F. T., Bernardo, B. I., "Positive Academic Emotions Moderate the Relationship Between Self-regulation and Academic Achievement", *British Journal of Educational Psychology* 83 (2), 2012, p. 329-340.

⑥ Oh, Y., Lee, S. M., "The Effects of Online Interactions on the Relationship Between Learning-related Anxiety and Intention to Persist Among E-learning Students with Visual Impairment", *The International Review of Research in Open and Distributed Learning* 17 (6), 2016, pp. 89-107.

和电子学习持续意图之间的关系中起到缓冲作用。焦虑程度较高的学生坚持电子学习的意愿较弱。当学生认为技术有用时，可能会产生积极的情绪，这已被证明可以促进他们深度学习。此外，技术的感知有用性还可以减少消极情绪，如焦虑，而这些情绪通常与认知资源减少、动机弱化和表面学习有关[①]。

基于上述假设和对相关文献的回顾结果，本研究认为学业情绪由各种类型的环境因素触发，并影响学生的学习投入，即学业情绪在学生对环境的感知和认知投入之间起中介作用。

五　人口统计学变量在各相关变量关系中的作用

除上述环境变量、学业情绪和认知投入之间相关关系的研究之外，另一个经常被研究的内容是学生人口统计学变量，比如性别、年龄、专业、社会文化背景、学习风格、自我效能感等，在学习环境感知、学业情绪和学习投入之间关系中的作用。研究表明，学生的人口统计学变量在学习体验中起着重要的作用，不仅影响学生对学习环境的感知，还进一步作用于学生的学业情绪和学习投入。

在性别差异方面，张茜和王建华[②]对大学生外语学习投入进行了研究，结果表明大学生的外语学习投入水平存在显著的性别差异，女生的外语学习投入水平显著高于男生。在数学领域，女生的感知控制力要弱得多，因此，女生对数学的兴趣较少，而焦虑和羞耻感较多[③]。Ma 等[④]调查了大学生对智能

---

① Bernacki, M. L., Greene, J. A., Crompton, H., "Mobile Technology, Learning, and Achievement: Advances in Understanding and Measuring the Role of Mobile Technology in Education", *Contemporary Educational Psychology* 60, 2020, p. 101827.

② 张茜、王建华：《教师支持与大学生外语学习投入的关系探究——学业情绪的多重中介作用》，《中国外语》2023 年第 5 期。

③ Pekrun, R., Stephens, E. J., "Achievement Emotions: A Control-Value Approach", *Social and Personality Psychology Compass* 4 (4), 2010, pp. 238-255.

④ Ma, Y., Zuo, M., Gao, R., et al., "Interrelationships Among College Students' Perceptions of Smart Classroom Environments, Perceived Usefulness of Mobile Technology, Achievement Emotions, and Cognitive Engagement", *Behavioral Sciences* 14 (7), 2024, p. 565.

教室环境的感知、对移动技术有用性的感知、学业情绪和认知投入之间的相互关系，结果表明这些变量在性别上没有差异，而各变量在年级水平上均存在显著差异，说明学生的年级水平对智能课堂学习体验和有效性有显著影响。

在年龄差异方面，Ma 等①对新冠疫情期间中国 K-12 学生对在线学习环境的看法如何影响其在线学习投入进行了研究，发现在学生感知的在线学习环境支持和自我报告的学习投入的所有维度中，年级水平对学生感知的在线学习环境支持和学习投入有更大的影响，年级较高的学生感知的在线学习环境支持和在线学习的投入往往较低。研究界普遍假设，学生对特定学科的理解会随着年龄的增长而变得更加具体化，对这些概念的构建也会随着学生年龄的增长而变得更加清晰，因此，Goetz 等②推断，这些学科领域内自我概念与情绪构建之间的关联强度也可能会随着年龄的增长而增强。Ma 等③研究显示，大学生对智能教室环境的感知、对移动技术有用性的感知、学业情绪和认知投入等变量在年级水平上均存在显著差异，说明学生的年级水平对智能课堂学习体验和有效性有显著影响。

在专业差异方面，现有研究表明，成就情绪以及控制和价值评估是特定领域的，并且可能因领域而异。一般的假设是前因的积极变化会导致积极情绪的积极变化（增加），相反，前因的消极变化会导致消极情绪的消极变化（增加）④。教与学因学科而异，常常区分“软”学科，如人文学科，知识共识较少；而“硬”学科，如自然科学和工程学，内容和方法的一致性

---

① Ma, Y., Zuo, M., Yan, Y., et al., “How Do K-12 Students' Perceptions of Online Learning Environments Affect Their Online Learning Engagement? Evidence from China's COVID-19 School Closure Period”, *Sustainability* 14 (23), 2022, p. 15691.

② Goetz, T., Cronjaeger, H., Frenzel, A. C., et al., “Academic Self-concept and Emotion Relations: Domain Specificity and Age Effects”, *Contemporary Educational Psychology* 35 (1), 2010, pp. 44-58.

③ Ma, Y., Zuo, M., Gao, R., et al., “Interrelationships Among College Students' Perceptions of Smart Classroom Environments, Perceived Usefulness of Mobile Technology, Achievement Emotions, and Cognitive Engagement”, *Behavioral Sciences* 14 (7), 2024, p. 565.

④ Held, T., Hascher, T., “Testing Effects of Promoting Antecedents of Mathematics Achievement Emotions: A Change-Change Model”, *Learning and Individual Differences* 93, 2022, p. 102112.

较高。这些差异表现在不同的学习方法和不同的“投入偏好”上[①]。Goetz 等[②]调查了学术自我概念与数学、物理、德语和英语课程中所经历的享受、骄傲、焦虑、愤怒和无聊情绪之间的关系，结果发现，数学和物理中的自我概念和情绪之间的域内关系明显强于德语和英语课程。

六　混合学习环境通过学业情绪影响认知投入的作用模型

本研究在上述相关理论模型、概念框架的基础上，聚焦混合学习环境中大学生的认知投入维度，探究混合学习环境因素、个体特征、学业情绪与认知投入之间的相互关系，形成如图 3-3 所示的“环境→评估→情绪→投入”（Environment-Evaluation-Emotions-Engagement）混合学习环境中认知投入 4E 概念模型。

根据 4E 模型，学习环境理论指导了混合学习环境感知框架，即模型中的环境模块，是模型的起点（自变量），指的是结合了面对面教学和在线学习的教育教学环境。模型中的混合学习环境被进一步细分为 4 个维度：技术维度（T）、内容维度（C）、教师维度（T）和社会维度（S）。学业情绪理论和认知投入理论指导了认知投入生成机制，包括模型中评估、情绪和投入 3 个模块。控制评估和价值评估是学业情绪理论中的两个关键概念，控制评估涉及学生对自己完成学习任务能力的评估，而价值评估涉及学生对学习任务重要性的评估。学业情绪是学生在学习过程中的情绪体验，模型中将学业情绪分为积极激活情绪（如享受、希望、骄傲）、消极激活情绪（如焦虑、羞愧、愤怒）和消极失活情绪（如无聊、绝望）。这两层变量在环境和认知投入中起中介作用。认知投入是模型的最终归宿（因变量），指的是学生在学习活动中投入的认知资源和努力程度，分为深层认知投入和浅层认知投入。该模型的关键在于学生的个体特征和对混合学习环境的感知情况，引发并决定了学业情绪，进而影响认知投入。学生对学习环境的感知是影响学习体验、学习方式

① Kahu, E. R., “Framing Student Engagement in Higher Education”, *Studies in Higher Education* 38 (5), 2013, pp. 758-773.

② Goetz, T., Cronjaeger, H., Frenzel, A. C., et al., “Academic Self-concept and Emotion Relations: Domain Specificity and Age Effects”, *Contemporary Educational Psychology* 35 (1), 2010, pp. 44-58.

和学习效果的重要前置因素。

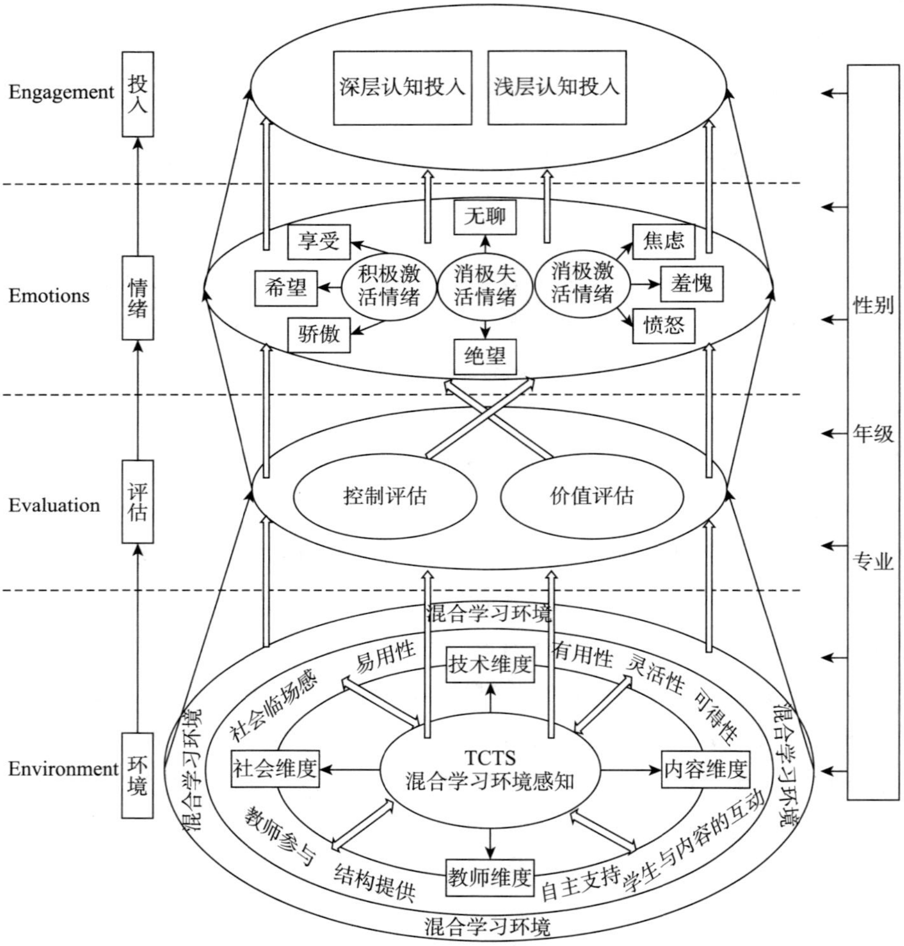

图 3-3　混合学习环境通过学业情绪影响认知投入的作用机制

第四章
量表设计与检验

为了探讨学业情绪理论在混合学习研究情境中的应用，本研究构建了一个 4E 理论模型。该模型不仅关注学生的人口统计学特征，还清晰呈现了混合学习环境感知与个体主观控制和价值评估、学业情绪与认知投入之间的作用机制。该模型不仅为理解学生学习动机和行为提供了新的视角，也为后续的教育研究提供了理论指导。在模型的指导下，本章在梳理已有相关量表的基础上，选择符合本研究情境的量表进行翻译、编制，形成初始问卷，并进行预调查。对收集的数据进行分析，检验问卷的信度、效度，在检验结果的基础上对量表进行修改，形成正式量表之后开展正式调查和信度、效度检验。

第一节　量表的选择与设计

一　混合学习环境感知量表

教育背景下大多数研究的一个关键假设是，学生的认知、动机、情感和行为结果在很大程度上受到学习环境如学习氛围、教学质量和课堂目标结构等特征的影响。评估学习环境特征的实证研究通常利用 3 个数据源中的一个或多个：外部观察者、教师或学生。由于学生报告具有概念优势，而且学生报告通常比教师或外部观察者的报告更容易获得，因此使用学生报告来评估学习环境的特征得到了广泛应用。很多研究者利用学生的感知报告来评估学习环境的特征，并开发了一系列工具，如 Anderson 设计的学习环境量表，

Moos 和 Trickett 提出的课堂环境量表，Fraser 开发的个性化课堂环境问卷等[①]。尽管目前已经开发了数十种学习环境评估工具，但还没有针对混合学习环境的评估工具。

本研究形成的 TCTS 混合学习环境感知框架由技术维度、内容维度、教师维度、社会维度 4 个维度组成。技术维度扩展了 ATM，包括易用性、可用性、灵活性 3 个维度。内容维度体现了混合学习环境中在线部分学习资源的使用体验，包括学习资源的可得性以及学生与内容的互动两个维度。教师维度包括自主支持、教师参与和结构提供 3 个维度。社会维度来自 CoI 模型的社会临场感，指学生在学习过程中的交流互动。

（一）技术使用

学生对学习技术的接受程度直接影响他们在混合学习环境中对在线教学模式的使用和投入。TAM 最初由 Davis 提出，在随后的研究中得到了进一步发展和完善。TAM 的核心概念是个体对技术采用的态度和意图，由个体对该技术的感知有用性和感知易用性决定。感知有用性是指个体对技术是否能提供实际价值和好处的主观感知，而感知易用性是个体对使用该技术的难易程度和便利性的主观评估。TAM 提供了一个了解学生接受教学技术程度的视角，可以用来解释和预测个体对新技术的采用行为。大多数基于 TAM 的研究在测量感知有用性和感知易用性时，会综合考虑研究情境、研究对象以及研究目标等，对相应量表进行改编，以适应不同的研究背景。

在混合学习环境中，经常会使用手机、平板、电脑等技术设备，以及学习通等教学平台完成课程学习任务，比如考勤、作业提交、随堂提问、小组讨论、基于资源的自主学习等，学生使用技术设备和平台的体验直接影响他们的在线学习投入。因此，在学生对混合学习环境中技术使用的感知方面，本研究选取感知技术有用性和感知技术易用性来测量个体对技术使用的看法和态度，并根据研究情境改编相关题项。

① Lüdtke, O., Robitzsch, A., Trautwein, U., et al., "Assessing the Impact of Learning Environments: How to Use Student Ratings of Classroom or School Characteristics in Multilevel Modeling", *Contemporary Educational Psychology* 34 (2), 2009, pp. 120-131.

早期研究已经探讨了混合学习的优势，例如更高效的教学方法和更高的成本效益，除此之外，混合学习还有另一个常被提及的特征，即它为学习者提供了更大的灵活性，灵活性被认为是混合学习环境的属性之一。课程安排的灵活性给学生带来了积极体验[①]，高等教育中混合学习的实施旨在为多样化的学生群体提供时间和地点的灵活性[②]，混合学习促进了学生学习过程的灵活性[③]。很多研究围绕灵活性展开了广泛而深入的探讨，如 Boer 和 Collis[④] 确定了课程灵活性的 19 个维度；Dimitrova[⑤] 描述了在线学习环境灵活性的 3 个主要维度——位置、时间和方法灵活性；Casey 和 Wilson[⑥] 指出学习灵活性包括时间、课程内容、进入条件、学习方法和资源、交流和后勤保障 5 个维度，认为灵活性的变化是一个动态连续的过程，并给出了灵活性的度量标准。混合学习的灵活性意味着学生对学习时间、地点、路径和速度一定程度的控制。灵活性被定义为在教育环境中提供多种选择，以及定制课程以满足学生的个性化需求，为学生提供多种选择，包括上课时间、课程内容、教学方法、学习资源和地点、技术使用、完成时限以及沟通媒介等诸多方面。

根据现有文献，本研究编制了混合学习环境灵活性感知初始量表，共包括 6 个题项，包括对混合学习方式灵活性的整体感知，以及对学习媒体选择、学习时间安排、学习进度确定、学习内容获取以及学习场所选择等方面的灵

① El Mansour, B., Mupinga, D. M., "Students' Positive and Negative Experiences in Hybrid and Online Classes", *College Student Journal* 41, 2007, p. 242.

② Boelens, R., Voet, M., De Wever, B., "The Design of Blended Learning in Response to Student Diversity in Higher Education: Instructors' Views and Use of Differentiated Instruction in Blended Learning", *Computers & Education* 120, 2018, pp. 197-212.

③ Trujillo Maza, E. M., et al., "Blended Learning Supported by Digital Technology and Competency-based Medical Education: A Case Study of the Social Medicine Course at the Universidad De Los Andes, Colombia", *International Journal of Educational Technology in Higher Education* 13 (1), 2016, p. 27.

④ Boer, W. D., Collis, B., "Becoming More Systematic About Flexible Learning: Beyond Time and Distance", *Research in Learning Technology*, *Association for Learning Technology* 13 (1), 2005, pp. 33-48.

⑤ Dimitrova, M. T., "Evaluating the Flexibility of Learning Processes in E-learning Environments", *Flexible Learning in an Information Society*. ed. Khan, B. H. (IGI Global, 2007).

⑥ Casey, J., Wilson, P., "A Practical Guide to Providing Flexible Learning in Further and Higher Education", Available online at: https://trustdr.digitalinsite.co.uk/outputs/Flex_Delivery_Guide.pdf.

活性体验。

（二）学习资源

根据 TCTS 混合学习环境感知框架，学习资源包括学习资源的可得性以及学生与内容的互动两个维度。在混合学习的在线学习部分，学生访问相关资源，获取和分享与课程相关材料的便利性，以及学习环境的技术基础设施，对在线学习的有效性至关重要①。这就涉及本研究所提出的学习资源的可得性和学生与内容的互动两个维度。

首先，学习资源的可得性。学习资源是教育环境中影响学习效果的重要因素之一。在在线学习中，学习资源的可得性是学生与内容互动的前置必要基础。只有可以随时随地访问在线学习系统各种格式（文本、图片、音频、视频等）的教学材料并进行交互，才能为学生自定进度的学习以及控制学习过程和内容提供更多的灵活性和自主性。本研究对 Patil 和 Undale② 的资源可用性量表进行改编，共形成 4 个题项，调研了学生对网络资源的可访问性、访问费用等情况。

其次，学生与内容的互动。已有研究确定了有效在线教学所需的各种互动：师生互动、生生互动、学生与技术的互动以及学生与内容的互动。其中，学生与内容的互动是指学生对主题或课程内容进行阐述和反思的单向过程，是学生与课程内容之间的非人类互动，被认为是教育的本质，是提高学生学习投入、学习成绩以及提高课程完成率和成功率的关键因素，对学生的有效学习和深度学习至关重要③。然而，在所涉及的几种互动中，人际互动是研究关注的热点，而学生与内容的互动及其作用在某种程度上被忽视④。

---

① Subasi, Y., Adalar, H., Tanhan, A., et al., "Investigating Students' Experience of Online/Distance Education with Photovoice During COVID-19", *Distance Education* 44 (3), 2023, pp. 563-587.

② Patil, H., Undale, S., "Willingness of University Students to Continue Using E-learning Platforms After Compelled Adoption of Technology: Test of an Extended UTAUT Model", *Education and Information Technologies* 28 (11), 2023, pp. 14943-14965.

③ Ipinnaiye, O., Risquez, A., "Exploring Adaptive Learning, Learner-Content Interaction and Student Performance in Undergraduate Economics Classes", *Computers & Education* 215, 2024, p. 105047.

④ Xiao, J., "Learner-Content Interaction in Distance Education: The Weakest Link in Interaction Research", *Distance Education* 38 (1), 2017, pp. 123-135.

从历史上看，学生与内容的互动涉及教科书，随着技术的进步，学生与内容的互动还包括模拟、演示和计算机辅助教学、流媒体视频和音频、嵌入式链接、交互式家庭作业工具和混合现实体验等。研究者们致力于找到一种方法确定学生与内容互动的质量和数量，分析数据包括问卷调查、学习过程数据分析、访问内容花费的时间、访问学习材料的次数等多种来源。测量工具包括问卷调查、清单、访谈、数据分析或内容分析等多种类型。当前，衡量学生与内容互动的方法多种多样。学生与内容互动的既有定义与测量题项之间经常不匹配。例如，Alhih 等根据 Moore 的互动类型定义了学生与内容的互动，并特别提到了所使用媒体工具的重要性，如讨论和聊天，以及学生访问内容的努力。然而，Fladd 选择的测量工具只询问了内容交付方法①。

Kuo 等②编制的学生与内容互动的测量量表可用于评估学生访问内容的难易程度，以及在线学习材料在帮助学生理解课程内容、激发学生对课程的兴趣以及将个人体验与新内容联系起来等方面的有效性。该量表在信度方面表现较好。在有效性方面，6 位具有在线学习研究背景或在线教学经验的教授，对每个条目的必要性和适宜性进行了评估，计算了内容有效性比率（CVR），CVR 的标准阈值设定为 0.99，保证了量表的效度。在本研究中，选用该量表测量学生与内容互动的情况。

（三）教师支持

感知教师支持是学习环境中最常被研究的社会关系结构之一，它被定义为学生对教师价值观的信任程度以及他们与教师的人际关系质量。关于教师支持的定义和测量，研究中主要有两种理论取向：自我决定理论和社会支持理论。基于自我决定理论的典型教师支持测量工具是 Skinner 等提出的教师作为社会背景调查问卷（Teacher As Social Context Questionnaire，TASCQ），该问卷以自我决定理论为框架，以美国 3～5 年级的小学生为被试，将教师支持看

① Powell, S. T., Leary, H., "Measuring Learner-Content Interaction in Digitally Augmented Learning Experiences", *Distance Education* 42 (4), 2021, pp. 520-546.

② Kuo, Y-C., Walker, A., Schroder, K., et al., "Interaction, Internet Self-efficacy, and Self-regulated Learning as Predictors of Student Satisfaction in Online Education Courses", *The Internet and Higher Education* 20, 2014, pp. 35-50.

作影响学生学业的一个环境变量[①]。TASCQ 量表已被用于多种情境，包括衡量特定科目的学习环境和一般学术环境，其使用范围涵盖从小学到大学各年级，以及不同文化背景。结合 TCTS 混合学习环境感知框架和研究，本研究选用 TASCQ 量表测量教师支持，包括自主支持、结构提供和教师情境参与 3 个维度[②]，并将 24 个题项精简为 12 个。

（四）社会临场感

社会临场感最初由 Short、Williams 和 Christie 3 名学者于 1976 年提出，是指在利用媒体进行沟通过程中，一个人被视为“真实的人”的程度及与他人联系的感知程度[③]。该理论的发展经历了通信媒体阶段、CMC（计算机介导的通信）技术阶段和网络技术阶段 3 个阶段[④]。在社会临场感的发展历程中，其概念、内在属性和测量等内容发生了变化。在测量方面，社会临场感的测量方式、方法、工具因研究者对其概念界定的不同而异。Gunawardena 和 Zittle[⑤] 编制了社会临场感量表（Social Presence Scale，SPS），该量表为 5 点李克特量表，共 14 个量表题项，以测量学生的在线学习态度和行为。Tu[⑥] 借鉴了 CMC 态度测量方法和隐私感知方法，开发了社会临场感与隐私问卷（Social Presence and Privacy Questionnaire，SPPQ），验证了 SPPQ 量表的内容效度和结构效度，并确定了影响社会临场感的 5 个因素：社会情境、在线交流、互动性、系统隐私和隐私感。

---

① 柴晓运、龚少英：《中学生感知到的数学教师支持问卷的编制》，《心理与行为研究》2013 年第 4 期。

② Inok Ahn, et al.,“Measuring Teacher Practices that Support Student Motivation: Examining the Factor Structure of the Teacher as Social Context Questionnaire Using Multilevel Factor Analyses”, *Journal of Psychoeducational Assessment* 37, 2018, pp. 743-756.

③ 腾艳杨：《社会临场感研究综述》，《现代教育技术》2013 年第 3 期。

④ 张婧鑫、姜强、赵蔚：《在线学习社会临场感影响因素及学业预警研究——基于 CoI 理论视角》，《现代远距离教育》2019 年第 4 期。

⑤ Gunawardena, C. N., Zittle, F. J.,“Social Presence as a Predictor of Satisfaction Within a Computer-Mediated Conferencing Environment”, *American Journal of Distance Education* 11 (3), 1997, pp. 8-26.

⑥ Tu, C. H.,“On-line Learning Migration: From Social Learning Theory to Social Presence Theory in a CMC Environment”, *Journal of Network and Computer Applications* 23 (1), 2000, pp. 27-37.

另一个具有影响力的解释和描述在线学习有效行为的理论框架是探究共同体（CoI）模型，社会临场感与认知临场感和教学临场感共同构成了该模型的核心维度。该理论将社会临场感界定为通过使用情感表达、开放式沟通和各种建立群体凝聚力的手段，将学习者的个人特征投射到探究共同体中的程度①。为了从描述性方法转向推理性方法来研究在线探究共同体，并在不同机构和学科中进行大规模的在线和混合学习研究，Arbaugh 等②开发了一种结构有效、心理测量可靠的调查工具，由 34 个题项组成，采用 0~4 的评分量表进行量化，其中用于测量社会临场感问题的题项有 9 个。本研究对该量表的社会临场感维度进行了适当改编，以适应混合学习研究情境。

二　控制-价值评估量表

当代评估理论认为评估是触发情绪的直接前因。控制评估是指学生认为他们可以对学习过程及其结果施加因果影响的程度，价值评估是指学生对学习活动和结果的重视程度。当学生感到能够掌控自己的学习过程，并对成就赋予价值时，诸如学习乐趣、希望和自豪等积极情绪得到增强，而焦虑、绝望或无聊等消极情绪则相应减少。

在学业情绪研究领域，被广泛使用的理论是 Pekrun 的控制-价值理论，Pekrun 等人的研究团队设计了控制评估和价值评估量表。在控制评估维度，本研究对 Perry 等③提出的感知学业控制量表中的 8 个题项进行改编，以反映当前混合学习中的感知控制。在价值评估维度，Frenzel 等④认为一项活动的价

① Garrison, D. R., Anderson, T., Archer, W., "Critical Inquiry in a Text-based Environment: Computer Conferencing in Higher Education", *The Internet and Higher Education* 2 (2-3), 2000, pp. 87-105.

② Arbaugh, J. B., Cleveland-Innes, M., Diaz, S. R., et al., "Developing a Community of Inquiry Instrument: Testing a Measure of The Community of Inquiry Framework Using a Multi-institutional Sample", *The Internet and Higher Education* 11 (3-4), 2008, pp. 133-136.

③ Perry, R. P., Hladkyj, S., Pekrun, R. H., et al., "Academic Control and Action Control in the Achievement of College Students: A Longitudinal Field Study", *Journal of Educational Psychology* 93 (4), 2001, pp. 776-789.

④ Frenzel, A. C., Pekrun, R., Goetz, T., "Girls and Mathematics—A 'hopeless' Issue? A Control-Value Approach to Gender Differences in Emotions Towards Mathematics", *European Journal of Psychology of Education* 22 (4), 2007, pp. 497-514.

值可以是内在的或外在的，当主观价值与对学习活动本身的兴趣相关时，价值评估是内在的，当主观价值有助于实现结果时，价值评估是外在的。学业情绪控制-价值理论一以贯之地强调价值评估的两个维度，因此，本研究改编Frenzel等的价值评估量表，该量表包括内在价值评估和外在价值评估两个维度，每个维度有5个题项，采用5点李克特量表进行测量。

三 学业情绪量表

情绪组成的复杂性意味着情绪评估方法的多样性，包括自我报告、内隐评估、神经影像方法、外周生理过程分析，以及观察面部、手势和姿势表达等非语言行为，其中自我报告是最常用到的方法[①]。

为了测量学生在学术情境中各种各样的情绪，Pekrun等[②]构建了一个能够测量多种主要学业情绪的多维度量表：学业情绪问卷（Achievement Emotions Questionnaire，AEQ）。该量表中8种与学习相关的情绪有享受、希望、骄傲、愤怒、焦虑、绝望、羞愧、无聊等积极情绪和消极情绪，共使用了108个题项。此后，Pekrun等[③]多次修订和验证该量表，结果表明修订后的量表具有可靠的信度、内部效度和外部效度。由于量表长度限制了AEQ在需要简短测试时间的实证研究中的适用性，Bieleke等[④]又开发了AEQ的简短版本（A Short Version of the Achievement Emotions Questionnaire，AEQ-S），该版本中每个量表均只保留了4个题项，量表长度得到大幅压缩。研究结果显示，AEQ-S量表取得了令人满意的可靠性，并与原始的AEQ量表有很大的相关性，这说明当测试时间有限时，AEQ-S是一个适合替代AEQ的量表。不同版本AEQ的主要演进脉络见表4-1。

---

① Pekrun, R., Stephens, E. J., "Achievement Emotions in Higher Education", *Higher Education: Handbook of Theory and Research*, ed. Pekrun, R., Stephens, E. J. (Springer, 2010).

② Pekrun, R., Goetz, T., Perry, R. P., "Academic Emotions Questionnaire (AEQ)—User's Manual", Department of Psychology, University of Munich: Munich, Germany, 2005.

③ Pekrun, R., Goetz, T., Frenzel, A. C., et al., "Measuring Emotions in Student' Learning and Performance: The Achievement Emotions Questionnaire (AEQ)", *Contemporary Educational Psychology* 36 (1), 2011, pp. 36-48.

④ Bieleke, M., Gogol, K., Goetz, T., et al., "The AEQ-S: A Short Version of the Achievement Emotions Questionnaire", *Contemporary Educational Psychology* 65, 2021, p. 101940.

表 4-1　不同版本 AEQ 信度和题项数量比较

单位：个

情绪	Pekrun 等（2005）		Pekrun 等（2011）		Bieleke 等（2021）	
	α	题项	α	题项	α	题项
享受	0.90	14	0.78	10	0.69	4
希望	0.86	9	0.77	6	0.79	4
骄傲	0.84	9	0.75	6	0.68	4
愤怒	0.89	14	0.86	9	0.70	4
焦虑	0.92	18	0.84	11	0.72	4
绝望	0.93	13	0.86	11	0.73	4
羞愧	0.90	14	0.90	11	0.80	4
无聊	0.93	17	0.92	11	0.83	4

AEQ 的心理测量学特征在不同文化、年龄、性别、学习领域和情境上都得到了验证。尽管这些验证研究在方法、学生群体以及从 AEQ 中提取的情绪和题项数量上存在差异，但研究结果大体一致，表明 AEQ 的心理测量学特性可以得到实证支持，并且整个 AEQ 及其分量表都是有效和可靠的成就情绪测量工具①。本研究在 Bieleke 等提出的 AEQ-S 版本的基础上，根据研究情境，结合混合学习环境特征，形成了大学生混合学习中的学业情绪调查量表（Achievement Emotions Questionnaire-Blended Learning，AEQ-BL 版本），包括 3 个维度，即积极激活情绪、消极激活情绪和消极失活情绪，共 8 种情绪。

四　认知投入量表

认知投入是学生为有效理解所学内容而付出的努力，包括自我调节和元认知行为。认知投入与行为投入不同，它侧重于所付出的、不易直接观察的努力和学习策略等。认知投入的测量方式，包括自我报告量表、观察、访谈、教师评分、经验抽样、眼动追踪、生理传感器、痕迹分析和内容分析②。例如，李

① Kaiqi, S., et al., "Applying Control-Value Theory for Examining Multiple Emotions in L2 Classrooms: Validating the Achievement Emotions Questionnaire—Second Language Learning", *Language Teaching Research*, 2023.

② Li, S., "Measuring Cognitive Engagement: An Overview of Measurement Instruments and Techniques", *International Journal of Psychology and Educational Studies* 8 (3), 2022, pp. 63-76.

爽和喻忱①通过设计学习投入量表，将认知投入分为认知策略、元认知策略、情感管理策略和资源管理策略 4 个维度，并取得较高效度。王红梅等②使用内容分析法对学习者的在线对话数据进行编码，探索学习者的认知投入类型。由于学生的学习投入包括自我认知和行为，选择自我报告和可观察的指标对认知投入进行评估是合适的。因此，比较普遍的认知投入测量方式为量表，表 4-2 列出了文献中常用到的测量量表。

表 4-2　常用的认知投入测量量表

出处	量表名称	测量维度	题项数（个）	主要内容	示例
Meece 等③	科学活动问卷（Science Activity Questionnaire, SAQ）	积极投入	8	学生报告的元认知和自我调节策略的使用	“我回顾了我不理解的内容。”“我在学习过程中会问自己一些问题，以确保对我有意义。”
		表层投入	5	学生以最小努力完成工作的策略	“我抄了一些别人的答案。”“我跳过了困难的部分。”
Greene 和 Miller④	动机和策略使用调查（Motivation and Strategy Use Survey）	有意义投入	25	高水平的自我调节和有意义的学习策略	“在学习新材料时，我会用自己的话进行总结。”
		浅层投入	13	浅层加工策略	“我试着把老师在讲课时说的话写下来。”
Dupeyrat 和 Mariné⑤	学习动机策略调查问卷（Motivational Strategies for Learning Questionnaire）	深层策略使用	24	学生参与阐述和组织信息的程度	“在学习的时候，我把重要的想法用自己的话说出来。”
		浅层策略使用	3	学生机械记忆	“我通过一遍又一遍地重复材料来学习。”

① 李爽、喻忱：《远程学生学习投入评价量表编制与应用》，《开放教育研究》2015 年第 6 期。

② 王红梅、张琪、黄志南：《开放学习环境中学习行为投入与认知投入的实证研究》，《现代教育技术》2019 年第 12 期。

③ Meece, J. L., Blumenfeld, P. C., Hoyle, R. H., “Students' Goal Orientations and Cognitive Engagement in Classroom Activities”, *Journal of Educational Psychology* 80 (4), 1988, pp. 514-523.

④ Greene, B. A., Miller, R. B., “Influences on Achievement: Goals, Perceived Ability, and Cognitive Engagement”, *Contemporary Educational Psychology* 21 (2), 1996, pp. 181-192.

⑤ Dupeyrat, C., Mariné, C., “Implicit Theories of Intelligence, Goal Orientation, Cognitive Engagement, and Achievement: A Test of Dweck's Model with Returning to School Adults”, *Contemporary Educational Psychology* 30 (1), 2005, pp. 43-59.

本研究在表 4-2 中 Greene 和 Miller 提出的动机和策略使用调查量表基础上进行设计，根据深层和浅层学习策略来衡量认知投入度，包括 5 项深层认知投入策略和 5 项浅层认知投入策略，量表可靠性已被证明令人满意。

五　研究量表构成

本研究所设计使用的量表为 5 点李克特量表，由 12 个维度、22 个变量构成，其中，混合学习环境感知 4 个维度、9 个变量，共 44 个题项；学业情绪 3 个维度、8 个变量，共 32 个题项；控制-价值评估 3 个维度，共 14 个题项；认知投入 2 个维度、2 个变量，共 10 个题项。量表构成、初始题项数量以及参考文献来源见表 4-3。

表 4-3　量表构成、初始题项数量及参考文献来源

维度			题项编码	初始题项数量（个）	参考文献来源
混合学习环境感知	技术使用	易用性	Tec_Ease	4	Davis （1989）①、Venkatesh 和 Bala （2008）②
		有用性	Tec_Usef	5	
		灵活性	Per_Flex	6	自编量表
	学习资源	学习资源的可得性	Lea_Reso_Avr	4	Patil 和 Undale （2023）③
		学生与内容的互动	Lea_Reso_Int	4	Kuo 等 （2014）④

① Davis, F. D. , "Perceived Usefulness, Perceived Ease of Use, and User Acceptance of Information Technology", *MIS Quarterly* 13 (3), 1989, p. 319.

② Venkatesh, V. , Bala, H. , "Technology Acceptance Model 3 and a Research Agenda on Interventions", *Decision Sciences* 39 (2), 2008, pp. 273-315.

③ Patil, H. , Undale, S. , "Willingness of University Students to Continue Using E-learning Platforms After Compelled Adoption of Technology: Test of an Extended UTAUT Model", *Education and Information Technologies* 28 (11), 2023, pp. 14943-14965.

④ Kuo, Y-C. , et al. , "Interaction, Internet Self-efficacy, and Self-regulated Learning as Predictors of Student Satisfaction in Online Education Courses", *The Internet and Higher Education* 20, 2014, pp. 35-50.

续表

维度			题项编码	初始题项数量（个）	参考文献来源
混合学习环境感知	教师支持	自主支持	Tea_Supp_Auto	3	Belmont 等（1988）①
		结构提供	Tea_Supp_Stru	4	
		教师参与	Tea_Supp_Invo	5	
	社会临场感	社会临场感	Soc_Pres	9	Arbaugh 等（2008）②
学业情绪	积极激活情绪	享受	Ach_Emot_Enj	4	Bieleke 等（2021）③
		希望	Ach_Emot_Hop	4	
		骄傲	Ach_Emot_Pri	4	
	消极激活情绪	愤怒	Ach_Emot_Ang	4	
		焦虑	Ach_Emot_Anx	4	
		羞愧	Ach_Emot_Sha	4	
	消极失活情绪	绝望	Ach_Emot_Hle	4	
		无聊	Ach_Emot_Bor	4	
控制-价值评估		学习控制评估	Con_Appr	4	Perry 等（2001）④
		内部价值评估	Val_Appr_Int	5	Frenzel 等（2007）⑤
		外部价值评估	Val_Appr_Ext	5	
认知投入		深层认知投入	Cog_Enga_Mea	5	Greene 和 Miller（1996）⑥
		浅层认知投入	Cog_Enga_Sha	5	

① Belmont, et al., "Teacher as Social Context Questionnaire (TASC-Q)", https://www.pdx.edu/psychology/assessments.

② Arbaugh, J. B., et al., "Developing a Community of Inquiry Instrument: Testing a Measure of the Community of Inquiry Framework Using a Multi-institutional Sample", *The Internet and Higher Education* 11 (3-4), 2008, pp. 133-136.

③ Bieleke, M., Gogol, K., Goetz, T., et al., "The AEQ-S: A Short Version of the Achievement Emotions Questionnaire", *Contemporary Educational Psychology* 65, 2021, p. 101940.

④ Perry, R. P., Hladkyj, S., Pekrun, R. H., et al., "Academic Control and Action Control in the Achievement of College Students: A Longitudinal Field Study", *Journal of Educational Psychology* 93 (4), 2001, pp. 776-789.

⑤ Frenzel, A. C., Pekrun, R., Goetz, T., "Girls and Mathematics—A 'hopeless' Issue? A Control-Value Approach to Gender Differences in Emotions Towards Mathematics", *European Journal of Psychology of Education* 22 (4), 2007, pp. 497-514.

⑥ Greene, B. A., Miller, R. B., "Influences on Achievement: Goals, Perceived Ability, and Cognitive Engagement", *Contemporary Educational Psychology* 21 (2), 1996, pp. 181-192.

第二节　预调查与量表修正

一　预调查

本研究通过网络问卷实施预调查。问卷的引言部分向学生说明研究的目的、持续时长、研究方法以及数据的保密性等信息。学生自愿且匿名地参与此次预调查，他们被明确告知自己的回答将得到保密，并且不会对他们的学习成绩等个人利益产生任何影响。参与者被要求在一周内根据实际情况完成并提交问卷。

本次预调查共收集到 948 份问卷，根据作答时间和作答方式进行有效问卷筛选。作答时间经过前期小范围试测，最低完成时间约 3 分钟，因而在筛选时作答时间少于 180 秒的问卷被视为无效问卷。同时，问卷完成时间高于 1200 秒（20 分钟）的异常用时作答问卷也被视为无效问卷。通过连续相同作答和两点作答情况判断问卷是否有效，全部量表均为同一答案以及全部量表仅有两项答案的被视为无效问卷。Douglas 等[①]报告称，利用在线平台收集数据时，高质量数据的比例较低，占 26%～68%。本研究预调查得到有效问卷 471 份，有效率为 49.68%，问卷有效率在可接受范围之内。预调查对象的人口统计学分布见图 4-1。

二　量表效度和信度检验

预调查阶段的分析主要包括量表效度和信度检验，以优化和调整问卷设计，最终形成正式量表。效度是探索变量关系和得出正确研究结论的前提和保障，一般重点关注内容效度和结构效度。内容效度描述的是量表测试的内容对测试目的和要求的体现程度，即内容的贴切性和代表性，内容

① Douglas, B. D., Ewell, P. J., Brauer M., "Data Quality in Online Human-subjects Research: Comparisons Between Mturk, Prolific, Cloudresearch, Qualtrics, and SONA", *PLOS ONE* 18 (3), 2023, p. e0279720.

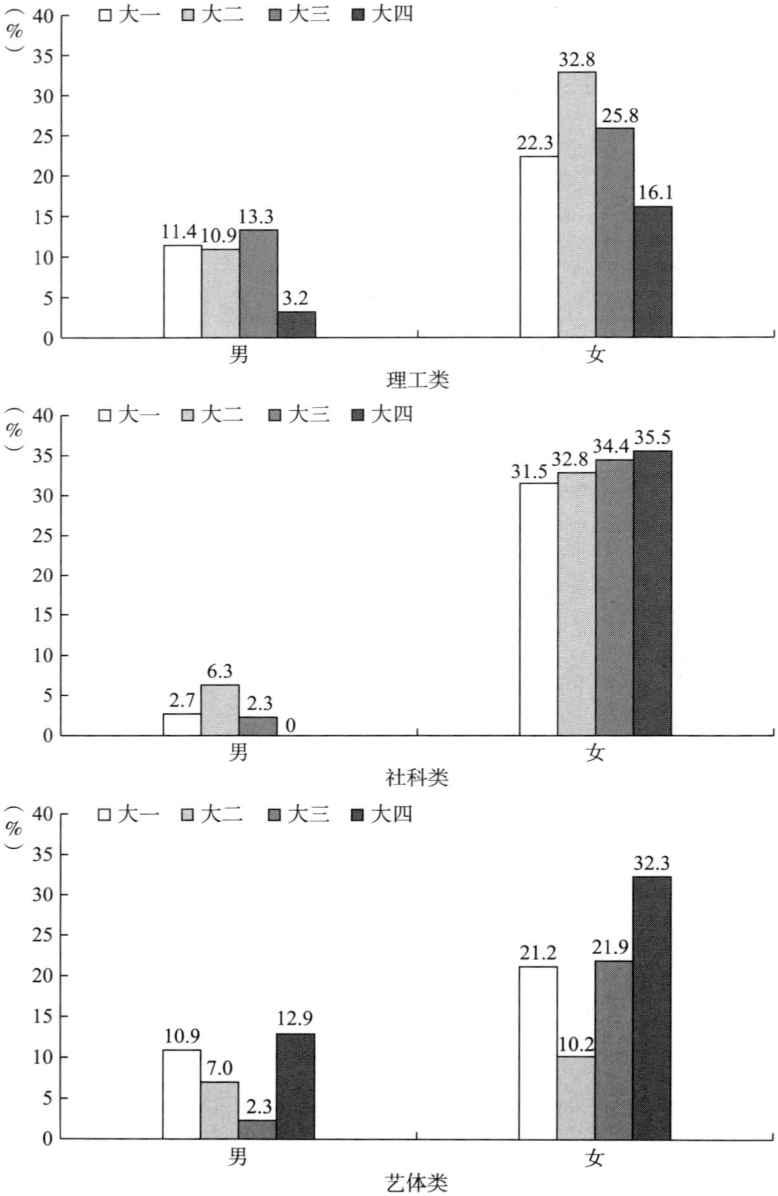

图 4-1　预调查对象的人口统计学分布

效度检验是确保问卷能够有效反映研究目的和要求的关键步骤。结构效度即量表反映测量理论的概念或特质的程度，用来表明量表题项和维度结构设计是否合理，通过探索性因素分析进行检验。信度是指量表所测得结果的稳定性和一致性，量表的信度越高，测量标准误越小。预调查阶段信度检验的主要作用在于考察初设量表的信度是否达标，以及删除题项后是否可以提升信度。

（一）内容效度

在本研究中，内容效度的评估主要基于研究者对测量构念的深入理解以及对测量题目语义的准确把握。通过对现有文献的广泛回顾和理论分析，确定研究变量，并在此基础上收集国内外比较成熟的量表。考虑到本研究的特定情境，对量表中的测量题项进行了细致的评估、选择和必要的修改，以形成符合本研究需求的初始问卷。进一步地，为了提高问卷的准确性和适用性，通过小范围的试测并征集导师、专家意见，对问卷中可能引起误解或自相矛盾的描述进行修正，增强了问卷的针对性并提升了问卷清晰度，而且通过多轮修订，在一定程度上建立了问卷的内容效度。综上所述，本研究通过系统的理论分析、量表的本土化调整以及多轮的试测和反馈修正，确保了问卷在内容上的有效性和可靠性，使问卷能够全面而准确地捕捉研究变量，为后续的数据分析和结果解释奠定了坚实的基础。

（二）结构效度和信度

结构效度用于检验因子结构的适切性。一般进行 KMO 检验和 Bartlett 球形检验：对于 KMO 检验，0.9 及以上非常适合做因子分析；0.8~0.9 比较适合；0.7~0.8 适合；0.6~0.7 尚可；0.5~0.6 差；0.5 以下应该放弃。对于 Bartlett 球形检验，若显著性小于 0.05，则拒绝原假设，说明可以做因子分析；若不拒绝原假设，说明这些变量可能独立提供一些信息，不适合做因子分析。解释的总方差主要是看因子对变量解释的贡献率（可以理解为究竟需要多少因子才能把变量表达为 100%），社会科学研究一般要达到 60% 以上才可以，否则就要调整因子数据。

信度检验包括题项信度检验和量表信度检验。研究者常用的信度指标为克隆巴赫 α 系数，即内部一致性 α 系数。题项信度检验旨在检验题项删除后，整体量表信度系数变化情形，若题项删除后量表整体信度系数比原先的信度系数高出许多，则此题项与其余题项所要测量的属性或心理特质可能不相同，代表此题项与其他题项的同质性不高，应考虑予以删除。量表信度检验用来检验量表各维度与总量表的信度。对量表 α 系数（或折半系数）进行分析，目前没有统一的标准，但根据多数学者的观点，一般 α 系数（或折半系数）如果在 0.9 及以上，代表该测验或量表的信度甚佳，0.8~0.9 表示信度不错，0.7~0.8 表示信度可以接受，0.6~0.7 表示信度一般，0.5~0.6 表示信度不太理想，如果在 0.5 以下就要考虑重新编排问卷。

1. 技术使用量表

（1）结构效度

技术使用量表属于基于理论建构的量表，具有明显的结构。故在因子分析时采用事先决定准则法，固定提取因子数为 3 个，通过主成分分析法、最大方差旋转法提取共同因子。

因子分析结果显示 KMO 值为 0.947，近似卡方值为 9141.99，自由度为 105，$p<0.001$，说明题项间有共同因子存在。旋转后成分矩阵如表 4-4 所示。旋转结果表明，3 个主要因子的累计解释方差变异量为 87.025%，各题项的因素载荷量均大于 0.5，且与理论构建的维度一致，表明量表具有较高的结构效度。

表 4-4　技术使用量表旋转后成分矩阵

题项	成分 1	成分 2	成分 3
Tec_Ease1	0.275	0.293	0.847
Tec_Ease2	0.265	0.334	0.842
Tec_Ease3	0.271	0.371	0.822
Tec_Ease4	0.261	0.421	0.782
Tec_Usef1	0.319	0.814	0.358
Tec_Usef2	0.334	0.791	0.345
Tec_Usef3	0.294	0.843	0.325
Tec_Usef4	0.302	0.843	0.304
Tec_Usef5	0.281	0.839	0.330
Per_Flex1	0.819	0.285	0.221

续表

题项	成分 1	成分 2	成分 3
Per_Flex2	0.850	0.233	0.224
Per_Flex3	0.877	0.264	0.235
Per_Flex4	0.852	0.275	0.243
Per_Flex5	0.875	0.264	0.222
Per_Flex6	0.856	0.243	0.207
KMO	0.947		
Bartlett 球形检验			
近似卡方	9141.99		
自由度	105		
显著性	<0.001		
初始特征值	10.019	1.995	1.040
累计解释方差变异量（%）	87.025		

（2）题项信度

表 4-5 呈现了题项的信度分析结果。结果显示所有题项删除项后的克隆巴赫 α 系数均小于等于总量表的信度系数（$\alpha = 0.964$），表明题项间的同质性较高。

（3）量表信度

技术使用量表各维度与总量表的信度分析结果如表 4-5 所示。由信度系数结果可知，总量表和各维度信度系数均达到了评判标准，表明量表信度较高。

表 4-5　技术使用量表信度分析

题项	删除项后的标度平均值	删除项后的标度方差	修正后的项与总计相关性	删除项后的克隆巴赫 α 系数	子量表 α 系数	总量表 α 系数
Tec_Ease1	11.395	5.022	0.877	0.940	0.953	0.964
Tec_Ease2	11.391	5.005	0.895	0.935		
Tec_Ease3	11.367	5.029	0.896	0.934		
Tec_Ease4	11.389	5.017	0.870	0.942		

续表

题项	删除项后的标度平均值	删除项后的标度方差	修正后的项与总计相关性	删除项后的克隆巴赫 α 系数	子量表 α 系数	总量表 α 系数
Tec_Usef1	15.932	7.238	0.915	0.959	0.968	0.964
Tec_Usef2	15.936	7.196	0.886	0.964		
Tec_Usef3	15.930	7.299	0.917	0.959		
Tec_Usef4	15.941	7.294	0.912	0.959		
Tec_Usef5	15.904	7.308	0.909	0.960		
Per_Flex1	19.588	11.473	0.851	0.961	0.964	
Per_Flex2	19.601	11.151	0.868	0.959		
Per_Flex3	19.535	11.296	0.918	0.954		
Per_Flex4	19.529	11.394	0.895	0.956		
Per_Flex5	19.520	11.408	0.910	0.955		
Per_Flex6	19.594	11.203	0.873	0.959		

2. 学习资源量表

(1) 结构效度

学习资源量表包括学习资源的可得性和学生与内容的互动两个维度，每个维度包括 4 个题项。同样采用事先决定准则法，固定提取因子数为 2 个，通过主成分分析法、最大方差旋转法提取共同性，结果如表 4-6 所示。

表 4-6　学习资源量表旋转后成分矩阵

题项	成分 1	成分 2	备注
Lea_Reso_Avr1	0.715	0.567	删除
Lea_Reso_Avr2	0.464	0.786	保留
Lea_Reso_Avr3	0.472	0.806	保留
Lea_Reso_Avr4	0.446	0.822	保留
Lea_Reso_Int1	0.829	0.480	保留
Lea_Reso_Int2	0.825	0.461	保留
Lea_Reso_Int3	0.846	0.450	保留
Lea_Reso_Int4	0.809	0.467	保留
KMO	0.946		

续表

题项	成分 1	成分 2	备注
Bartlett 球形检验			
近似卡方	4751.67		
自由度	28		
显著性	<0.001		
初始特征值	6.584	0.430	
累计解释方差变异量（%）	87.669		

因子分析结果显示，KMO 值为 0.946，近似卡方值为 4751.67，自由度为 28，$p<0.001$，说明题项间有共同因子存在。旋转结果表明，2 个主要因子累计解释方差变异量为 87.669%，各题项的因子载荷量均大于 0.5。但学习资源的可得性维度下 Lea_Reso_Avr1 题项在两个因子上存在交叉载荷，因子载荷量均大于 0.5，且较大载荷因子并未处于预设维度，而是聚合在学生与内容的互动维度，表明该题项设置不理想或者被试者对此题项存在疑问。回顾学习资源量表题项设计后决定删除该题项。删除题项后，学习资源的可得性维度包括 3 个题项，学生与内容的互动维度包括 4 个题项。对剩余 7 个题项进行探索性因子分析，结果显示 KMO 值为 0.936，近似卡方值为 3994.38，自由度为 21，$p<0.001$，旋转后 2 个主要因子累计解释方差变异量为 88.672%，各题项的因子载荷量均大于 0.5，且各题项均聚合在预期维度。

（2）题项信度

表 4-7 呈现了学习资源维度 7 个题项的信度分析结果。结果显示所有题项删除项后的克隆巴赫 α 系数均小于总量表的信度系数（$\alpha=0.964$），表明题项间的同质性较高。

表 4-7　学习资源量表信度分析

题项	删除项后的标度平均值	删除项后的标度方差	修正后的项与总计相关性	删除项后的克隆巴赫 α 系数	子量表 α 系数	总量表 α 系数
Lea_Reso_Avr2	7.747	2.079	0.813	0.903	0.919	0.964
Lea_Reso_Avr3	7.754	1.935	0.853	0.870		
Lea_Reso_Avr4	7.747	2.032	0.845	0.877		

续表

题项	删除项后的标度平均值	删除项后的标度方差	修正后的项与总计相关性	删除项后的克隆巴赫 α 系数	子量表 α 系数	总量表 α 系数
Lea_Reso_Int1	11.834	3.849	0.916	0.953	0.965	0.964
Lea_Reso_Int2	11.834	3.875	0.915	0.953		
Lea_Reso_Int3	11.824	3.937	0.926	0.950		
Lea_Reso_Int4	11.851	3.965	0.896	0.959		

（3）量表信度

对学习资源总量表及其两个子量表进行信度分析，结果如表 4-7 所示。结果表明 2 个子量表信度系数较高，说明学习资源量表各组成要素内部一致性较高。总量表信度系数较高，表明学习资源总量表的稳定性和内部一致性较高。

3. 教师支持量表

（1）结构效度

表 4-8 是教师支持量表的结构效度检验结果。结果表明，教师支持 3 个子量表各题项均聚合在预期维度，且因子载荷都达到标准，而且不存在双重因子载荷都比较高的情况，表明教师支持量表具有很好的结构效度。

表 4-8　教师支持量表结构效度检验

题项	成分 1	成分 2	成分 3
Tea_Supp_Auto1	0.212	0.212	0.822
Tea_Supp_Auto2	0.407	0.283	0.747
Tea_Supp_Auto3	0.356	0.383	0.729
Tea_Supp_Invo1	0.798	0.382	0.298
Tea_Supp_Invo2	0.823	0.372	0.282
Tea_Supp_Invo3	0.846	0.287	0.252
Tea_Supp_Invo4	0.693	0.374	0.420
Tea_Supp_Invo5	0.703	0.391	0.386
Tea_Supp_Stru1	0.264	0.838	0.273
Tea_Supp_Stru2	0.339	0.832	0.295
Tea_Supp_Stru3	0.451	0.761	0.312
Tea_Supp_Stru4	0.440	0.774	0.248

续表

题项	成分 1	成分 2	成分 3
KMO	0.939		
Bartlett 球形检验			
近似卡方	6174.17		
自由度	66		
显著性	<0.001		
初始特征值	8.409	0.874	0.786
累计解释方差变异量（%）	83.909		

（2）题项信度

表 4-9 为教师支持量表题项信度和子量表信度分析结果。由表 4-9 可以看出，教师支持量表中自主支持子量表 Tea_Supp_Auto1 题项删除项后的克隆巴赫 α 系数为 0.885，高于子量表的信度系数（0.859），应考虑删除该题项。删除后，各题项删除项后的克隆巴赫 α 系数均小于总量表的信度系数（α=0.962）。

表 4-9　教师支持量表信度分析

题项	删除项后的标度平均值	删除项后的标度方差	修正后的项与总计相关性	删除项后的克隆巴赫 α 系数	子量表 α 系数	备注
Tea_Supp_Auto1	8.015	1.836	0.650	0.885	0.859	删除
Tea_Supp_Auto2	7.911	1.843	0.780	0.760		保留
Tea_Supp_Auto3	7.900	1.805	0.779	0.760		保留
Tea_Supp_Invo1	15.153	8.143	0.880	0.937	0.951	保留
Tea_Supp_Invo2	15.142	8.148	0.898	0.934		保留
Tea_Supp_Invo3	15.287	7.975	0.862	0.941		保留
Tea_Supp_Invo4	15.157	8.175	0.844	0.944		保留
Tea_Supp_Invo5	15.117	8.248	0.845	0.943		保留
Tea_Supp_Stru1	11.624	4.537	0.830	0.943	0.947	保留
Tea_Supp_Stru2	11.654	4.312	0.893	0.924		保留
Tea_Supp_Stru3	11.650	4.343	0.893	0.924		保留
Tea_Supp_Stru4	11.703	4.303	0.872	0.930		保留

（3）量表信度

子量表和总量表的信度系数结果表明，删除题项后教师支持量表的稳定性和内部一致性较高。

4. 社会临场感量表

（1）结构效度

对社会临场感量表进行结构检验，由于该量表没有子维度，因此采用主成分分析法提取共同因子，以特征值大于 1 作为保留共同因子的标准，并采用方差贡献率法作为筛选共同因子的原则。因子分析结果表明，共提取一个因子，KMO 值为 0.947，近似卡方值为 5590.96，自由度为 36，$p<0.001$，旋转后 1 个主要因子累计解释方差变异量为 82.646%，各题项的因子载荷量为 0.885~0.931。

（2）题项和量表信度

社会临场感量表修正后的项与总计相关性在 0.854 及以上，删除项后的克隆巴赫 α 系数均小于总量表 α 系数，表明社会临场感量表具有较高的内部一致性。

信效度检验结果见表 4-10。

表 4-10　社会临场感量表信效度检验

题项	效度检验	信度检验				
	因子载荷	删除项后的标度平均值	删除项后的标度方差	修正后的项与总计相关性	删除项后的克隆巴赫 α 系数	总量表 α 系数
Soc_Pres1	0.886	30.77	31.518	0.854	0.971	0.973
Soc_Pres2	0.904	30.76	31.188	0.876	0.970	
Soc_Pres3	0.922	30.72	31.313	0.899	0.970	
Soc_Pres4	0.917	30.82	30.754	0.894	0.970	
Soc_Pres5	0.885	30.85	30.759	0.855	0.972	
Soc_Pres6	0.904	30.82	30.747	0.878	0.970	
Soc_Pres7	0.927	30.79	30.704	0.906	0.969	
Soc_Pres8	0.931	30.77	31.170	0.911	0.969	
Soc_Pres9	0.906	30.77	31.096	0.880	0.970	
KMO	0.947					
Bartlett 球形检验						
近似卡方	5590.96					
自由度	36					
显著性	<0.001					
初始特征值	7.438					
累计解释方差变异量（%）	82.646					

5. 控制–价值评估量表

（1）结构效度

控制–价值评估量表包括学习控制评估、内部价值评估和外部价值评估 3 个维度，学习控制评估包括 4 个题项，内部价值评估和外部价值评估各包括 5 个题项，共计 14 个题项。同样采用事先决定准则法，固定提取因子数为 3 个，通过主成分分析法、最大方差旋转法提取共同性，结果如表 4-11 所示。因子分析结果发现，3 个维度 14 个题项提出 3 个主要因子，题项聚合效果不理想。Con_Appr4 和 Val_Appr_Ext1 题项考虑删除，删除后的结构效度检验结果表明，删除题项后提取的 3 个主要因子成分聚合情况与理论预期一致，因子载荷量较高，且累计解释方差变异量也有所提高，表明删除题项后的控制–价值评估量表结构效度较高。

表 4-11　控制–价值评估量表结构效度检验

题项	删除题项前			备注	题项	删除题项后		
	成分 1	成分 2	成分 3			成分 1	成分 2	成分 3
Con_Appr1	0.829	0.101	0.318	保留	Con_Appr1	0.518	0.157	0.753
Con_Appr2	0.714	0.183	0.453	保留	Con_Appr2	0.360	0.265	0.809
Con_Appr3	0.799	0.123	0.394	保留	Con_Appr3	0.491	0.190	0.760
Con_Appr4	0.114	0.405	0.788	删除				
Val_Appr_Int1	0.875	0.289	-0.005	保留	Val_Appr_Int1	0.846	0.253	0.311
Val_Appr_Int2	0.876	0.281	-0.003	保留	Val_Appr_Int2	0.853	0.247	0.305
Val_Appr_Int3	0.882	0.285	0.062	保留	Val_Appr_Int3	0.845	0.262	0.343
Val_Appr_Int4	0.884	0.274	0.075	保留	Val_Appr_Int4	0.824	0.257	0.377
Val_Appr_Int5	0.887	0.270	0.062	保留	Val_Appr_Int5	0.846	0.247	0.351
Val_Appr_Ext1	0.757	0.447	0.077	删除				
Val_Appr_Ext2	0.166	0.803	0.242	保留	Val_Appr_Ext2	0.172	0.838	0.100
Val_Appr_Ext3	0.194	0.850	0.130	保留	Val_Appr_Ext3	0.220	0.857	0.050
Val_Appr_Ext4	0.266	0.790	0.145	保留	Val_Appr_Ext4	0.164	0.808	0.251
Val_Appr_Ext5	0.508	0.691	0.079	保留	Val_Appr_Ext5	0.372	0.690	0.349

续表

题项	删除题项前			备注	题项	删除题项后		
	成分 1	成分 2	成分 3			成分 1	成分 2	成分 3
KMO	0.947					0.936		
Bartlett 球形检验								
近似卡方	6612.41					5827.97		
自由度	91					66		
显著性	<0.001					<0.001		
初始特征值	8.647	1.779	0.758			7.704	1.648	0.669
累计解释方差变异量（%）	79.880					83.507		

（2）题项信度

删除题项后，控制-价值评估还有 12 个题项，其中学习控制评估 3 个题项，内部价值评估 5 个题项，外部价值评估 4 个题项。对删除题项后的量表进行信度检验，结果如表 4-12 所示。由表 4-12 可知，总量表 α 系数为 0.943，信度水平较高。

（3）量表信度

对控制-价值评估总量表及其 3 个子量表进行信度分析，结果如表 4-12 所示。结果表明 3 个子量表信度系数较高，说明控制-价值评估量表各组成要素内部一致性较高。总量表信度系数较高，表明控制-价值评估总量表的稳定性和内部一致性较高。

表 4-12　控制-价值评估量表信度分析

题项	删除项后的标度平均值	删除项后的标度方差	修正后的项与总计相关性	删除项后的克隆巴赫 α 系数	子量表 α 系数	总量表 α 系数
Con_Appr1	7.715	1.838	0.843	0.866	0.915	0.943
Con_Appr2	7.822	1.785	0.799	0.903		
Con_Appr3	7.754	1.824	0.845	0.864		
Val_Appr_Int1	15.238	7.148	0.897	0.963	0.969	
Val_Appr_Int2	15.223	7.191	0.902	0.962		
Val_Appr_Int3	15.185	7.240	0.920	0.960		
Val_Appr_Int4	15.227	7.121	0.912	0.961		
Val_Appr_Int5	15.195	7.200	0.919	0.960		

续表

题项	删除项后的标度平均值	删除项后的标度方差	修正后的项与总计相关性	删除项后的克隆巴赫 α 系数	子量表 α 系数	总量表 α 系数
Val_Appr_Ext2	10.614	4.872	0.714	0.847	0.875	0.943
Val_Appr_Ext3	10.497	4.816	0.752	0.832		
Val_Appr_Ext4	10.552	4.852	0.742	0.836		
Val_Appr_Ext5	10.439	5.123	0.720	0.845		

6. 学业情绪量表

(1) 结构效度

本研究中学业情绪共包括享受、希望、骄傲 3 种积极激活情绪，愤怒、焦虑、羞愧 3 种消极激活情绪，以及无聊、绝望 2 种消极失活情绪。学业情绪量表中每个情绪的测量使用 4 个题项，总量表共 32 个题项。

为检验量表结构效度，首先采用主成分分析法提取共同因子，以特征值大于 1 作为保留共同因子的标准，并采用方差贡献率法作为筛选共同因子的原则，结果见表 4-13。因子分析结果表明，KMO 值为 0.946，大于 0.7 的标准值。Bartlett 球形检验的近似卡方值为 210222.396，$p<0.001$，表明该量表适合做因子分析。提取 3 个主要因子，累计解释方差变异量为 78.282%。享受、希望、骄傲 3 种情绪 12 个题项聚合在成分 1，愤怒、焦虑、羞愧 3 种情绪 12 个题项聚合在成分 2，无聊、绝望 2 种情绪 8 个题项聚合在成分 3，因子分析结果与理论预期一致。根据以下原则对题项进行筛选：①最大因子载荷值小于 0.4；②在不同因子上有相近的载荷且难以解释；③共同度小于 0.3；④在一个因子上的题项少于 3 个[①]。表 4-13 结果显示，量表中所有 32 个题项均符合以上标准。

表 4-13　学业情绪量表结构效度检验

题项	成分 1	成分 2	成分 3
Ach_Emot_Enj1	0.856	−0.014	−0.119
Ach_Emot_Enj2	0.887	−0.040	−0.119

① 赵淑媛：《基于控制-价值理论的大学生学业情绪研究》，博士学位论文，中南大学，2013。

续表

题项	成分 1	成分 2	成分 3
Ach_Emot_Enj3	0. 894	-0. 048	-0. 126
Ach_Emot_Enj4	0. 890	-0. 070	-0. 128
Ach_Emot_Hop1	0. 888	-0. 034	-0. 151
Ach_Emot_Hop2	0. 889	-0. 019	-0. 136
Ach_Emot_Hop3	0. 909	-0. 046	-0. 101
Ach_Emot_Hop4	0. 909	-0. 024	-0. 118
Ach_Emot_Pri1	0. 845	0. 060	-0. 024
Ach_Emot_Pri2	0. 849	0. 062	-0. 022
Ach_Emot_Pri3	0. 883	0. 031	-0. 012
Ach_Emot_Pri4	0. 874	0. 015	-0. 035
Ach_Emot_Ang1	0. 032	0. 818	0. 312
Ach_Emot_Ang2	0. 014	0. 806	0. 323
Ach_Emot_Ang3	-0. 032	0. 841	0. 351
Ach_Emot_Ang4	-0. 042	0. 845	0. 337
Ach_Emot_Anx1	-0. 065	0. 824	0. 358
Ach_Emot_Anx2	0. 042	0. 824	0. 232
Ach_Emot_Anx3	0. 081	0. 801	0. 212
Ach_Emot_Anx4	0. 048	0. 805	0. 270
Ach_Emot_Sha1	-0. 085	0. 667	0. 557
Ach_Emot_Sha2	0. 013	0. 616	0. 505
Ach_Emot_Sha3	-0. 077	0. 646	0. 586
Ach_Emot_Sha4	-0. 053	0. 677	0. 571
Ach_Emot_Hle1	-0. 131	0. 488	0. 761
Ach_Emot_Hle2	-0. 067	0. 450	0. 665
Ach_Emot_Hle3	-0. 112	0. 474	0. 782
Ach_Emot_Hle4	-0. 104	0. 437	0. 766
Ach_Emot_Bor1	-0. 201	0. 356	0. 819
Ach_Emot_Bor2	-0. 182	0. 363	0. 833
Ach_Emot_Bor3	-0. 198	0. 370	0. 802
Ach_Emot_Bor4	-0. 190	0. 363	0. 824

续表

题项	成分 1	成分 2	成分 3
KMO	0.946		
Bartlett 球形检验			
近似卡方	210222.396		
自由度	496		
显著性	<0.001		
初始特征值	14.504	9.006	1.541
累计解释方差变异量（%）	78.282		

（2）题项和量表信度

各题项、子量表及总量表的信度分析结果见表 4-14，从结果可以得出，学业情绪量表的各题项、子量表及总量表信度较高，表明量表具有较高的内部一致性。

表 4-14　学业情绪量表信度分析

题项	删除项后的标度平均值	删除项后的标度方差	修正后的项与总计相关性	删除项后的克隆巴赫 α 系数	子量表 α 系数	总量表 α 系数
Ach_Emot_Enj1	11.501	3.914	0.841	0.937	0.945	0.939
Ach_Emot_Enj2	11.471	3.854	0.890	0.921		
Ach_Emot_Enj3	11.408	3.906	0.891	0.921		
Ach_Emot_Enj4	11.423	3.917	0.851	0.933		
Ach_Emot_Hop1	11.541	3.866	0.886	0.943	0.956	
Ach_Emot_Hop2	11.520	3.739	0.893	0.942		
Ach_Emot_Hop3	11.465	3.866	0.909	0.937		
Ach_Emot_Hop4	11.486	3.838	0.880	0.945		
Ach_Emot_Pri1	11.316	4.612	0.888	0.938	0.953	
Ach_Emot_Pri2	11.287	4.562	0.887	0.938		
Ach_Emot_Pri3	11.261	4.657	0.891	0.937		
Ach_Emot_Pri4	11.263	4.688	0.877	0.941		

续表

题项	删除项后的标度平均值	删除项后的标度方差	修正后的项与总计相关性	删除项后的克隆巴赫 α 系数	子量表 α 系数	总量表 α 系数
Ach_Emot_Ang1	8. 174	7. 787	0. 888	0. 959	0. 964	0. 939
Ach_Emot_Ang2	8. 212	7. 610	0. 893	0. 958		
Ach_Emot_Ang3	8. 297	7. 431	0. 936	0. 945		
Ach_Emot_Ang4	8. 297	7. 524	0. 927	0. 948		
Ach_Emot_Anx1	8. 932	7. 127	0. 786	0. 925	0. 930	
Ach_Emot_Anx2	8. 728	6. 849	0. 874	0. 895		
Ach_Emot_Anx3	8. 720	7. 087	0. 829	0. 910		
Ach_Emot_Anx4	8. 741	6. 950	0. 853	0. 902		
Ach_Emot_Sha1	8. 238	7. 253	0. 866	0. 930	0. 946	
Ach_Emot_Sha2	8. 053	7. 412	0. 809	0. 948		
Ach_Emot_Sha3	8. 176	7. 197	0. 891	0. 923		
Ach_Emot_Sha4	8. 146	7. 023	0. 916	0. 915		
Ach_Emot_Hle1	7. 917	6. 425	0. 885	0. 924	0. 946	
Ach_Emot_Hle2	7. 811	6. 724	0. 803	0. 949		
Ach_Emot_Hle3	7. 904	6. 329	0. 918	0. 914		
Ach_Emot_Hle4	7. 902	6. 497	0. 874	0. 928		
Ach_Emot_Bor1	7. 732	6. 584	0. 914	0. 960	0. 968	
Ach_Emot_Bor2	7. 732	6. 541	0. 927	0. 956		
Ach_Emot_Bor3	7. 639	6. 482	0. 907	0. 962		
Ach_Emot_Bor4	7. 673	6. 395	0. 933	0. 954		

从表 4-14 可以看出，学业情绪题项 Ach_Emot_Sha2、Ach_Emot_Hle2 的删除项后的克隆巴赫 α 系数略高于子量表 α 系数，但是，对题项进行回顾并考虑修正后的项与总计相关性系数（>0. 4 的一般标准），且删除该题项后 α 系数的增幅不大，为更好地涵盖调研内容，量表保留了该题项。

7. 认知投入量表

（1）结构效度

认知投入量表包括深层认知投入和浅层认知投入两个维度，每个维度包括 5 个题项。同样采用事先决定准则法，固定提取因子数为 2 个，通过主成分分析法、最大方差旋转法提取共同因子，结果如表 4-15 所示。因子分析结果表明，共提取 2 个因子，KMO 值为 0.939，近似卡方值为 5600.28，自由度为 45，$p<0.001$，旋转后 2 个主要因子累计解释方差变异量为 84.619%，各题项的因子载荷量为 0.774~0.872，表明认知投入量表具有较高的结构效度。

表 4-15　认知投入量表结构效度检验

题项	成分 1	成分 2
Cog_Enga_Mea1	0.872	0.368
Cog_Enga_Mea2	0.855	0.376
Cog_Enga_Mea3	0.828	0.432
Cog_Enga_Mea4	0.836	0.431
Cog_Enga_Mea5	0.802	0.467
Cog_Enga_Sha1	0.418	0.799
Cog_Enga_Sha2	0.405	0.817
Cog_Enga_Sha3	0.473	0.774
Cog_Enga_Sha4	0.374	0.794
Cog_Enga_Sha5	0.340	0.850
KMO	0.939	
Bartlett 球形检验		
近似卡方	5600.28	
自由度	45	
显著性	<0.001	
初始特征值	7.584	0.878
累计解释方差变异量（%）	84.619	

（2）题项信度

表 4-16 呈现了认知投入量表 10 个题项的信度系数信息。结果显示所有题项的删除项后的克隆巴赫 α 系数均小于总量表的信度系数（$\alpha=0.964$），表明题项间的同质性较高。

表 4-16　认知投入量表信度分析

题项	删除项后的标度平均值	删除项后的标度方差	修正后的项与总计相关性	删除项后的克隆巴赫 α 系数	子量表 α 系数	总量表 α 系数
Cog_Enga_Mea1	14.981	7.832	0.906	0.955	0.964	0.964
Cog_Enga_Mea2	14.979	7.838	0.892	0.957		
Cog_Enga_Mea3	14.943	7.901	0.896	0.956		
Cog_Enga_Mea4	14.938	7.934	0.906	0.955		
Cog_Enga_Mea5	14.953	7.849	0.892	0.957		
Cog_Enga_Sha1	15.057	7.003	0.849	0.928	0.942	
Cog_Enga_Sha2	15.023	7.125	0.862	0.926		
Cog_Enga_Sha3	14.977	7.155	0.857	0.927		
Cog_Enga_Sha4	15.004	7.200	0.801	0.937		
Cog_Enga_Sha5	15.021	7.178	0.851	0.928		

（3）量表信度

对认知投入总量表及其两个子量表进行信度分析，结果如表 4-16 所示。结果表明 2 个子量表信度系数较高，说明认知投入量表各组成要素内部一致性较高。总量表信度系数较高，表明认知投入整体量表的稳定性和内部一致性较高。

三　初始量表的修正

根据预调查数据分析结果，各量表的信度、效度整体上较高，在分析过程中，共有 4 个题项（Lea_Reso_Avr1、Tea_Supp_Auto1、Con_Appr4 以及 Val_Appr_Ext1）被删除，量表题项从 100 个减少到 96 个，删除后量表信效度得到提升。

各量表基本信息如下。①技术使用量表：3 个维度，易用性 4 个题项，有用性 5 个题项，灵活性 6 个题项，共计 15 个题项。②学习资源量表：2 个维度，学习资源的可得性 3 个题项，学生与内容的互动 4 个题项，共计 7 个题项。③教师支持量表：3 个维度，自主支持 2 个题项，教师参与 5 个题项，结构提供 4 个题项，共计 11 个题项。④社会临场感量表：1 个维度，9 个题项。⑤控制-价值评估量表：3 个维度，学习控制评估 3 个题项，内部价值评估 5 个题项，外部价值评估 4 个题项，共计 12 个题项。⑥学业情绪量表：8 个维度，每个情绪维度各 4 个题项，共计 32 个题项。⑦认知投入量表：2 个维度，深层认知投入和浅层认知投入各 5 个题项，共计 10 个题项。

本研究的模型是建立在广泛的文献回顾基础之上，量表选择和设计建立在国际上广泛认可的成熟量表之上，基于这些基础，设计了初步的调查问卷。随后，通过预调查阶段收集的数据，对问卷的信度和效度进行检验，结果显示，只有极少数题目因信度或效度原因被剔除。删除题项后形成最终量表，为后续的正式调查研究和假设检验提供了坚实的基础。

第三节　正式调查与检验

一　调查数据的收集与样本描述

正式调查问卷设计成问卷星网络问卷，所有题目设置为必答题。本次调查共收集到 3106 份问卷，按照预调查问卷筛选方法，根据作答时间和作答方式进行筛选，共得到有效问卷 1606 份，有效率 51.71%。男生 382 人（23.79%），女生 1224 人（76.21%）；大一学生 702 人（43.71%），大二学生 412 人（25.65%），大三学生 400 人（24.91%），大四学生 92 人（5.73%）；理工类专业 584 人（36.36%），社科类专业 557 人（34.68%），艺体类专业 465 人（28.95%）。

图 4-2 是正式调查被试人口信息分布情况，呈现了不同性别、不同学科专业被试在其所属类别占比情况。从人口学变量统计数据和分布图可以看出，被试中女生数量多于男生，而在学科专业分布方面，理工类、社科类、艺体类专业被试分布基本均衡。

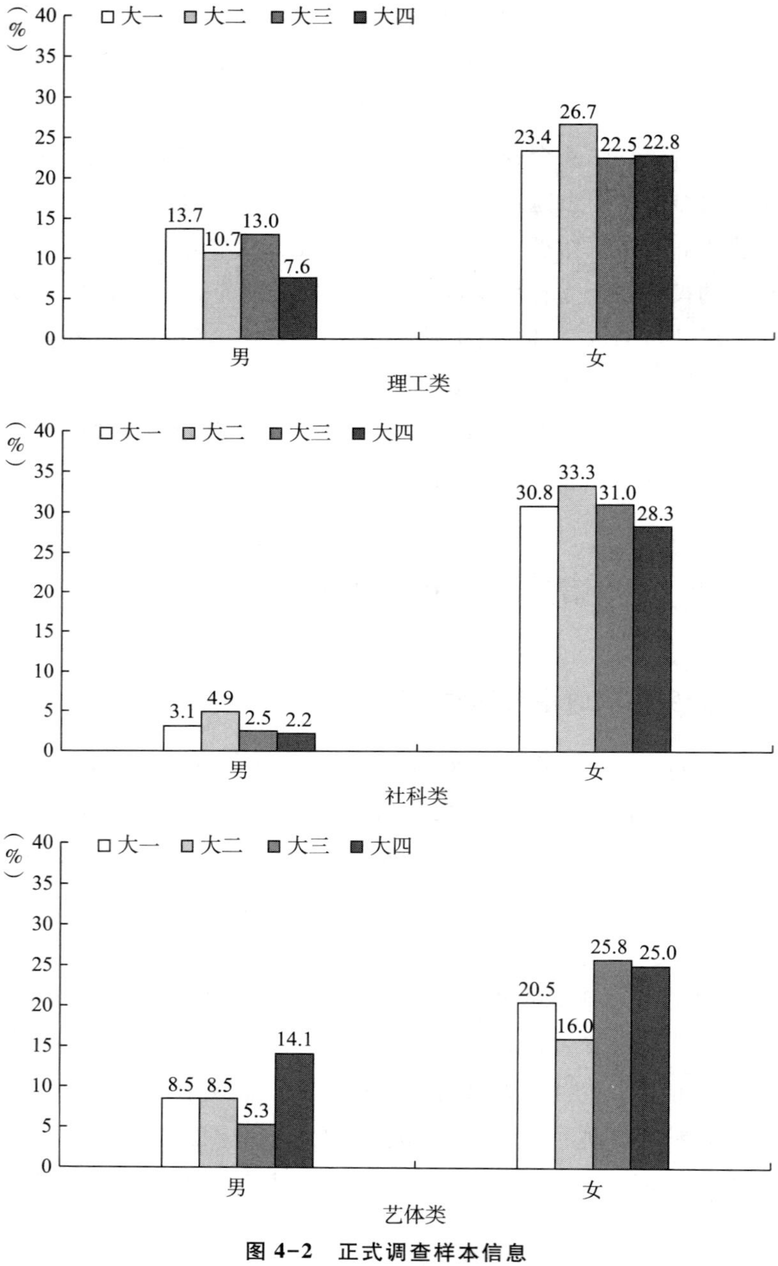

图 4-2　正式调查样本信息

二　验证性因子分析

（一）混合学习环境感知量表

验证性因子分析（CFA）是一种广泛使用的量表效度评估方法，CFA 通过检验基于理论或先验知识构建的度量模型与实际收集的数据之间的吻合程度来确认模型的有效性，通过检验确保量表的结构与预期相符，为进行数据解释提供可靠的基础。

在进行验证性因子分析时，卡方自由度比值是一个重要的模型拟合指标。根据已有文献，卡方自由度比值小于 3（相对宽松时小于 5，有时可以小于 8），表示模型拟合效果良好。然而，需要注意的是，卡方值容易受到样本量的影响，样本量较大时卡方值可能会较大。尽管卡方自由度比值是一个参考标准，但模型的最终评估应该综合考虑多个拟合指标，以及理论的合理性和研究背景。因此对于大样本数据，研究者更倾向于使用其他拟合指标如 RMSEA、CFI、GFI、RMR 等来评估模型的拟合度。在某些情况下，即使某些拟合指标没有达到标准，如果大部分指标表现良好，模型仍然可以被接受。

平均方差提取量（Average Variance Extracted，AVE）和组合信度（Composite Reliability，CR）两个指标通常用于评估聚合效度。CR 是所有测量变量信度的组合，表示构面指标的内部一致性，CR 值越高表示构面的内部一致性越高。AVE 是 CFA 中用于衡量收敛效度的一个重要指标，AVE 的平方根可以视为潜在变量内部数据的相关系数。AVE 的平方根若大于潜在变量之间的相关系数，则表明具有较高的区分效度。AVE 值一般需要大于 0.5，而 CR 值通常应大于 0.7。

本研究中混合学习环境感知量表包括技术使用、学习资源、教师支持和社会临场感 4 个子量表，共 9 个维度 42 个题项，利用 Amos 29.0 对正式调查数据进行验证性因子分析，以确定各维度的测量模型和整体测量模型效度。

验证性因子分析各项拟合指标如表 4-17 所示，观测变量因子载荷、潜变量区分效度检验结果如表 4-18 和表 4-19 所示。

表 4-17 混合学习环境感知量表验证性因子分析模型拟合指标

常用指标	χ^2	df	p	χ^2/df	GFI	RMSEA	RMR	CFI	NFI	NNFI
判断标准	—	—	>0.05	<3	>0.9	<0.10	<0.05	>0.9	>0.9	>0.9
统计值	4362.617	783	<0.001***	5.572	0.950	0.053	0.013	0.959	0.950	0.954

注：***、**、*分别代表 0.001、0.01、0.05 的显著性水平。

根据表 4-17 可知，χ^2/df 值为 5.572，符合较宽松标准要求。RMSEA 统计值为 0.053（<0.1），说明适配较好。拟合优度指标 GFI（0.950）、RMR（0.013）、CFI（0.959）、NFI（0.950）、NNFI（0.954）均满足判定标准，表明验证性因子分析模型具有一定的合理性。

表 4-18 混合学习环境感知量表观测变量因子载荷

潜变量	观测变量	非标准载荷系数	标准载荷系数	z	S.E.	p
易用性	Tec_Ease1	1	0.884	—	—	—
	Tec_Ease2	1.016	0.911	55.044	0.018	0.000***
	Tec_Ease3	1.016	0.917	55.965	0.018	0.000***
	Tec_Ease4	1.009	0.888	52.052	0.019	0.000***
有用性	Tec_Usef1	1	0.897	—	—	—
	Tec_Usef2	1.049	0.911	58.156	0.018	0.000***
	Tec_Usef3	1.041	0.921	59.992	0.017	0.000***
	Tec_Usef4	1.037	0.912	58.406	0.018	0.000***
	Tec_Usef5	1.036	0.899	56.292	0.018	0.000***
灵活性	Per_Flex1	1	0.892	—	—	—
	Per_Flex2	0.998	0.840	47.861	0.021	0.000***
	Per_Flex3	1.022	0.921	59.436	0.017	0.000***
	Per_Flex4	1.004	0.918	58.838	0.017	0.000***
	Per_Flex5	1.012	0.927	60.521	0.017	0.000***
	Per_Flex6	1.009	0.866	51.154	0.02	0.000***
学习资源的可用性	Lea_Reso_Avr1	1	0.866	—	—	—
	Lea_Reso_Avr2	1.045	0.895	49.742	0.021	0.000***
	Lea_Reso_Avr3	0.997	0.850	45.130	0.022	0.000***
学生与内容的互动	Lea_Reso_Int1	1	0.936	—	—	—
	Lea_Reso_Int2	1.010	0.926	70.328	0.014	0.000***
	Lea_Reso_Int3	1.003	0.935	73.187	0.014	0.000***
	Lea_Reso_Int4	0.989	0.917	68.131	0.015	0.000***

续表

潜变量	观测变量	非标准载荷系数	标准载荷系数	z	S. E.	p
自主支持	Tea_Supp_Auto1	1	0. 884	—	—	—
	Tea_Supp_Auto2	1. 043	0. 874	44. 464	0. 023	0. 000 ***
教师参与	Tea_Supp_Invo1	1	0. 915	—	—	—
	Tea_Supp_Invo2	1. 006	0. 922	63. 191	0. 016	0. 000 ***
	Tea_Supp_Invo3	1. 010	0. 870	54. 023	0. 019	0. 000 ***
	Tea_Supp_Invo4	0. 955	0. 868	53. 737	0. 018	0. 000 ***
	Tea_Supp_Invo5	0. 918	0. 858	52. 204	0. 018	0. 000 ***
结构提供	Tea_Supp_Stru1	1	0. 862	—	—	—
	Tea_Supp_Stru2	1. 056	0. 904	51. 409	0. 021	0. 000 ***
	Tea_Supp_Stru3	1. 098	0. 930	54. 687	0. 020	0. 000 ***
	Tea_Supp_Stru4	1. 100	0. 917	52. 964	0. 021	0. 000 ***
社会临场感	Soc_Pres1	1	0. 864	—	—	—
	Soc_Pres2	1. 015	0. 873	48. 914	0. 021	0. 000 ***
	Soc_Pres3	1. 007	0. 898	51. 853	0. 019	0. 000 ***
	Soc_Pres4	1. 042	0. 880	49. 703	0. 021	0. 000 ***
	Soc_Pres5	1. 058	0. 883	50. 062	0. 021	0. 000 ***
	Soc_Pres6	1. 056	0. 894	51. 374	0. 021	0. 000 ***
	Soc_Pres7	1. 056	0. 918	54. 369	0. 019	0. 000 ***
	Soc_Pres8	1. 053	0. 916	54. 161	0. 019	0. 000 ***
	Soc_Pres9	1. 031	0. 903	52. 426	0. 020	0. 000 ***

注：***、**、*分别代表 0. 001、0. 01、0. 05 的显著性水平。

通过因子载荷系数筛选因子内测变量，一般来说，测量变量通过显著性检验（$p<0.05$），且标准化载荷系数值大于 0. 6，表明测量变量符合因子要求。从表 4-18 可以看出，所有 9 个维度的测量题项都通过显著性检验，同时标准载荷系数大于 0. 6，可以认为各维度观测变量有足够的方差解释率表现，并聚合在同一因子。从表 4-19 中可以看出，CR 值均高于 0. 7，表明每个潜变量都具有较高的建构效度。AVE 均大于 0. 5，表明量表具有较高的收敛效度。同时，将潜变量之间的均值相关系数与 AVE 的平方根做比较，以检验潜变量的区分效度。表 4-19 结果显示，所有潜变量 AVE 的平方根均大于其他潜变量的相关系数值，说明量表具有较高的区分效度。

表 4-19 混合学习环境感知量表区分效度

潜变量	CR	1	2	3	4	5	6	7	8	9
易用性	0.945	0.900								
有用性	0.959	0.738(***)	0.908							
灵活性	0.959	0.563(***)	0.613(***)	0.893						
学习资源的可得性	0.904	0.539(***)	0.583(***)	0.831(***)	0.871					
学生与内容的互动	0.962	0.565(***)	0.616(***)	0.860(***)	0.860(***)	0.928				
自主支持	0.871	0.554(***)	0.621(***)	0.637(***)	0.570(***)	0.632(***)	0.879			
教师参与	0.949	0.518(***)	0.542(***)	0.675(***)	0.615(***)	0.644(***)	0.721(***)	0.887		
结构提供	0.947	0.501(***)	0.546(***)	0.726(***)	0.663(***)	0.706(***)	0.708(***)	0.774(***)	0.904	
社会临场感	0.972	0.555(***)	0.602(***)	0.854(***)	0.764(***)	0.781(***)	0.674(***)	0.720(***)	0.779(***)	0.892

注：斜对角数值为该因子 AVE 的根号值。***、**、*分别代表 0.001、0.01、0.05 的显著性水平。

（二）控制-价值评估量表

该量表包括学习控制感知、内部价值感知、外部价值感知 3 个子量表，共 12 个题项，各项拟合指标、观测变量因子载荷、潜变量区分效度检验结果如表 4-20、表 4-21 和表 4-22 所示。

根据表 4-20 可知，χ^2/df 值为 9.285，没有达到建议统计值，但 RMSEA 统计值为 0.072，说明适配较好。拟合优度指标 GFI（0.975）、RMR（0.024）、CFI（0.978）、NFI（0.975）、NNFI（0.971）均满足判定标准，表明验证性因子分析模型具有一定的合理性。

表 4-20　控制-价值评估量表验证性因子分析模型拟合指标

常用指标	χ^2	df	p	χ^2/df	GFI	RMSEA	RMR	CFI	NFI	NNFI
判断标准	—	—	>0.05	<3	>0.9	<0.10	<0.05	>0.9	>0.9	>0.9
统计值	473.516	51	0	9.285	0.975	0.072	0.024	0.978	0.975	0.971

从表 4-21 可以看出，所有 3 个维度的测量题项都通过显著性检验，同时标准载荷系数大于 0.6，可以认为各维度观测变量有足够的方差解释率表现，并聚合在同一因子。表 4-21 中 CR 值均高于 0.7，表明每个潜变量都具有较高的结构效度。AVE 均大于 0.5，表明量表具有较高的收敛效度。表 4-22 结果显示，所有潜变量 AVE 的平方根均大于其他潜变量的相关系数值，说明量表具有较高的区分效度。

表 4-21　控制-价值评估量表观测变量因子载荷和组合信度

潜变量	观测变量	非标准载荷系数	标准载荷系数	z	S. E.	p	CR	AVE
学习控制评估	Con_Appr1	1	0.900	—	—	—	0.904	0.759
	Con_Appr2	0.988	0.848	46.472	0.021	0.000***		
	Con_Appr3	1	0.867	48.492	0.021	0.000***		
内部价值评估	Val_Appr_Int1	1	0.901	—	—	—	0.967	0.854
	Val_Appr_Int2	1.006	0.922	61.477	0.016	0.000***		
	Val_Appr_Int3	1.013	0.931	63.174	0.016	0.000***		
	Val_Appr_Int4	1.030	0.934	63.799	0.016	0.000***		
	Val_Appr_Int5	1.015	0.932	63.468	0.016	0.000***		

续表

潜变量	观测变量	非标准载荷系数	标准载荷系数	z	S. E.	p	CR	AVE
外部价值评估	Val_Appr_Ext1	1	0.791	—	—	—	0.886	0.66
	Val_Appr_Ext2	1.003	0.803	34.086	0.029	0.000***		
	Val_Appr_Ext3	1.027	0.821	34.992	0.029	0.000***		
	Val_Appr_Ext4	0.974	0.839	35.874	0.027	0.000***		

注：***、**、*分别代表0.001、0.01、0.05的显著性水平。

表4-22 控制-价值评估量表区分效度

潜变量	1	2	3
1. 学习控制评估	0.871		
2. 内部价值评估	0.779***	0.924	
3. 外部价值评估	0.480***	0.539***	0.812

注：***、**、*分别代表0.001、0.01、0.05的显著性水平。

（三）学业情绪量表

该量表共包括8个子量表，测量8种离散学业情绪，每个子量表4个题项，共32个题项，各项拟合指标、观测变量因子载荷、潜变量区分效度检验结果如表4-23、表4-24和表4-25所示。

表4-23 学业情绪量表验证性因子分析模型拟合指标

常用指标	χ^2	df	p	χ^2/df	GFI	RMSEA	RMR	CFI	NFI	NNFI
判断标准	—	—	>0.05	<3	>0.9	<0.10	<0.05	>0.9	>0.9	>0.9
统计值	3516.656	436	0	8.066	0.950	0.066	0.023	0.956	0.950	0.950

根据表4-23可知，χ^2/df值为8.066，非常接近宽松建议标准，没有达到建议统计值，但RMSEA统计值为0.066，说明适配较好。拟合优度指标GFI（0.950）、RMR（0.023）、CFI（0.956）、NFI（0.950）、NNFI（0.950）均满足判定标准，表明验证性因子分析模型具有一定的合理性。

从表4-24可以看出，所有8个维度的测量题项都通过显著性检验，同时标准载荷系数大于0.6，可以认为各维度观测变量有足够的方差解释率表现，并聚合在同一因子。表 4-24 中 CR 值均高于 0.7，表明每个潜变量都具有较高的结构效度。AVE 均大于 0.5，表明量表具有较高的收敛效度。表 4-25 结果显示，所有潜变量 AVE 的平方根均大于其他潜变量的相关系数值，说明量表具有较高的区分效度。

表 4-24　学业情绪量表观测变量因子载荷和组合信度

潜变量	观测变量	非标准载荷系数	标准载荷系数	z	S. E.	p	CR	AVE
享受	Ach_Emot_Enj1	1	0.878	—	—	—	0.949	0.824
	Ach_Emot_Enj2	1.029	0.907	54.605	0.019	0.000***		
	Ach_Emot_Enj3	1.025	0.926	57.391	0.018	0.000***		
	Ach_Emot_Enj4	1.025	0.920	56.483	0.018	0.000***		
希望	Ach_Emot_Hop1	1	0.911	—	—	—	0.956	0.845
	Ach_Emot_Hop2	1.022	0.921	63.14	0.016	0.000***		
	Ach_Emot_Hop3	0.996	0.922	63.407	0.016	0.000***		
	Ach_Emot_Hop4	1.014	0.923	63.639	0.016	0.000***		
骄傲	Ach_Emot_Pri1	1	0.906	—	—	—	0.959	0.854
	Ach_Emot_Pri2	1.030	0.930	63.311	0.016	0.000***		
	Ach_Emot_Pri3	1.029	0.930	63.366	0.016	0.000***		
	Ach_Emot_Pri4	1.016	0.930	63.268	0.016	0.000***		
愤怒	Ach_Emot_Ang1	1	0.913	—	—	—	0.966	0.876
	Ach_Emot_Ang2	1.034	0.929	65.336	0.016	0.000***		
	Ach_Emot_Ang3	1.073	0.959	72.660	0.015	0.000***		
	Ach_Emot_Ang4	1.056	0.941	68.174	0.015	0.000***		
焦虑	Ach_Emot_Anx1	1	0.886	—	—	—	0.929	0.767
	Ach_Emot_Anx2	0.973	0.886	51.212	0.019	0.000***		
	Ach_Emot_Anx3	0.964	0.871	49.439	0.02	0.000***		
	Ach_Emot_Anx4	0.954	0.859	48.080	0.02	0.000***		

续表

潜变量	观测变量	非标准载荷系数	标准载荷系数	z	S. E.	p	CR	AVE
羞愧	Ach_Emot_Sha1	1	0.910	—	—	—	0.947	0.818
	Ach_Emot_Sha2	0.927	0.846	50.089	0.019	0.000***		
	Ach_Emot_Sha3	0.999	0.931	64.291	0.016	0.000***		
	Ach_Emot_Sha4	1.031	0.930	64.123	0.016	0.000***		
绝望	Ach_Emot_Hle1	1	0.941	—	—	—	0.954	0.840
	Ach_Emot_Hle2	0.917	0.862	56.924	0.016	0.000***		
	Ach_Emot_Hle3	0.994	0.945	77.674	0.013	0.000***		
	Ach_Emot_Hle4	0.965	0.915	68.616	0.014	0.000***		
无聊	Ach_Emot_Bor1	1	0.933	—	—	—	0.965	0.874
	Ach_Emot_Bor2	1.029	0.953	78.107	0.013	0.000***		
	Ach_Emot_Bor3	1.010	0.908	65.238	0.015	0.000***		
	Ach_Emot_Bor4	1.032	0.945	75.219	0.014	0.000***		

注：***、**、*分别代表 0.001、0.01、0.05 的显著性水平。

（四）认知投入量表

认知投入量表共包括深层认知投入和浅层认知投入 2 个子量表，每个子量表 5 个题项，共计 10 个题项，各项拟合指标、观测变量因子载荷、潜变量区分效度检验结果如表 4-26 所示。

根据表 4-26 可知，χ^2/df 值为 10.042，没有达到建议统计值，但其他适配指标均满足判定标准，因子分析模型结构合理。2 个维度的所有测量题项都通过显著性检验，同时标准载荷系数大于 0.6，可以认为各维度观测变量有足够的方差解释率表现。CR 值均高于 0.7，表明每个潜变量都具有较高的建构效度。AVE 均大于 0.5，表明量表具有较高的收敛效度。2 个潜变量的 AVE 平方根分别为 0.920 和 0.888，大于 2 个潜变量的相关系数值 0.769（0.000***），说明量表具有较高的区分效度。

表 4-25　学业情绪量表区分效度

潜变量	1	2	3	4	5	6	7	8
享受	0.908							
希望	0.915(0.000***)	0.919						
骄傲	0.756(0.000***)	0.782(0.000***)	0.924					
愤怒	-0.09(0.000***)	-0.075(0.003***)	0.021(0.398)	0.936				
焦虑	-0.03(0.228)	-0.024(0.328)	0.091(0.000***)	0.783(0.000***)	0.876			
羞愧	-0.166(0.000***)	-0.16(0.000***)	-0.047(0.062)	0.743(0.000***)	0.734(0.000***)	0.904		
绝望	-0.191(0.000***)	-0.183(0.000***)	-0.079(0.001***)	0.704(0.000***)	0.688(0.000***)	0.853(0.000***)	0.917	
无聊	-0.244(0.000***)	-0.224(0.000***)	-0.136(0.000***)	0.672(0.000***)	0.624(0.000***)	0.767(0.000***)	0.843(0.000***)	0.935

注：斜对角数值为该因子 AVE 的根号值。***、**、*分别代表 0.001、0.01、0.05 的显著性水平。

表 4-26　认知投入量表验证性因子分析结果

因子	观测变量	非标准载荷系数	标准载荷系数	z	S. E.	p	CR	AVE
深层认知投入	Cog_Enga_Mea1	1	0. 911	—	—	—	0. 965	0. 847
	Cog_Enga_Mea2	1. 007	0. 916	62. 096	0. 016	0. 000***		
	Cog_Enga_Mea3	1	0. 928	64. 555	0. 015	0. 000***		
	Cog_Enga_Mea4	1. 001	0. 932	65. 409	0. 015	0. 000***		
	Cog_Enga_Mea5	0. 996	0. 914	61. 581	0. 016	0. 000***		
浅层认知投入	Cog_Enga_Sha1	1	0. 881	—	—	—	0. 949	0. 788
	Cog_Enga_Sha2	0. 982	0. 898	53. 154	0. 018	0. 000***		
	Cog_Enga_Sha3	0. 980	0. 900	53. 337	0. 018	0. 000***		
	Cog_Enga_Sha4	0. 990	0. 883	51. 238	0. 019	0. 000***		
	Cog_Enga_Sha5	0. 983	0. 877	50. 495	0. 019	0. 000***		
整体拟合指标	χ^2/df = 10. 042（p = 0. 000），GFI = 0. 982，RMSEA = 0. 075，CFI = 0. 984，NFI = 0. 982，NNFI = 0. 979							

注：***、**、* 分别代表 0. 001、0. 01、0. 05 的显著性水平。

三　信度分析

虽然预调查数据已经表明量表具有较高的信度，但考虑到样本的异质性和施测干扰性可能带来的影响，仍然需要对正式调查收集的数据进行信度检验。

使用克隆巴赫 α 系数检验量表的内部一致性，结果如表 4-27 所示。由结果可知，本研究量表共通过 96 个 5 点计分李克特测量题项来测量，划分为 22 个子量表，各个子量表的克隆巴赫 α 系数为 0. 872～0. 972，表明正式调查数据具有较高的信度。

表 4-27　正式量表信度分析

维度			题项数（个）	克隆巴赫 α 系数
混合学习环境感知	技术使用	易用性	4	0.945
		有用性	5	0.959
		灵活性	6	0.960
	学习资源	学习资源的可得性	3	0.903
		学生与内容的互动	4	0.962
	教师支持	自主支持	2	0.872
		结构提供	4	0.948
		教师参与	5	0.947
	社会临场感	社会临场感	9	0.972
控制-价值评估		学习控制评估	3	0.905
		内部价值评估	5	0.967
		外部价值评估	4	0.888
学业情绪	积极激活情绪	享受	4	0.949
		希望	4	0.956
		骄傲	4	0.959
	消极激活情绪	愤怒	4	0.965
		焦虑	4	0.930
		羞愧	4	0.947
	消极失活情绪	绝望	4	0.955
		无聊	4	0.965
认知投入		深层认知投入	5	0.965
		浅层认知投入	5	0.949
总量表			96	0.977

第五章

基于差异分析的人口统计学变量分析

正式问卷调查数据的信度、效度检验及验证性因子分析结果表明，调查数据与研究理论模型拟合良好，为进一步探讨学生的混合学习环境感知、学业情绪和认知投入提供了可靠的数据基础。为了更全面地理解混合学习环境感知、学业情绪、认知投入现状以及不同学生群体的表现，本章将基于问卷调查数据，采用独立样本差异检验、单因素多变量方差分析等检验方法，对性别、年级和学科等背景变量进行差异分析。性别差异分析旨在揭示男女学生在混合学习环境感知、学业情绪和认知投入方面是否存在显著差异；年级差异分析旨在探索不同学习阶段的学生在混合学习环境感知、学业情绪及认知投入方面随年龄变化的趋势；学科差异分析聚焦于反映不同学科背景下学生对混合学习环境的适应性及偏好，并探讨由此产生的学业情绪与认知投入的差异。通过差异分析判断上述变量是否与个体差异有关，为后续影响机制的研究奠定基础。

第一节　模型相关变量描述性统计分析

一　混合学习环境感知描述性统计分析

TCTS 混合学习环境感知框架体现了学生与技术、内容、教师、同伴的互动，涵盖了物理、教学、社会等多个维度。技术使用、学习资源为良好的混合学习提供了物理支撑，教师支持涉及促进学生学习的各种方法、策略和结构，社会临场感涉及学生在学习过程中与同伴的互动。学生对这些内容的感知，是影响学习效果的重要因素。在本研究中，对学生的混合学习环境感知情况进行描述性统计分析，分析结果见表 5-1。

表 5-1 混合学习环境感知描述性统计分析

变量名	最大值	最小值	均值	标准差	中位数	方差	峰度	偏度
易用性	5	1	3.823	0.746	4	0.556	0.943	-0.441
有用性	5	1	3.987	0.676	4	0.457	1.246	-0.502
灵活性	5	1	3.916	0.674	4	0.454	0.569	-0.231
学习资源的可得性	5	1	3.881	0.697	4	0.486	0.128	-0.136
学生与内容的互动	5	1	3.937	0.677	4	0.459	0.129	-0.154
自主支持	5	1	4.017	0.688	4	0.474	0.893	-0.519
教师参与	5	1	3.805	0.719	4	0.517	0.161	-0.061
结构提供	5	1	3.890	0.701	4	0.492	0.005	-0.122
社会临场感	5	1	3.874	0.696	4	0.484	0.657	-0.270

由表 5-1 可以看出，在混合学习环境感知 9 个变量中，所有变量的均值为 3.805~4.017，表明大多数变量的得分高于李克特 5 分量表的中性值。标准差为 0.674~0.746，反映出得分的变异性在可接受的范围内。方差为 0.454~0.556，进一步证实了评分的分布情况。中位数均为 4，说明大多数评分集中在较高的分数段。峰度和偏度表明多数变量稍呈现正偏态分布，即评分倾向于集中在较高的分数，但也有一定数量的低分存在。均值最高的变量是自主支持（均值 = 4.017，标准差 = 0.688），均值最低的变量是教师参与（均值 = 3.805，标准差 = 0.719）。统计结果表明，学生对混合学习环境感知表达了较为良好的看法。

图 5-1 是混合学习环境感知各变量的分布箱线图。在集中特征方面，从图 5-1 中可以看出自主支持、学生与内容的互动、社会临场感及灵活性的分布比其他变量更为集中，表明学生在这些变量方面的意见较为一致。而教师参与、结构提供及易用性的体验则存在一定的差别。

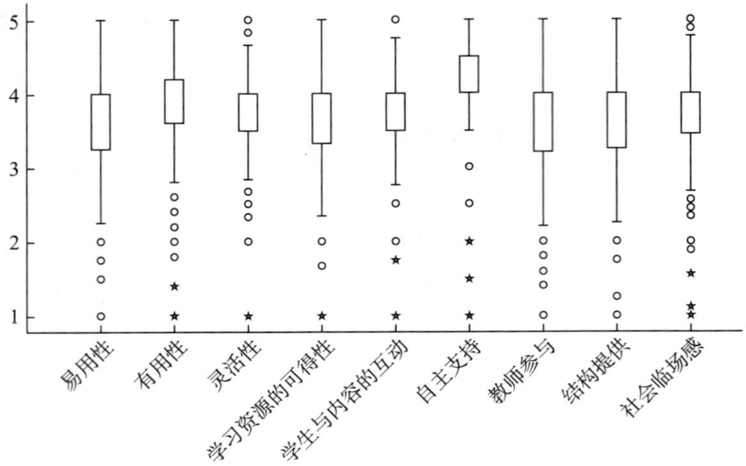

图 5-1　混合学习环境感知各变量分布箱线图

在技术使用方面，有用性的均值高于灵活性，易用性的均值最低。灵活性分布最为集中，有用性次之，易用性分布最为分散。在学习资源方面，学生与内容的互动的均值高于学习资源的可得性，且分布较学习资源的可得性更为集中。在教师支持方面，得分最高的是自主支持，结构提供次之，教师参与最低。

二　控制-价值评估描述性统计分析

对控制-价值评估的集中趋势、离散程度、分布形态等特征进行描述性统计分析，结果如表 5-2 所示。结果表明，数据虽然不呈绝对正态分布，但基本上为正态分布。学习控制评估、内部价值评估和外部价值评估的均值接近 4，外部价值评估略低于其他两个变量。标准差显示了评分的变异程度，外部价值评估的变异最大，表明外部价值评估的差异较大。

表 5-2　控制-价值评估描述性统计分析

变量	最大值	最小值	中位数	均值	标准差	偏度	峰度
学习控制评估	5	1	4	3.885	0.675	-0.196	0.364
内部价值评估	5	1	4	3.838	0.688	0.021	-0.151
外部价值评估	5	1	3.5	3.535	0.733	0.122	0.38

三　学业情绪描述性统计分析

对各情绪变量的集中趋势、离散程度、分布形态等特征进行描述性统计分析，可对大学生混合学习学业情绪的总体特征有一个清晰的了解。例如，某一种积极学业情绪的均值和中位数较高，标准差较小，可能表明大多数学生在混合学习环境中体验到了该情绪，并且体验程度相对一致。相反，如果某种消极学业情绪的标准差较大，可能意味着学生在体验这种情绪时存在较大的个体差异。学业情绪变量描述性统计分析结果见表 5-3。

表 5-3　学业情绪描述性统计分析

情绪类型	情绪	最大值	最小值	均值	标准差	中位数	方差	偏度	峰度
积极激活情绪	享受	5	1	3.844	0.676	4	0.457	-0.020	0.091
	希望	5	1	3.855	0.680	4	0.462	-0.052	0.078
	骄傲	5	1	3.767	0.736	4	0.542	-0.291	0.589
消极激活情绪	愤怒	5	1	2.742	0.939	3	0.881	0.244	-0.172
	焦虑	5	1	2.947	0.874	3	0.764	-0.091	0.131
	羞愧	5	1	2.703	0.903	3	0.815	0.203	-0.061
消极失活情绪	绝望	5	1	2.654	0.886	3	0.785	0.207	-0.001
	无聊	5	1	2.603	0.884	2.75	0.782	0.255	0.041

结果表明，积极激活情绪在学生中的体验程度较高，而消极情绪的体验程度较低，且存在较大的个体差异。

（1）积极激活情绪。享受、希望和骄傲 3 种情绪的均值相对较高（分别为 3.844、3.855 和 3.767），表明大多数学生在混合学习环境中体验到的积极情绪较为显著。3 种情绪的中位数表明一半以上的学生对这些积极情绪有较高的体验。3 种情绪的标准差相对较小（0.676～0.736），说明学生在体验这些情绪时的变异性不大。

（2）消极激活情绪。愤怒、焦虑和羞愧的均值相对较低（分别为 2.742、2.947 和 2.703），中位数为 3，表明这些情绪的体验程度较低，但仍有一定比例的学生感受到这些情绪，尤其是焦虑情绪的均值高于另外两种情绪，表明学生体验的焦虑情绪相对比较明显。3 种情绪的标准差较大（0.874~0.939），显示出学生在体验这些情绪时存在较大的个体差异，因此有必要进一步探索不同变量之间的关系或差异。

（3）消极失活情绪。绝望和无聊的均值比上述 6 种情绪都低（分别为 2.654 和 2.603），中位数分别为 3 和 2.75，说明这些情绪在学生中的体验程度较低。标准差（分别为 0.886 和 0.884）显示了体验这些情绪的变异性，存在较大的个体差异。

四 认知投入描述性统计分析

认知投入的描述性统计分析结果如表 5-4 所示。各变量的偏度和峰度绝对值均小于 1，变量数据总体上服从正态分布。描述性统计分析结果显示，深层认知投入、浅层认知投入的均值分别为 3.751 和 3.775，表明学生在混合学习过程中两种投入整体处于中等偏上水平，其中浅层认知投入略高于深层认知投入。两种认知投入的标准差相对较小，分别为 0.727 和 0.689，方差也相对较小，分别为 0.528 和 0.475，说明大部分样本的评分集中在均值附近，评分的变异性不大。

表 5-4 认知投入描述性统计分析

变量	最大值	最小值	均值	标准差	中位数	方差	峰度	偏度
Cog_Enga_Mea	5	1	3.751	0.727	4	0.528	0.648	-0.251
Cog_Enga_Sha	5	1	3.775	0.689	4	0.475	0.383	-0.135

第二节 混合学习环境感知人口学变量差异分析

学习是一项复杂的人类活动，受诸多因素的影响，这些因素通常被划分为个人/心理因素（如学生年龄、智力、个性、既往经验等）和关系/情境因素（如感知到的教学和评估质量、感知的工作量、学习方法、投入度等）两大维度①。其中，学习环境作为关系/情境因素受到广泛关注。已有大量研究结论表明，学生对学习环境感知在塑造学生的学习体验和成果方面起着重要作用，并且学习环境感知在不同性别、年龄和学科专业之间存在差异，对学生的学习成效产生显著影响。例如，Lin 等②发现，性别差异会影响虚拟学习环境中的学习收益，特别是对于女性而言。在混合学习环境下，学生对混合学习环境的感知对其学习体验和学习成果十分重要，并可能在不同群体中存在差异，本章首先对这些内容进行深入分析。

一　混合学习环境感知变量的性别差异分析

为了解不同性别学生对混合学习环境的感知是否存在差异，本研究运用独立样本 t 检验方法对性别差异进行检验。首先对样本数据分布正态性进行检验，以选择恰当的差异检验方法。通常正态分布的检验方法有两种，一种是 Shapiro-Wilk 检验（S-W 检验），适用于小样本资料（样本量≤50）；另一种是 Kolmogorov-Smirnov 检验（K-S 检验），适用于大样本资料（样本量>50）③。本研究属于大样本研究，正态性检验时使用 K-S 检验，混合学习环境感知所含 9 个变量的 K-S 检验显著性 p 值均小于 0.001。然而，需要指出的是，K-S 检验对于大样本数据具有较高的检验力，当样本量超过 200 时容易放大微小的偏离并产生假阳性结果。针对这一情况，本研究同时采用描述统计与可视化方法进行综合判断：若样本峰度绝对值小于 10 并且偏度绝对值小于 3，结合正态分布直方图，可以判断数据是否基本符合正态分布。经检验，混合学习环境感知变量数据总体上服从正态分布。选择独立样本 t 检验方法对混合学习环境变量进行性别差异分析，结果如表 5-5 所示。

---

① Guo, J., Yang, L., Shi, Q., "Effects of Perceptions of the Learning Environment and Approaches to Learning on Chinese Undergraduates' Learning", *Studies in Educational Evaluation* 55, 2017, pp. 125-134.

② Lin, M., Tutwiler, M. S., Chang C, "Gender Bias in Virtual Learning Environments: An Exploratory Study", *British Journal of Educational Technology* 43 (2), 2012, pp. E50-E63.

③ 周俊、马世澎：《SPSSAU 科研数据分析方法与应用》，电子工业出版社，2024。

表 5-5　混合学习环境感知变量的性别差异检验

变量	性别	样本量	均值	标准差	方差齐性检验	t 检验	Welch's t 检验	Cohen's d
易用性	女	1224	3.803	0.738	F=0.317 p=0.574	t=-1.851 p=0.064	t=-1.815 p=0.070	0.108
	男	382	3.884	0.767				
有用性	女	1224	3.978	0.665	F=4.389 p=0.036*	t=-0.979 p=0.328	t=-0.946 p=0.344	0.057
	男	382	4.017	0.710				
灵活性	女	1224	3.900	0.664	F=0.802 p=0.37	t=-1.772 p=0.077	t=-1.72 p=0.086	0.104
	男	382	3.970	0.703				
学习资源的可得性	女	1224	3.869	0.682	F=2.086 p=0.149	t=-1.205 p=0.228	t=-1.154 p=0.249	0.071
	男	382	3.918	0.741				
学生与内容的互动	女	1224	3.931	0.667	F=3.097 p=0.079	t=-0.684 p=0.494	t=-0.663 p=0.508	0.040
	男	382	3.958	0.708				
自主支持	女	1224	4.027	0.672	F=7.425 p=0.007**	t=1.058 p=0.290	t=1.006 p=0.315	0.062
	男	382	3.984	0.740				
教师参与	女	1224	3.797	0.706	F=5.843 p=0.016*	t=-0.778 p=0.437	t=-0.749 p=0.454	0.046
	男	382	3.830	0.759				
结构提供	女	1224	3.891	0.685	F=6.821 p=0.009**	t=0.043 p=0.965	t=0.041 p=0.967	0.003
	男	382	3.889	0.751				
社会临场感	女	1224	3.869	0.686	F=2.459 p=0.117	t=-0.575 p=0.565	t=-0.558 p=0.577	0.034
	男	382	3.892	0.727				

注：***、**、*分别代表 0.001、0.01、0.05 的显著性水平。

由表 5-5 可以看出，易用性、灵活性、学习的资源可得性、学生与内容的互动以及社会临场感 5 个变量满足方差齐性，这些变量男女生得分的差异是否显著通过 t 统计量的 p 值进行判断，检验结果表明，5 个变量的 p 值均大于 0.05，说明男生、女生在这些变量上不存在统计学意义上的显著差异。有用性、自主支持和结构提供 3 个变量均不满足方差齐性，应通过 Welch's t 检验来判断是否在性别变量上存在差异，检验结果表明，男生、女生在这些变量上不存在统计学意义上的显著差异。混合学习环境感知变量的 Cohen's d 值（0.20、0.50 和 0.80 分别对应小、中、大临界点）[①] 表明变量在男生、女生间的差异程度微小。

二　混合学习环境感知变量的年级差异分析

为了解不同年级学生的混合学习环境感知差异，采用单因素方差分析检验方法进行检验。检验结果如表 5-6 所示。

表 5-6　混合学习环境感知变量的年级差异检验

变量	年级	样本量	均值	标准差	方差齐性检验	方差检验	Welch's 方差检验	偏 η^2	Cohen's f
易用性	大一	702	3.853	0.729	1.343 p=0.259	F=2.224 p=0.084	F=1.94 p=0.123	0.004	0.065
	大二	412	3.820	0.774					
	大三	400	3.814	0.726					
	大四	92	3.641	0.813					
有用性	大一	702	4.021	0.667	0.505 p=0.679	F=3.09 p=0.026*	F=2.975 p=0.032*	0.006	0.076
	大二	412	4.010	0.684					
	大三	400	3.943	0.674					
	大四	92	3.824	0.698					
灵活性	大一	702	3.938	0.676	0.096 p=0.962	F=1.882 p=0.131	F=1.969 p=0.118	0.004	0.059
	大二	412	3.923	0.666					
	大三	400	3.906	0.680					
	大四	92	3.763	0.654					
学习资源的可得性	大一	702	3.897	0.703	0.940 p=0.421	F=1.928 P=0.123	F=1.649 p=0.178	0.004	0.060
	大二	412	3.899	0.688					
	大三	400	3.871	0.678					
	大四	92	3.717	0.761					
学生与内容的互动	大一	702	3.948	0.680	0.379 p=0.768	F=1.354 p=0.255	F=1.284 p=0.280	0.003	0.050
	大二	412	3.970	0.674					
	大三	400	3.911	0.667					
	大四	92	3.829	0.711					

① Cohen, J., *Statistical Power Analysis for the Behavioral Sciences* (New York, N.Y.: Routledge, 2013).

续表

变量	年级	样本量	均值	标准差	方差齐性检验	方差检验	Welch's 方差检验	偏 η^2	Cohen's f
自主支持	大一	702	4.010	0.698	0.100 p=0.960	F=1.485 p=0.217	F=1.455 p=0.227	0.003	0.053
	大二	412	4.056	0.658					
	大三	400	4.018	0.695					
	大四	92	3.891	0.710					
教师参与	大一	702	3.799	0.726	0.575 p=0.632	F=0.617 p=0.604	F=0.661 p=0.576	0.001	0.034
	大二	412	3.819	0.709					
	大三	400	3.821	0.726					
	大四	92	3.715	0.686					
结构提供	大一	702	3.866	0.720	2.369 p=0.069	F=1.640 p=0.178	F=1.615 p=0.185	0.003	0.055
	大二	412	3.893	0.671					
	大三	400	3.949	0.690					
	大四	92	3.807	0.730					
社会临场感	大一	702	3.883	0.706	0.291 p=0.832	F=0.800 p=0.494	F=0.774 p=0.509	0.001	0.039
	大二	412	3.881	0.679					
	大三	400	3.878	0.691					
	大四	92	3.766	0.707					

注：***、**、*分别代表0.001、0.01、0.05的显著性水平。

根据方差齐性检验结果可知，各变量满足方差齐性，采用单样本方差检验，方差结果显示，只有有用性变量的方差分析结果p值小于0.05，说明不同年级学生的有用性感知存在统计学意义上的显著差异，事后多重比较结果显示大一学生的有用性感知水平显著高于大四学生。结合偏 η^2 值和Cohen's f值对有用性感知的差异程度进行判断。偏 η^2 值介于0与1之间，该值越大说明差异幅度越大。比如偏 η^2 值为0.1，说明数据的差异有10%是来源于不同组别之间的差异，一般情况下偏 η^2 值非常小，使用偏 η^2 值表示效应量大小时，效应量小、中、大的区分临界点分别是0.01、0.06和0.14①。Cohen's f值表示效

① Tabachnick, B. G., Fidell, L. S., Ullman, J. B., *Using Multivariate Statistics* (Boston, M. A.: Pearson, 2013).

应量大小，效应量小、中、大的区分临界点分别是 0.1、0.25 和 0.40[①]。从表 5-6 可知，虽然有用性在不同年级水平存在显著差异，但差异程度比较小。其他变量的统计结果均不显著，表明不同年级学生在这些变量上不存在显著差异。

三　混合学习环境感知变量的学科差异分析

为了解不同学科学生的混合学习环境感知差异，采用单因素方差分析检验方法进行检验，检验结果如表 5-7 所示。

由表 5-7 可以看出，混合学习环境感知各变量在不同学科间存在显著差异，为检验各变量在不同组别之间的差异情况，对各变量不同组别进行事后多重比较，因不满足方差齐性，选择 Tamhane's T2 差异检验。总体而言，混合学习环境感知变量在不同学科上的差异检验结果表明：社科类学生在易用性、有用性、灵活性、学习资源的可得性、学生与内容的互动、结构提供以及社会临场感方面，均值比理工类和艺体类学生更高，表明社科类学生的感受更为积极。

第三节　控制-价值评估人口学变量差异分析

本研究调查了学生的控制-价值评估，并通过 t 检验和方差分析等统计方法，检验了性别、年级和学科等因素对学生控制-价值评估的可能影响。

一　控制-价值评估变量的性别差异分析

采用独立样本 t 检验对控制-价值评估变量的性别差异进行分析，结果见表 5-8。结果表明，在学习控制评估方面，女生的均值为 3.874，男生为 3.919，但性别差异不显著，Cohen's d 值为 0.066，表明效应量较小。在内部

① 戴金辉、袁靖：《单因素方差分析与多元线性回归分析检验方法的比较》，《统计与决策》2016 年第 9 期。

表 5-7　混合学习环境感知变量的学科差异检验

变量	专业	样本量	均值	标准差	方差齐性检验	方差检验	Welch's 方差检验	偏 η^2	Cohen's f	事后多重比较组间差异显著情况
易用性	艺体类	465	3.854	0.808	F = 3.715 p = 0.025*	F = 5.878 p = 0.003**	F = 6.233 p = 0.002**	0.007	0.086	理工类<社科类 理工类<艺体类
	理工类	584	3.740	0.716						
	社科类	557	3.883	0.716						
有用性	艺体类	465	3.971	0.736	F = 3.741 p = 0.024*	F = 4.829 p = 0.008**	F = 5.181 p = 0.006**	0.006	0.078	理工类<社科类
	理工类	584	3.934	0.643						
	社科类	557	4.056	0.653						
灵活性	艺体类	465	3.955	0.734	F = 5.047 p = 0.007**	F = 5.657 p = 0.004**	F = 5.804 p = 0.003**	0.007	0.084	理工类<社科类 理工类<艺体类
	理工类	584	3.842	0.666						
	社科类	557	3.962	0.623						
学习资源的可得性	艺体类	465	3.919	0.749	F = 3.268 p = 0.038*	F = 4.970 p = 0.007**	F = 5.097 p = 0.006**	0.006	0.079	理工类<社科类 理工类<艺体类
	理工类	584	3.808	0.683						
	社科类	557	3.924	0.660						
学生与内容的互动	艺体类	465	3.965	0.744	F = 9.330 p = 0.000***	F = 8.947 p = 0.000***	F = 9.619 p = 0.000***	0.011	0.106	理工类<社科类 理工类<艺体类
	理工类	584	3.846	0.660						
	社科类	557	4.010	0.626						
自主支持	艺体类	465	4.088	0.718	F = 2.543 p = 0.079*	F = 12.708 p = 0.000***	F = 12.573 p = 0.000***	0.016	0.126	理工类<社科类 理工类<艺体类
	理工类	584	3.903	0.689						
	社科类	557	4.076	0.647						

续表

变量	专业	样本量	均值	标准差	方差齐性检验	方差检验	Welch's 方差检验	偏 η^2	Cohen's f	事后多重比较组间差异显著情况
教师参与	艺体类	465	3.909	0.750	$F=2.760$ $p=0.064^{*}$	$F=16.672$ $p=0.000^{***}$	$F=16.204$ $p=0.000^{***}$	0.020	0.144	理工类<社科类 理工类<艺体类
	理工类	584	3.672	0.717						
	社科类	557	3.857	0.673						
结构提供	艺体类	465	3.943	0.741	$F=9.079$ $p=0.000^{***}$	$F=16.073$ $p=0.000^{***}$	$F=16.434$ $p=0.000^{***}$	0.020	0.142	理工类<社科类 理工类<艺体类
	理工类	584	3.762	0.701						
	社科类	557	3.981	0.648						
社会临场感	艺体类	465	3.916	0.750	$F=7.050$ $p=0.001^{**}$	$F=10.273$ $p=0.000^{***}$	$F=10.662$ $p=0.000^{***}$	0.013	0.113	理工类<社科类 理工类<艺体类
	理工类	584	3.772	0.690						
	社科类	557	3.947	0.641						

注：***、**、*分别代表0.001、0.01、0.05的显著性水平。

价值评估方面，女生和男生的均值分别为 3.836 和 3.842，同样未发现显著性别差异，Cohen's d 值为 0.009，几乎无效应。然而，在外部价值评估方面，女生均值为 3.498，男生为 3.653，存在显著性别差异（$p<0.001$），Cohen's d 值为 0.213，显示中等效应量，表明男生倾向于将学习作为获得某种结果的工具，比如参与混合学习过程中的各项活动，可以获得更高的平时成绩。

表 5-8 控制-价值评估变量的性别差异检验

变量	性别	样本量	均值	标准差	t 检验	Welch's t 检验	均值差值	Cohen's d
学习控制评估	女	1224	3.874	0.669	t=-1.129 p=0.259	t=-1.109 p=0.268	0.045	0.066
	男	382	3.919	0.693				
内部价值评估	女	1224	3.836	0.675	t=-0.156 p=0.876	t=-0.15 p=0.881	0.006	0.009
	男	382	3.842	0.729				
外部价值评估	女	1224	3.498	0.722	t=-3.635 p=0.000***	t=-3.548 p=0.000***	0.155	0.213
	男	382	3.653	0.756				

二　控制-价值评估变量的年级差异分析

控制-价值评估变量的年级差异分析结果见表 5-9。由表 5-9 可以看出，在学习控制评估方面，大一、大二和大三学生的均值相近，均略高于 3.87，大四学生的均值稍低，为 3.779。方差齐性检验的 p 值为 0.510，表明方差齐性假设成立，随后的 Welch's 方差检验显示年级差异不显著（$p=0.512$）。在内部价值评估方面，各年级学生的均值较为一致，为 3.687～3.854，Welch's 方差检验同样表明年级差异不显著（$p=0.195$）。在外部价值评估方面，各年级学生的均值为 3.504～3.549，Welch's 方差检验结果也未显示显著年级差异（$p=0.764$）。综上，各年级学生在上述 3 个评估维度上的表现没有显著差异，表明年级对这些评估维度的影响不大。

表 5-9　控制-价值评估变量的年级差异检验

变量	年级	样本量	均值	标准差	方差齐性检验	方差检验	Welch's 方差检验
学习控制评估	大一	702	3.896	0.682	F=0.772 p=0.510	F=0.865 p=0.458	F=0.768 p=0.512
	大二	412	3.896	0.672			
	大三	400	3.878	0.655			
	大四	92	3.779	0.722			
内部价值评估	大一	702	3.854	0.698	F=0.361 p=0.781	F=1.621 p=0.183	F=1.574 p=0.195
	大二	412	3.843	0.688			
	大三	400	3.837	0.666			
	大四	92	3.687	0.696			
外部价值评估	大一	702	3.549	0.732	F=0.441 p=0.724	F=0.398 p=0.754	F=0.384 p=0.764
	大二	412	3.546	0.713			
	大三	400	3.504	0.758			
	大四	92	3.508	0.727			

三　控制-价值评估变量的学科差异分析

控制-价值评估变量的学科差异分析结果见表 5-10。在学习控制评估方面，社科类学生的均值最高，其次是艺体类，理工类学生的均值最低。方差齐性检验后，Welch's 方差检验显示不同学科间存在显著差异（$p=0.004$），偏 η^2 值为 0.006，表明学科解释了学习控制评估 0.6%的变异量。在内部价值评估方面，社科类学生均值最高，艺体类学生次之，理工类学生最低，同样显示出学科间的显著差异（$p=0.001$）。而在外部价值评估方面，艺体类学生的均值最高，理工类和社科类学生均值较低，学科间的差异也达到显著性水平（$p=0.044$）。事后多重比较发现，学习控制评估和内部价值评估在理工类与社科类学科间存在显著差异，外部价值评估在社科类与艺体类学科间存在显著差异。

表 5-10　控制-价值评估变量的学科差异检验

变量	学科	样本量	均值	标准差	方差齐性检验	方差检验	Welch's 方差检验	偏 η^2	Cohen' f
学习控制评估	艺体类	465	3.898	0.74	F=8.54 p=0.000***	F=5.105 p=0.006**	F=5.524 p=0.004**	0.006	0.08
	理工类	584	3.818	0.66					
	社科类	557	3.944	0.627					
内部价值评估	艺体类	465	3.860	0.743	F=4.477 p=0.012*	F=6.161 p=0.002**	F=6.585 p=0.001**	0.008	0.088
	理工类	584	3.761	0.657					
	社科类	557	3.899	0.664					
外部价值评估	艺体类	465	3.599	0.802	F=6.55 p=0.001**	F=3.438 p=0.032*	F=3.139 p=0.044*	0.004	0.065
	理工类	584	3.536	0.677					
	社科类	557	3.479	0.727					

注：***、**、*分别代表 0.001、0.01、0.05 的显著性水平。

第四节　学业情绪人口学变量差异分析

本研究通过对混合学习环境下学业情绪的描述性统计分析，获得情绪变量的中心趋势（如均值、中位数）和离散程度（如标准差、变异系数），有助于识别哪些情绪在学生群体中更为普遍，哪些情绪可能需要更多的关注和干预。进一步地，探索情绪变量在学生性别、年级、学科上的差异，对教育实践具有重要的意义。性别差异分析可以了解不同性别学生在学业情绪上可能存在的差异，年级差异分析可以揭示学业情绪如何随着学生年级的变化而变化，学科差异分析可以揭示不同学科背景下学业情绪的特点，从而为专业课程设计提供个性化的指导。

一　学业情绪变量的性别差异分析

各变量峰度绝对值小于 10 并且偏度绝对值小于 3，结合正态分布直方图综合判断，可以认为数据基本符合正态分布。采用独立样本 t 检验进行差异分析，结果见表 5-11。数据显示，在学业情绪的不同维度上，性别差异对情绪体验有不同影响。在享受、希望和骄傲这 3 个维度上，性别之间没有显著差异，表明在积极的情绪体验上，性别并不是一个区分因素，男生和女生在享受学习过程、希望实现目标以及因成就而感到骄傲方面具有相似性。然而，在愤怒、焦虑、羞愧、绝望和无聊情绪维度上，女生相较于男生表现出更低的均值，且差异具有统计学意义上的显著性，具有中等效应量。特别是愤怒和无聊的情绪体验，女生与男生之间的差异更为明显，男生更有可能经历与成就相关的消极情绪。

表 5-11　学业情绪变量的性别差异检验

变量	性别	样本量	均值	标准差	方差齐性检验	t 检验	Welch's t 检验	Cohen's d
享受	女	1224	3.840	0.665	F = 4.424	t = −0.407	t = −0.393	0.024
	男	382	3.856	0.712	p = 0.036*	p = 0.684	p = 0.694	
希望	女	1224	3.849	0.672	F = 1.426	t = −0.711	t = −0.693	0.042
	男	382	3.877	0.705	p = 0.233	p = 0.477	p = 0.489	
骄傲	女	1224	3.772	0.720	F = 5.832	t = 0.486	t = 0.464	0.029
	男	382	3.751	0.787	p = 0.016*	p = 0.627	p = 0.643	
愤怒	女	1224	2.681	0.906	F = 1.329	t = −4.648	t = −4.382	0.272
	男	382	2.935	1.014	p = 0.249	p = 0.000***	p = 0.000***	
焦虑	女	1224	2.917	0.852	F = 3.551	t = −2.458	t = −2.34	0.144
	男	382	3.043	0.936	p = 0.060	p = 0.014*	p = 0.020*	
羞愧	女	1224	2.656	0.878	F = 1.257	t = −3.77	t = −3.592	0.221
	男	382	2.855	0.963	p = 0.262	p = 0.000***	p = 0.000***	
绝望	女	1224	2.610	0.858	F = 5.167	t = −3.607	t = −3.406	0.211
	男	382	2.796	0.958	p = 0.023*	p = 0.000***	p = 0.001**	
无聊	女	1224	2.543	0.852	F = 3.750	t = −4.889	t = −4.599	0.287
	男	382	2.795	0.958	p = 0.053	p = 0.000***	p = 0.000***	

注：***、**、* 分别代表 0.001、0.01、0.05 的显著性水平。

二　学业情绪变量的年级差异分析

使用单因素方差分析检验学业情绪变量在年级上的差异，检验结果见表 5-12。方差齐性检验的结果大多支持方差齐性假设，意味着各年级在这些学业情绪维度上的方差没有显著不同。而方差分析的结果进一步确认了这一点，各年级间的学业情绪均值差异均未达到统计学上的显著性水平，表明年级并不是影响学生学业情绪的关键因素，或者不同年级的学生在这些学业情绪上具有相似性。

表 5-12　学业情绪变量的年级差异检验

变量	年级	样本量	均值	标准差	方差齐性检验	方差检验	Welch's 方差检验
享受	大一	702	3.857	0.692	F=0.969 p=0.407	F=1.312 p=0.269	F=1.191 p=0.313
	大二	412	3.866	0.656			
	大三	400	3.826	0.656			
	大四	92	3.723	0.725			
希望	大一	702	3.864	0.692	F=0.674 p=0.568	F=0.766 p=0.513	F=0.699 p=0.553
	大二	412	3.874	0.672			
	大三	400	3.844	0.656			
	大四	92	3.761	0.723			
骄傲	大一	702	3.789	0.743	F=0.186 p=0.906	F=1.724 p=0.160	F=1.690 p=0.169
	大二	412	3.799	0.723			
	大三	400	3.720	0.731			
	大四	92	3.655	0.758			
愤怒	大一	702	2.746	0.962	F=0.851 p=0.466	F=0.132 p=0.941	F=0.146 p=0.932
	大二	412	2.754	0.904			
	大三	400	2.733	0.948			
	大四	92	2.690	0.880			
焦虑	大一	702	2.955	0.878	F=1.305 p=0.271	F=0.139 p=0.937	F=0.133 p=0.940
	大二	412	2.956	0.862			
	大三	400	2.923	0.904			
	大四	92	2.940	0.766			
羞愧	大一	702	2.691	0.898	F=0.980 p=0.401	F=0.549 p=0.649	F=0.544 p=0.653
	大二	412	2.677	0.876			
	大三	400	2.732	0.940			
	大四	92	2.785	0.902			

续表

变量	年级	样本量	均值	标准差	方差齐性检验	方差检验	Welch's 方差检验
绝望	大一	702	2.623	0.886	F=0.838 p=0.473	F=0.698 p=0.553	F=0.681 p=0.564
	大二	412	2.655	0.867			
	大三	400	2.699	0.913			
	大四	92	2.693	0.848			
无聊	大一	702	2.561	0.872	F=0.856 p=0.463	F=1.419 p=0.235	F=1.368 p=0.252
	大二	412	2.596	0.858			
	大三	400	2.662	0.929			
	大四	92	2.690	0.885			

三　学业情绪变量的学科差异分析

使用单因素方差分析检验学业情绪变量在不同学科间的差异，检验结果见表5-13。结果显示，社科类学生在积极学业情绪维度上的均值普遍高于艺体类和理工类学生，表明社科类学生对积极学业情绪的体验更为强烈。相对地，在愤怒这一消极情绪上，艺体类和理工类学生的均值高于社科类学生，表明他们对与成就相关的愤怒更为敏感。此外，艺体类和理工类学生在焦虑、羞愧、绝望和无聊等学业情绪维度上也展现出更高的均值，与社科类学生相比，显示出不同的情绪体验倾向。

表5-13　学业情绪变量的学科差异检验

变量	学科	样本量	均值	标准差	方差齐性检验	方差检验	Welch's 方差检验	事后多重比较组间差异显著情况
享受	艺体类	465	3.872	0.737	F=7.168 $p=0.001^{*}$	F=8.675 $p=0.000^{***}$	F=9.340 $p=0.000^{***}$	理工类<社科类 理工类<艺体类
	理工类	584	3.754	0.641				
	社科类	557	3.914	0.650				
希望	艺体类	465	3.890	0.734	F=4.987 $p=0.007^{*}$	F=7.535 $p=0.001^{**}$	F=7.965 $p=0.000^{***}$	理工类<社科类 理工类<艺体类
	理工类	584	3.770	0.652				
	社科类	557	3.916	0.653				

续表

变量	学科	样本量	均值	标准差	方差齐性检验	方差检验	Welch's 方差检验	事后多重比较组间差异显著情况
骄傲	艺体类	465	3.769	0.795	F=6.282 p=0.002*	F=6.851 p=0.001**	F=7.368 p=0.001***	理工类<社科类
	理工类	584	3.687	0.71				
	社科类	557	3.848	0.704				
愤怒	艺体类	465	2.788	0.98	F=1.273 p=0.280	F=11.047 p=0.000***	F=11.538 p=0.000***	理工类>社科类 艺体类>社科类
	理工类	584	2.845	0.925				
	社科类	557	2.595	0.900				
焦虑	艺体类	465	2.951	0.932	F=2.192 p=0.112	F=3.444 p=0.032*	F=3.653 p=0.026*	理工类>社科类
	理工类	584	3.011	0.852				
	社科类	557	2.876	0.842				
羞愧	艺体类	465	2.728	0.971	F=5.622 p=0.004*	F=6.345 p=0.002**	F=6.859 p=0.001**	理工类>社科类
	理工类	584	2.784	0.895				
	社科类	557	2.598	0.841				
绝望	艺体类	465	2.669	0.959	F=5.116 p=0.006**	F=7.12 p=0.001**	F=7.729 p=0.000***	理工类>社科类
	理工类	584	2.744	0.871				
	社科类	557	2.548	0.826				
无聊	艺体类	465	2.628	0.945	F=2.749 p=0.064	F=5.74 p=0.003**	F=6.054 p=0.002**	理工类>社科类
	理工类	584	2.677	0.851				
	社科类	557	2.504	0.859				

注：***、**、*分别代表0.001、0.01、0.05的显著性水平。

第五节　认知投入人口学变量差异分析

在探讨混合学习环境中学生的认知投入时，本研究区分了浅层认知投入与深层认知投入两种不同的认知投入。浅层认知投入通常指那些有意识的、机械性的记忆活动，如死记硬背，这类策略往往缺乏深层次的思考与理解。相反，深层认知投入涉及主动地利用已有知识，通过与新信息的整合，有目的地构建更为复杂的知识结构。本节对混合学习过程中学生的认知投入进行分析，旨在揭示当前学生在混合学习环境下的认知投入现状。此外，本节还分析了认知投入的性别、年级和学科差异。

一 认知投入变量的性别差异分析

采用独立样本 t 检验方法分析认知投入在性别变量上的差异，检验结果见表 5-14。结果表明，女生在深层认知投入上的均值为 3.739，男生为 3.788，而女生在浅层认知投入上的均值为 3.777，男生为 3.769，女生和男生的深层认知投入和浅层认知投入均值差异均未达到统计显著性水平。Cohen's d 值分别为 0.068 和 0.012，效应量非常小，说明性别对两种类型认知投入的影响微小。

表 5-14 认知投入变量的性别差异检验

变量	性别	样本量	均值	标准差	方差齐性检验	t 检验	Welch's t 检验	Cohen's d
深层认知投入	女	1224	3.739	0.721	$F=0.443$ $p=0.506$	$t=-1.16$ $p=0.246$	$t=-1.14$ $p=0.255$	0.068
	男	382	3.788	0.746				
浅层认知投入	女	1224	3.777	0.686	$F=0.227$ $p=0.634$	$t=0.206$ $p=0.836$	$t=0.204$ $p=0.838$	0.012
	男	382	3.769	0.701				

二 认知投入变量的年级差异分析

采用单因素方差分析检验认知投入在年级上的差异，检验结果如表 5-15 所示。在深层认知投入方面，不存在组间显著差异，均值大小排序为大二>大一>大三>大四。在浅层认知投入方面，存在组间显著差异（$F=3.536$，$p=0.014$），均值大小排序为大二>大三>大一>大四，其中大二与大四存在显著差异。

表 5-15 认知投入变量的年级差异检验

变量	年级	样本量	平均值	标准差	方差齐性检验	方差检验	事后多重比较组间差异显著情况
深层认知投入	大一	702	3.752	0.747	$F=0.455$ $p=0.714$	$F=0.844$ $p=0.470$	—
	大二	412	3.792	0.709			
	大三	400	3.716	0.718			
	大四	92	3.711	0.69			

续表

变量	年级	样本量	平均值	标准差	方差齐性检验	方差检验	事后多重比较组间差异显著情况
浅层认知投入	大一	702	3.758	0.724	F=2.294 p=0.076	F=3.536 p=0.014*	大二>大四
	大二	412	3.848	0.669			
	大三	400	3.769	0.642			
	大四	92	3.607	0.678			

注：***、**、*分别代表0.001、0.01、0.05的显著性水平。

三　认知投入变量的学科差异分析

采用单因素方差分析检验认知投入在学科上的差异，检验结果如表5-16所示。艺体类、理工类与社科类学生在深层认知投入上的均值方差分析结果表明，不同学科的学生在深层认知投入上存在显著差异（p<0.001）。艺体类、理工类与社科类学生在浅层认知投入上的均值方差分析结果表明，不同学科的学生在浅层认知投入上也存在显著差异（p<0.001）。因方差不满足齐性检验，使用Tamhane's T2方法进行事后多重比较，结果显示：对于深层认知投入，均值大小排序为艺体类>社科类>理工类，其中理工类与社科类、理工类与艺体类存在显著差异；对于浅层认知投入，均值大小排序为社科类>艺体类>理工类，其中理工类与社科类、理工类与艺体类存在显著差异。

表5-16　认知投入变量的学科差异检验

变量	专业	样本量	均值	标准差	方差齐性检验	方差检验	Welch's 方差检验	事后多重比较组间差异显著情况
深层认知投入	艺体类	465	3.807	0.772	F=3.242 p=0.039*	F=7.350 p=0.001**	F=7.707 p=0.000***	理工类<社科类 理工类<艺体类
	理工类	584	3.659	0.682				
	社科类	557	3.800	0.726				
浅层认知投入	艺体类	465	3.809	0.758	F=11.950 p=0.000***	F=11.163 p=0.000***	F=12.042 p=0.000***	理工类<社科类 理工类<艺体类
	理工类	584	3.672	0.663				
	社科类	557	3.856	0.642				

注：***、**、*分别代表0.001、0.01、0.05的显著性水平。

第六章
基于回归分析的模型路径精简优化

本章基于理论模型和调查数据，运用回归分析对混合学习环境感知、控制-价值评估、学业情绪及认知投入之间的关系进行分析，以探索变量间的影响关系，简化理论模型，为运用结构方程模型探究混合学习环境感知和学业情绪对认知投入的影响提供基础。按照模型影响关系顺序，本章要分析的问题包括以下 6 个方面，依次是混合学习环境感知对控制-价值评估的影响，混合学习环境感知对学业情绪的影响，控制-价值评估对学业情绪的影响，混合学习环境感知对认知投入的影响，控制-价值评估对认知投入的影响，学业情绪对认知投入的影响。本章的目标在于探究混合学习环境感知对学生控制-价值评估、学业情绪及认知投入的影响，并分析控制-价值评估如何塑造学业情绪、影响认知投入，以及 3 种不同类型学业情绪对两种认知投入的影响，以上分析为理解混合学习环境下学业情绪与认知投入的动态关系提供了理论依据和实证支持。

第一节　混合学习环境感知对控制-价值评估的影响

一般而言，情绪会受到一系列近端因素的影响，如情境感知、认知评估、生理过程或来自面部表情的反馈等。学业情绪控制-价值理论认为，控制相关认知和价值相关认知可视为学业情绪的近端成分，而且在家庭、学校和工作场所等社会环境因素的影响中发挥中介作用。个体对学业成就的控制预期和价值评估是学业情绪的关键决定因素，又受到环境因素的显著影响。控制感知涉及学生对自己学业成就的控制预期，而价值感知则与他们对学业成就的重要性评估有关。根据Pekrun 等[①]的理论，学业情绪的评估性前因、个体和社会决定因素、学业情绪的功能以及学业情绪与其前因和后果之间的反馈环都是重要的研究内容。这表明环境因素，如教学资源、教师支持和同伴关系等，都可能影响学生对学业成就的控制感知和价值感知，进而影响学业情绪。要了解混合学习环境中学业情绪的产生，首先应探究学生的混合学习环境感知对其学习控制评估、内部价值评估和外部价值评估的影响。

一　混合学习环境感知对学习控制评估的影响

学习控制评估涉及学生对自己学业成就的控制预期，包括因果归因和期望。例如，当学生相信自己通过努力能够取得成功时，通常会体验到一种高控制感知，进而产生如享受、自豪等积极的学业情绪。相反，如果学生感觉无法控制学业结果，可能会产生焦虑和绝望等消极的学业情绪[②]。环境因素如学习资源，可以显著影响学生的控制感知。

为了解混合学习环境感知对学习控制评估的影响，本研究使用 SPSS 29.0 进行回归分析。以学习控制评估为因变量，以 TCTS 混合学习环境感知框架所涉及的变量为自变量，建立多元线性回归模型。模型统计量如表 6-1 所示。

表 6-1　混合学习环境感知对学习控制评估的影响的多元线性回归分析

	非标准化系数	标准误	标准化系数	t	p	VIF
常数	0.260	0.057	—	4.525	<0.001 ***	—
易用性	-0.016	0.017	-0.018	-0.934	0.351	2.348

① Pekrun, R., Frenzel, A. C., Götz, T., et al., "Control-Value Theory of Academic Emotions: How Classroom and Individual Factors Shape Students Affect", Annual Meeting of the American Educational Research Association, 2006, pp. 7-11.

② Tze, V., Parker, P., Sukovieff, A., "Control-Value Theory of Achievement Emotions and Its Relevance to School Psychology", *Canadian Journal of School Psychology* 37 (1), 2021, pp. 23-39.

续表

	非标准化系数	标准误	标准化系数	t	p	VIF
有用性	0.029	0.020	0.029	1.448	0.148	2.719
灵活性	0.155	0.030	0.155	5.112	<0.001 ***	6.104
学习资源的可得性	0.092	0.025	0.095	3.656	<0.001 ***	4.492
学生与内容的互动	0.558	0.029	0.559	19.337	<0.001 ***	5.542
自主支持	0.019	0.020	0.019	0.935	0.350	2.738
教师参与	0.033	0.020	0.035	1.634	0.102	3.106
结构提供	0.024	0.022	0.025	1.085	0.278	3.606
社会临场感	0.028	0.026	0.029	1.080	0.281	4.882
R^2	0.759					
调整 R^2	0.758					
F 值	F=558.618，p<0.001 ***					

注：***、**、* 分别代表 0.001、0.01、0.05 的显著性水平。

在进行多元线性回归分析时，是否存在多重共线性是一个重要的考量因素，因为它可能影响模型估计的准确性。本研究首先对多重共线性进行了检验，采用的指标为方差膨胀因子（Variance Inflation Factor，VIF）。一般而言，如果 VIF 值大于 10，则表明模型内存在较大的多重共线性问题①。在本研究中，计算得到的 VIF 值为 2.348~6.104，低于 10 的阈值，表明研究中的多重共线性问题不显著。因此，可以认为本研究的数据满足多元线性回归模型的基本假设要求。

整体模型的 R^2 值为 0.759，表明自变量能解释学习控制评估 75.9%的变异量，调整后的 R^2 值为 0.758，表明考虑了自由度的影响后，模型的解释力略有下降，但仍然较高。F 值为 558.618，对应的 p 值小于 0.001，表示模型整体显著，即至少有一个自变量对学习控制评估有显著影响。

在自变量中，灵活性和学生与内容的互动对学习控制评估有显著正向影

① 刘红云：《高级心理统计》，中国人民大学出版社，2019。

响，标准化系数分别为 0.155 和 0.559，且 p 值均小于 0.001，表明这两个变量对学习控制评估的影响具有统计学意义上的显著性。特别是学生与内容的互动变量，t 值为 19.337，显著性水平非常高，说明它极大地影响了学习控制评估。另外，学习资源的可得性也对学习控制评估有正向影响，虽然效应大小不如上述两个变量，但其 p 值小于 0.001，同样在统计学意义上显著。其他自变量如易用性、有用性、自主支持、教师参与、结构提供、社会临场感虽然被纳入模型之中，但系数不显著（p 值均大于 0.05），表明这些变量对学习控制评估的影响不显著。

二 混合学习环境感知对内部价值评估的影响

学业情绪控制-价值理论中的内部价值评估指的是个体对参与学业活动本身的价值认知，是基于个人的兴趣、好奇心、享受和满足感等内在动机因素。内部价值评估是学业情绪控制-价值理论中的核心概念之一，与个体的学业情绪紧密相关。当学生认为学习活动具有高度的内在价值时，更可能体验到积极的学业情绪，如兴趣和享受，这可以增强他们的学习动机，增加学习投入，从而提高学业成就。内部价值评估不仅受到个体因素的影响，还受到教师支持、学习资源、同伴关系多种环境因素的显著影响。Pekrun 等①、Wang 和 Eccles② 等研究了环境对内部价值评估的作用，并指出改善教育实践和环境可以促进学生的积极学业情绪和增强学习动机。

为了解混合学习环境感知对学生内部价值评估的影响，本研究使用 SPSS 29.0 进行回归分析。以内部价值评估为因变量，以 TCTS 混合学习环境感知框架所涉及的变量为自变量，建立多元线性回归模型。模型统计量如表 6-2 所示。

---

① Pekrun, R., Elliot, A. J., Maier, M. A., "Achievement Goals and Achievement Emotions: Testing a Model of Their Joint Relations with Academic Performance", *Journal of Educational Psychology* 101 (1), 2009, pp. 115-135.

② Wang, M-T., Eccles, J. S., "School Context, Achievement Motivation, and Academic Engagement: A Longitudinal Study of School Engagement Using a Multidimensional Perspective", *Learning and Instruction* 28, 2013, pp. 12-23.

表 6-2 混合学习环境感知对内部价值评估的影响的多元线性回归分析

	非标准化系数	标准误	标准化系数	t	p	VIF
常数	0.198	0.067	—	2.938	0.003**	—
易用性	0.007	0.020	0.008	0.364	0.716	2.348
有用性	0.068	0.024	0.067	2.882	0.004**	2.719
灵活性	0.152	0.036	0.149	4.271	<0.001***	6.104
学习资源的可得性	0.151	0.030	0.153	5.087	<0.001***	4.492
学生与内容的互动	0.312	0.034	0.307	9.224	<0.001***	5.542
自主支持	0.015	0.023	0.015	0.649	0.516	2.738
教师参与	0.068	0.024	0.071	2.833	0.005**	3.106
结构提供	0.084	0.026	0.085	3.176	0.002**	3.606
社会临场感	0.074	0.031	0.075	2.394	0.017*	4.882
R^2	0.681					
调整 R^2	0.679					
F 值	F=377.762，p<0.001***					

注：***、**、* 分别代表 0.001、0.01、0.05 的显著性水平。

线性回归分析结果显示，整体模型的 R^2 值为 0.681，表明模型中的自变量能解释因变量 68.1%的变异量，调整后的 R^2 值与未调整值接近，说明模型对数据的拟合较好。F 值为 377.762，对应的 p 值小于 0.001，表示模型整体显著，即至少有一个自变量对内部价值评估有显著影响。

在 TCTS 混合学习环境感知框架所涉及的 9 个自变量中，灵活性、学习资源的可得性、学生与内容的互动对内部价值评估有显著正向影响，标准化系数分别为 0.149、0.153 和 0.307，且 p 值均小于 0.001，具有统计学意义上的显著性。其中，学生与内容的互动的影响最为显著，其 t 值为 9.224，显著性水平比较高。另外，结构提供、有用性、教师参与及社会临场感也显示出对内部价值评估的正向影响，标准化系数分别为 0.085、0.067 和 0.075，p 值均小于 0.05。易用性、自主支持虽被纳入模型，但 p 值均大于 0.05，影响不具有统计学意义上的显著性。

三　混合学习环境感知对外部价值评估的影响

学业情绪控制-价值理论中的外部价值评估是指学生基于外部因素对学业成就所赋予的价值认知，反映了学生对学业成就所带来外在收益的认识，代表了学生对特定任务或领域在实现目标或获得奖励方面的感知有用性，通常与奖励、认可、社会地位或其他外在激励相关。例如，学生愿意积极参与混合学习，主要是因为参与混合学习有助于获得更高的平时成绩，进而有利于取得更高的课程成绩，或者更容易通过课程考试。外部价值评估可以作为激励因素，鼓励学生为了获得外在奖励而学习，帮助学生适应社会期望和标准，通过学业成就获得社会认可。

为了解混合学习环境感知对学生外部价值评估的影响，本研究使用 SPSS 29.0 进行回归分析。以外部价值评估为因变量，以 TCTS 混合学习环境感知框架所涉及的变量为自变量，建立多元线性回归模型。模型统计量如表 6-3 所示。

表 6-3　混合学习环境感知对外部价值评估的影响的多元线性回归分析

	非标准化系数	标准误	标准化系数	t	p	VIF
常数	1.277	0.111	—	11.546	<0.001***	—
易用性	0.014	0.033	0.014	0.414	0.679	2.348
有用性	0.076	0.039	0.070	1.940	0.053	2.719
灵活性	0.070	0.059	0.065	1.202	0.229	6.104
学习资源的可得性	0.185	0.049	0.176	3.819	<0.001***	4.492
学生与内容的互动	0.112	0.056	0.104	2.020	0.044*	5.542
自主支持	-0.080	0.038	-0.075	-2.078	0.038*	2.738
教师参与	0.071	0.039	0.070	1.817	0.069	3.106
结构提供	0.038	0.043	0.036	0.871	0.384	3.606
社会临场感	0.096	0.051	0.091	1.888	0.059	4.882

续表

	非标准化系数	标准误	标准化系数	t	p	VIF
R^2	0.243					
调整 R^2	0.238					
F 值	F=56.823，p<0.001 ***					

注：***、**、*分别代表0.001、0.01、0.05的显著性水平。

多元线性回归分析结果表明，整体模型的 R^2 值为0.243，表明模型中的自变量能解释外部价值评估24.3%的变异量，调整后的 R^2 值略低于未调整值，但依然表明模型对外部价值评估有较强的解释力。F值为56.823，对应的p值小于0.001，表明模型中至少有一个自变量对外部价值评估有显著影响。

在各自变量中，学习资源的可得性对外部价值评估有显著正向影响，其标准化系数为0.176，p值小于0.001，表明学习资源的可得性对外部价值评估具有重要影响。学生与内容的互动也对外部价值评估具有显著正向影响（t=2.020，p=0.044）。值得注意的是，自主支持对外部价值评估有显著负向影响，标准化系数为-0.075，p值为0.038。

第二节 混合学习环境感知对学业情绪的影响

学业情绪控制-价值理论认为，学业情绪不仅仅是个人特质的反映，而且受到教育环境及其社会动态的影响①。例如，课堂的管理方式、学习任务的性质以及学生对自我表现的反馈，都会影响学生如何评估他们对学习情境的控制程度以及他们对教育成果的重视程度。当学生感觉到自己的能力与任务的要求不匹配时，或者当他们觉得学习环境不支持他们的学习自主性时，可能会导致焦虑或绝望等负面情绪。环境因素可以显著影响学生的控制和价值观

① Pekrun, R., "Control-Value Theory: From Achievement Emotion to a General Theory of Human Emotions", *Educational Psychology Review* 36 (3), 2024, pp. 1-36.

念，从而影响他们的情绪反应①。学业情绪的多样性和领域特异性表明，不同的学习环境可能会激发不同类型的学业情绪。积极的学习环境能够激发学生的积极学业情绪，如享受、希望和骄傲，而消极的学习环境可能引发焦虑、羞愧等消极学业情绪。

根据学业情绪效价和激活程度，本研究探索了 8 种学业情绪，并将这些学业情绪归为积极激活情绪、消极激活情绪以及消极失活情绪 3 种类型。因此，在进行学业情绪影响因素回归分析时，对积极激活情绪、消极激活情绪以及消极失活情绪 3 类情绪进行分析。

一　混合学习环境感知对积极激活情绪的影响

一个支持性和积极的学习环境能够激发学生的内在动机，增强对学习活动的兴趣和价值感知，从而引发更多的积极情绪体验。教师支持、同伴合作以及课程的相关性等学习环境因素，都被证明能够正向影响学生的积极学业情绪。例如，教师的积极反馈和鼓励可以增强学生的自信心和成就感，进而提升他们的学业享受和骄傲感。为了解混合学习环境感知对学生积极激活学业情绪的影响，本研究使用 SPSS 29.0 进行回归分析。以积极激活学业情绪为因变量，以 TCTS 混合学习环境感知框架所涉及的变量为自变量，建立多元线性回归模型。模型统计量如表 6-4 所示。

表 6-4　混合学习环境感知对积极激活情绪的影响的多元线性回归分析

	非标准化系数	标准误	标准化系数	t	p	VIF
常数	0.419	0.066	—	6.399	<0.001***	—
易用性	0.041	0.019	0.047	2.108	0.035*	2.348
有用性	0.012	0.023	0.012	0.501	0.616	2.719
灵活性	0.150	0.035	0.155	4.332	<0.001***	6.104

① Fang, J., Brown, G. T. L., Hamilton, R., "Changes in Chinese Students' Academic Emotions After Examinations: Pride in Success, Shame in Failure, and Self-loathing in Comparison", *British Journal of Educational Psychology* 93 (1), 2022, pp. 245-261.

续表

	非标准化系数	标准误	标准化系数	t	p	VIF
学习资源的可得性	0.086	0.029	0.092	2.985	0.003*	4.492
学生与内容的互动	0.373	0.033	0.386	11.326	<0.001**	5.542
自主支持	0.050	0.023	0.053	2.214	0.027*	2.738
教师参与	0.052	0.023	0.058	2.258	0.024*	3.106
结构提供	0.057	0.026	0.062	2.244	0.025*	3.606
社会临场感	0.048	0.030	0.051	1.601	0.110	4.882
R^2	0.665					
调整 R^2	0.663					
F 值	F=352.006，p<0.001***					

注：***、**、*分别代表 0.001、0.01、0.05 的显著性水平。

多元线性回归分析的结果表明，模型整体显著（F=352.006，p<0.001），表明至少有一个自变量对因变量有显著影响。R^2 值为 0.665，意味着自变量能解释因变量 66.5%的变异量，调整后的 R^2 值与未调整值接近，显示出模型有较强的解释力。

在技术方面，易用性和灵活性对积极激活情绪有显著正向影响，其标准化系数分别为 0.047 和 0.155，t 值分别为 2.108 和 4.332，均通过了显著性检验，表明易用性和灵活性是积极激活学业情绪的重要预测因素。有用性（标准化系数=0.012，t=0.501，p=0.616）对积极激活情绪没有显著正向影响。在学习资源方面，学习资源的可得性和学生与内容的互动均对积极激活情绪有正向影响，其标准化系数分别为 0.092 和 0.386，t 值分别为 2.985 和 11.326，统计结果显著。在教师支持方面，自主支持（标准化系数=0.053，t=2.214，p=0.027）、教师参与（标准化系数=0.058，t=2.258，p=0.024）和结构提供（标准化系数=0.062，t=2.244，p=0.025）对学业情绪的影响也显著，表明教师在教学过程中的自主性、对学生学习的参与和提供的结构性支持能够显著提升学生的积极激活情绪。值得注意的是，社会临场感的系数虽然为正，但 t 检验结果不显著（p=0.110），表明其对积极激活情绪的影响在统计学意义上不显著。

二　混合学习环境感知对消极激活情绪的影响

根据学业情绪控制-价值理论，学习环境中的控制感知和价值感知是影响学业情绪的关键因素。当学生感觉对学习过程和结果缺乏控制，或认为学习任务与个人目标不一致时，可能会经历愤怒、焦虑或羞愧等消极情绪。例如，课堂上的高压力、教师的负面反馈、同伴间的竞争，以及学习材料的难以理解都可能削弱学生的控制感和价值感，进而诱发消极情绪体验①。为了解混合学习环境感知对学生愤怒、焦虑、羞愧等消极激活情绪的影响，本研究使用 SPSS 29.0 进行回归分析。以消极激活学业情绪为因变量，以 TCTS 混合学习环境感知框架所涉及的变量为自变量，建立多元线性回归模型。模型统计量如表 6-5 所示。

表 6-5　混合学习环境感知对消极激活情绪的影响的多元线性回归分析

	非标准化系数	标准误	标准化系数	t	p	VIF
常数	3.644	0.141	—	25.873	<0.001***	—
易用性	-0.075	0.042	-0.067	-1.787	0.074	2.348
有用性	-0.046	0.050	-0.037	-0.918	0.359	2.719
灵活性	0.014	0.075	0.011	0.186	0.853	6.104
学习资源的可得性	0.131	0.062	0.110	2.116	0.034*	4.492
学生与内容的互动	-0.008	0.071	-0.006	-0.111	0.912	5.542
自主支持	-0.096	0.049	-0.080	-1.973	0.049*	2.738
教师参与	0.078	0.050	0.068	1.562	0.118	3.106
结构提供	-0.128	0.055	-0.108	-2.320	0.020*	3.606
社会临场感	-0.083	0.065	-0.070	-1.291	0.197	4.882
R^2	0.035					
调整 R^2	0.030					
F 值	F=6.432，p<0.001***					

注：***、**、* 分别代表 0.001、0.01、0.05 的显著性水平。

① Ellis, R. A., Goodyear, P., Calvo, R. A., et al., "Engineering Students' Conceptions of and Approaches to Learning Through Discussions in Face-to-Face and Online Contexts", *Learning and Instruction* 18 (3), 2008, pp. 267-282.

多元线性回归分析的结果显示，整体模型的 F 值为 6.432，p 值小于 0.001，表明模型在统计学上是显著的，即至少有一个自变量对因变量有显著的影响。然而，R^2 值为 0.035，调整后的 R^2 值为 0.030，表明自变量仅解释了因变量变异量的较小部分，模型的解释力相对较弱。

学习资源的可得性（标准化系数 = 0.110，t = 2.116，p = 0.034）、自主支持（标准化系数 = −0.080，t = −1.973，p = 0.049）和结构提供（标准化系数 = −0.108，t = −2.320，p = 0.020）对消极激活情绪有显著影响，其中学习资源的可得性具有正向影响，自主支持和结构提供具有负向影响。易用性、有用性、学生与内容的互动、社会临场感对消极激活情绪有负向影响，但统计结果不显著。灵活性及教师参与对消极激活情绪有正向影响，但统计结果不显著。除结构提供对学生的消极激活情绪有显著的负向影响外，其他学习环境因素对消极激活情绪的影响不显著或影响较小。这可能表明消极激活情绪的形成是一个复杂的过程，受到多重因素的影响，而当前模型未能捕捉到除环境因素外变量给消极激活情绪带来的大部分变异，需要在后续的研究中深入分析。

三　混合学习环境感知对消极失活情绪的影响

学业情绪控制-价值理论中的消极失活情绪通常指的是那些在学业活动中体验到的、具有负面效应且生理唤醒水平较低的情绪状态，包括无聊、厌倦、冷漠或沮丧等情绪。与消极激活情绪（如焦虑和愤怒）相比，消极失活情绪往往不会引起强烈的生理反应，但仍然会对学习过程和学业表现产生不利影响。为了解混合学习环境感知对学生无聊、绝望等消极失活情绪的影响，本研究使用 SPSS 29.0 进行回归分析。以消极失活学业情绪为因变量，以 TCTS 混合学习环境感知框架所涉及的变量为自变量，建立多元线性回归模型。模型统计量如表 6-6 所示。

表 6-6　混合学习环境感知对消极失活情绪的影响的多元线性回归分析

	非标准化系数	标准误	标准化系数	t	p	VIF
常数	4.053	0.142	—	28.460	<0.001***	—
易用性	−0.067	0.042	−0.059	−1.591	0.112	2.348

续表

	非标准化系数	标准误	标准化系数	t	p	VIF
有用性	-0.066	0.050	-0.053	-1.325	0.185	2.719
灵活性	-0.026	0.075	-0.021	-0.344	0.731	6.104
学习资源的可得性	0.063	0.063	0.052	1.014	0.311	4.492
学生与内容的互动	-0.088	0.071	-0.070	-1.233	0.218	5.542
自主支持	-0.076	0.049	-0.062	-1.536	0.125	2.738
教师参与	0.059	0.050	0.050	1.167	0.243	3.106
结构提供	-0.100	0.056	-0.083	-1.798	0.072	3.606
社会临场感	-0.059	0.065	-0.048	-0.904	0.366	4.882
R^2	0.064					
调整 R^2	0.059					
F 值	F=12.211，p<0.001***					

注：***、**、* 分别代表 0.001、0.01、0.05 的显著性水平。

多元线性回归分析的结果显示，整体模型的 F 值为 12.211，p 值小于 0.001，表明模型在统计上显著，自变量组合对因变量有显著的预测力。然而，模型的 R^2 值为 0.064，表明自变量仅解释因变量 6.4%的变异量，调整后的 R^2 值为 0.059，说明尽管模型的预测效果在统计上是显著的，但模型的解释力较弱。

在各个自变量中，对消极失活情绪影响最大的是结构提供，标准化系数为-0.083，t 值为-1.798，p 值为 0.072，接近显著性水平（p<0.05），表明教师提供的结构性支持可能对学生的消极失活学业情绪有负面影响。易用性、有用性、灵活性、学生与内容的互动、自主支持和社会临场感的标准化系数也为负，但它们的 p 值均大于 0.05，表明这些因素对消极失活学业情绪的影响也不显著。学习资源的可得性和教师参与是消极失活情绪的正向预测因素，但它们的 p 值均大于 0.05，未达到显著性水平。综上所述，模型的解释力有限，需要更多的研究来探索其他可能影响消极失活学业情绪的因素或可能的路径，并提高模型的预测能力。

第三节　控制-价值评估对学业情绪的影响

学业情绪控制-价值理论认为，学业情绪的产生基于两个自评过程：学习控制评估和对活动或结果的主观价值评估。例如，如果学生觉得自己掌握了所学习的科目（学习控制评估），而且对他们很重要（主观价值评估），那么就会体验到享受等学业情绪。相反，当学生体验到缺乏学习控制时，就会产生焦虑等学业情绪[①]。有充分的经验证据显示，学习控制评估和价值评估与学业情绪之间存在中等到较强的相关性[②]。学习控制评估和价值评估的提升能够增加积极情绪，同时减少消极情绪。例如，Buff[③] 通过实证研究支持了学业情绪控制-价值理论关于情绪变化过程的假设，表明学习控制评估和价值评估的积极变化能够促进小学生数学学习兴趣的提升。Niculescu 等[④]扩展了这一研究，研究结果显示，学习控制的变化与享受等学业情绪的增加正相关，与无聊、绝望和焦虑等学业情绪的减少负相关。

一　控制-价值评估对积极激活情绪的影响

控制-价值评估对积极激活情绪，如享受、希望和骄傲，具有显著影响。

① Pekrun, R., "The Control-Value Theory of Achievement Emotions: Assumptions, Corollaries, and Implications for Educational Research and Practice", *Educational Psychology Review* 18 (4), 2006, pp. 315-341.

② Pekrun, R., Goetz, T., Frenzel, A. C., et al., "Measuring Emotions in Students' Learning and Performance: The Achievement Emotions Questionnaire (AEQ)", *Contemporary Educational Psychology* 36 (1), 2011, pp. 36-48; Bieg, M., Goetz, T., Hubbard, K., "Can I Master It and Does It Matter? An Intraindividual Analysis on Control-Value Antecedents of Trait and State Academic Emotions", *Learning and Individual Differences* 28, 2013, pp. 102-108.

③ Buff, A., "Enjoyment of Learning and Its Personal Antecedents: Testing the Change-Change Assumption of the Control-Value Theory of Achievement Emotions", *Learning and Individual Differences* 31, 2014, pp. 21-29.

④ Niculescu, A. C., Tempelaar, D. T., Dailey-Hebert, A., et al., "Extending the Change-Change Model of Achievement Emotions: The Inclusion of Negative Learning Emotions", *Learning and Individual Differences* 47, 2016, pp. 289-297.

当个体感知到较强的控制力和较大的价值时，更可能体验到积极情绪。例如，学习控制评估的提高能够增强个体的自主感和效能感，从而促进享受和骄傲等情绪的产生。同样，价值评估的提高，特别是当任务与个体的内在价值观和目标紧密相关时，也会激发希望等情绪。为了解控制-价值评估对享受、希望、骄傲等积极激活情绪的影响，本研究使用 SPSS 29.0 进行回归分析。以积极激活学业情绪为因变量，以学习控制评估、内部价值评估和外部价值评估为自变量，建立多元线性回归模型。模型统计量如表 6-7 所示。

表 6-7 控制-价值评估对积极激活情绪的影响的回归分析

	非标准化系数	标准误	标准化系数	t	p	VIF
常数	0.460	0.055	—	8.323	<0.001***	—
学习控制评估	0.313	0.021	0.324	15.226	<0.001***	2.576
内部价值评估	0.506	0.021	0.533	24.090	<0.001***	2.793
外部价值评估	0.057	0.014	0.064	4.065	<0.001***	1.428
R^2	0.719					
调整 R^2	0.718					
F 值	F=1366.489，p<0.001***					

注：***、**、*分别代表 0.001、0.01、0.05 的显著性水平。

多元线性回归分析结果显示，模型整体显著，F 值为 1366.489，p 值小于 0.001，表明学习控制评估、内部价值评估以及外部价值评估对积极激活情绪有极强的预测力。模型的 R^2 值为 0.719，表明模型解释了因变量 71.9%的变异量，调整后的 R^2 值与未调整值接近，表明模型具有较强的解释力。

控制-价值评估的 3 个自变量学习控制评估、内部价值评估和外部价值评估对积极激活学业情绪均有显著正向影响，表明学习控制评估、内部价值评估和外部价值评估是影响积极激活学业情绪的关键因素。根据标准化系数，对积极激活情绪的影响从大到小依次是内部价值评估>学习控制评估>外部价值评估。

二 控制-价值评估对消极激活情绪的影响

控制-价值评估对消极激活情绪，如愤怒、焦虑和羞愧，同样具有显著影响。当个体感知到控制力不足或任务价值较低时，更容易产生消极情绪。例如，学习控制评估的降低可能导致个体感到无助和焦虑，而价值评估不足可能引起羞愧和失望。为了解控制-价值评估对学生消极激活情绪的影响，本研究使用 SPSS 29.0 进行回归分析。以消极激活学业情绪为因变量，以学习控制评估、内部价值评估和外部价值评估为自变量，建立多元线性回归模型。模型统计量如表 6-8 所示。

多元线性回归分析结果表明，整体模型显著，F 值为 90.970，p 值小于 0.001，表明自变量对因变量具有预测作用。模型的 R^2 值为 0.146，意味着模型解释了因变量 14.6%的变异量，调整后的 R^2 值为 0.144，说明尽管模型的预测效果在统计上是显著的，但这个模型的解释力不强。

具体来看，学习控制评估的标准化系数为-0.041，t 值为-1.102，p 值为 0.271，表明学习控制评估与因变量存在负向关系，但不显著。内部价值评估对因变量有显著的负向影响，其标准化系数为-0.279，t 值为-7.240，p 值小于 0.001，表明内部价值评估每提高一个单位，因变量预期会减少 0.279 个单位。外部价值评估则显示出显著的正向影响，其标准化系数为 0.448，t 值为 16.221，p 值小于 0.001，表明外部价值评估的提高与因变量的增加显著相关。回归分析揭示了内部价值评估和外部价值评估对因变量有显著影响，而学习控制评估的影响不显著。

表 6-8　控制-价值评估对消极激活情绪的影响的回归分析

	非标准化系数	标准误	标准化系数	t	p	VIF
常数	2.496	0.122	—	20.449	<0.001***	—
学习控制评估	-0.050	0.045	-0.041	-1.102	0.271	2.576
内部价值评估	-0.336	0.046	-0.279	-7.240	<0.001***	2.793
外部价值评估	0.505	0.031	0.448	16.221	<0.001***	1.428
R^2	0.146					
调整 R^2	0.144					
F 值	F=90.970，p<0.001***					

注：***、**、*分别代表 0.001、0.01、0.05 的显著性水平。

三　控制-价值评估对消极失活情绪的影响

为了解控制-价值评估对学生消极失活情绪的影响，本研究使用 SPSS 29.0 进行回归分析。以消极失活学业情绪为因变量，以学习控制评估、内部价值评估和外部价值评估为自变量，建立多元线性回归模型。模型统计量如表 6-9 所示。

表 6-9　控制-价值评估对消极失活情绪的影响的回归分析

	非标准化系数	标准误	标准化系数	t	p	VIF
常数	3.027	0.127	—	23.927	<0.001 ***	—
学习控制评估	-0.142	0.047	-0.113	-3.010	0.003 **	2.576
内部价值评估	-0.358	0.048	-0.290	-7.444	<0.001 ***	2.793
外部价值评估	0.432	0.032	0.373	13.384	<0.001 ***	1.428
R^2	0.130					
调整 R^2	0.128					
F 值	F=79.642，p<0.001 ***					

注：***、**、* 分别代表 0.001、0.01、0.05 的显著性水平。

回归分析结果显示，整体模型显著，F 值为 79.642，p 值小于 0.001，表明模型中的自变量对因变量有显著的预测能力。然而，模型的 R^2 值为 0.130，意味着模型解释了因变量约 13%的变异量，调整后的 R^2 值为 0.128，说明模型解释力不强。

具体看各变量对消极失活情绪的影响，结果显示，学习控制评估的标准化系数为-0.113，t 值为-3.010，p 值为 0.003，表明学习控制评估与因变量之间存在显著的负相关关系。内部价值评估对因变量也存在显著的负向影响，其标准化系数为-0.290，t 值为-7.444，p 值小于 0.001。相反，外部价值评估显示出显著的正向影响，其标准化系数为 0.373，t 值为 13.384，p 值小于 0.001。结果表明，外部价值评估的提高与消极失活情绪的增加显著正相关，即当个体感知到更多的外部价值时，会体验到更多的无聊、绝望等消极失活情绪。

第四节　混合学习环境感知对认知投入的影响

混合学习环境感知对认知投入的影响是一个被广泛探讨的话题。例如，Floyd 等[①]讨论了投入和感知课程价值在影响高等教育机构深度和表面学习策略方面的重要性。Reychav 等[②]关注移动培训中的认知吸收，强调用户对技术有用性的感知如何对培训结果产生积极影响。Baragash 等[③]研究了多种学习交付模式中投入对学生表现的影响，强调了高等教育中面对面学习、基于学习管理系统的学习和基于网络的学习的有效性。本研究关注混合学习环境中学生的认知投入情况，并开展问卷调查，接下来将对混合学习环境感知变量对学生深层认知投入和浅层认知投入的影响进行分析。

一　混合学习环境感知对深层认知投入的影响

Sökmen[④] 的研究阐明了学习环境感知与学生认知投入之间的联系，指出学生对学习环境的评估在预测其认知投入方面起着显著的作用，而且超越了对学生行为、情感和主动性参与度的预测。本研究对混合学习环境感知对深层认知投入和浅层认知投入的影响进行探索。运用多元线性回归分析方法，分析混合学习环境感知对深层认知投入的影响，以混合学习环境感知相关变量为自变量，以深层认知投入为因变量，构建多元线性回归模型，结果如

---

① Floyd, K., Harrington, S., Santiago, J., "The Effect of Engagement and Perceived Course Value on Deep and Surface Learning Strategies", *Informing Science: The International Journal of an Emerging Transdiscipline* 12, 2009, pp. 181-190.

② Reychav, I., Wu, D., "Are Your Users Actively Involved? A Cognitive Absorption Perspective in Mobile Training", *Computers in Human Behavior* 44, 2015, pp. 335-346.

③ Baragash, R. S., Al-Samarraie, H., "Blended Learning: Investigating the Influence of Engagement in Multiple Learning Delivery Modes on Students' Performance", *Telematics and Informatics* 35 (7), 2018, pp. 2082-2098.

④ Sökmen, Y., "The Role of Self-efficacy in the Relationship Between the Learning Environment and Student Engagement", *Educational Studies* 47 (1), 2019, pp. 19-37.

表 6-10 所示。

表 6-10　混合学习环境感知对深层认知投入的影响的回归分析

	非标准化系数	标准误	标准化系数	t	p	VIF
常数	0.927	0.101	—	9.140	<0.001***	—
易用性	0.064	0.030	0.066	2.124	0.034*	2.348
有用性	0.039	0.036	0.036	1.096	0.273	2.719
灵活性	0.108	0.054	0.100	2.014	0.044*	6.104
学习资源的可得性	0.041	0.045	0.039	0.922	0.356	4.492
学生与内容的互动	0.253	0.051	0.236	4.974	<0.001***	5.542
自主支持	0.042	0.035	0.040	1.198	0.231	2.738
教师参与	0.045	0.036	0.044	1.249	0.212	3.106
结构提供	0.109	0.040	0.105	2.742	0.006**	3.606
社会临场感	0.020	0.047	0.019	0.433	0.665	4.882
R^2	0.351					
调整 R^2	0.347					
F 值	F=95.949，p<0.001***					

注：***、**、* 分别代表 0.001、0.01、0.05 的显著性水平。

模型的整体拟合度较高，R^2 值为 0.351，表明自变量能解释因变量 35.1%的变异量。调整后的 R^2 值为 0.347，与未调整值接近。F 值为 95.949，p 值小于 0.001，表明模型整体显著。在技术使用方面，易用性和灵活性对深层认知投入有显著正向影响，其标准化系数分别为 0.066 和 0.100，而有用性对深层认知投入有正向影响，但统计结果不显著。在学习资源方面，学生与内容的互动也显示出显著的正向影响，标准化系数为 0.236，表明学生与内容的互动对深层认知投入有积极作用。学习资源的可得性虽然显示出正向影响，但统计结果不显著。在教师支持方面，结构提供的标准化系数为 0.105，同样显著正向影响深层认知投入。自主支持和教师参与的影响不显著。在同伴互动方面，社会临场感的影响不显著。

二　混合学习环境感知对浅层认知投入的影响

为了解混合学习环境感知对学生浅层认知投入的影响，本研究运用多元线性回归分析方法，分析混合学习环境感知对浅层认知投入的影响，以混合学习环境感知相关变量为自变量，以浅层认知投入为因变量，构建多元线性回归模型，结果如表 6-11 所示。

表 6-11　混合学习环境感知对浅层认知投入的影响的回归分析

	非标准化系数	标准误	标准化系数	t	p	VIF
常数	0.905	0.093	—	9.756	<0.001***	—
易用性	0.040	0.028	0.043	1.453	0.147	2.348
有用性	0.053	0.033	0.052	1.608	0.108	2.719
灵活性	0.091	0.049	0.089	1.843	0.065	6.104
学习资源的可得性	0.080	0.041	0.081	1.973	0.049*	4.492
学生与内容的互动	0.179	0.047	0.176	3.839	<0.001***	5.542
自主支持	0.098	0.032	0.097	3.027	0.003**	2.738
教师参与	0.022	0.033	0.023	0.679	0.497	3.106
结构提供	0.081	0.036	0.082	2.234	0.026*	3.606
社会临场感	0.089	0.043	0.090	2.092	0.037*	4.882
R^2	0.397					
调整 R^2	0.393					
F 值	F=116.512，p<0.001***					

注：***、**、*分别代表 0.001、0.01、0.05 的显著性水平。

线性回归分析结果显示，整体模型显著性检验 F 值为 116.512，p 值小于 0.001，表明模型在统计上显著，混合学习环境感知对因变量浅层认知投入有显著的预测力。模型的 R^2 值为 0.397，表明模型能够解释浅层认知投入 39.7%的变异量。调整后的 R^2 值为 0.393，与未调整值接近。

在技术使用方面，易用性、有用性以及灵活性与浅层认知投入有正向关系，但未通过显著性检验，表明技术使用因素对浅层认知投入的影响不显著。在学习资源方面，学习资源的可得性以及学生与内容的互动均对浅层认知投入有正向影响，学习资源的可得性的标准化系数为 0.081，p 值为 0.049，表明学习资源的可得性能显著提升学生的浅层认知投入。学生与内容的互动的标准化系数为 0.176，p 值小于 0.001，表明学生与内容的互动是促进浅层认知投入的重要因素。在教师支持方面，自主支持的标准化系数为 0.097，p 值为 0.003，说明教师给予学生自主性支持对学生的浅层认知投入有显著正向作用。结构提供的标准化系数为 0.082，p 值为 0.026，表明教师提供的结构性支持也能促进学生的浅层认知投入。然而，教师参与变量未通过显著性检验。在同伴互动方面，社会临场感（标准化系数 = 0.090，p = 0.037）显著正向影响学生的浅层认知投入。

第五节　控制-价值评估对认知投入的影响

学业情绪控制-价值理论认为，学生对学习活动的控制评估和价值评估是激发认知投入的关键因素。当学生认为他们对学习过程具有较强的控制力，并且认为学习活动具有个人意义和价值时，更可能使用深层认知投入策略，表现为对学习材料的深入理解和分析，以及在学习任务中积极寻求意义和联系。相反，如果学生感觉控制力不足或认为学习活动缺乏价值，可能会减少认知投入或使用浅层认知投入策略，表现为表层学习或对学习任务的有意义参与不够。本节对学习控制评估、内部价值评估以及外部价值评估与认知投入之间的关系进行研究，为下一步综合分析认知投入发生机制奠定基础。

一　控制-价值评估对深层认知投入的影响

为深入研究学习控制评估、内部价值评估以及外部价值评估对学生深层认知投入的具体影响，本研究运用多元线性回归分析方法，构建多元线性回归模型，以控制-价值评估为自变量，以学生深层认知投入为因变量，以此揭示两者之间的内在联系。线性回归分析结果如表 6-12 所示。

表 6-12　控制-价值评估对深层认知投入的影响的回归分析

	非标准化系数	标准误	标准化系数	t	p	VIF
常数	1.253	0.094	—	13.286	<0.001***	—
学习控制评估	0.263	0.035	0.244	7.486	<0.001***	2.576
内部价值评估	0.407	0.036	0.385	11.339	<0.001***	2.793
外部价值评估	-0.024	0.024	-0.024	-0.995	0.320	1.428
R^2	0.339					
调整 R^2	0.338					
F 值	F=273.891，p<0.001***					

注：***、**、*分别代表 0.001、0.01、0.05 的显著性水平。

回归分析的结果显示，模型整体显著，F 值为 273.891，p 值小于 0.001，表明控制-价值评估变量对深层认知投入有显著的预测力。模型的 R^2 值为 0.339，表明模型能够解释深层认知投入 33.9%的变异量，调整后的 R^2 值为 0.338，与未调整值接近。学习控制评估对深层认知投入有显著正向影响，其标准化系数为 0.244，t 值为 7.486，p 值小于 0.001，表明评估水平越高，越有可能进行深层认知投入。内部价值评估同样显示出显著的正向影响，其标准化系数为 0.385，t 值为 11.339，p 值同样小于 0.001，反映出学生对学习任务的内部价值评估水平越高，其深层认知投入的程度也越高。值得注意的是，外部价值评估的系数为负，t 值为-0.995，p 值为 0.320，未通过显著性检验，表明外部价值评估对深层认知投入的负向影响不显著。

二　控制-价值评估对浅层认知投入的影响

在学习控制评估、内部价值评估和外部价值评估对浅层认知投入的影响方面，依然采用多元线性回归分析方法，以控制-价值评估为自变量，以学生浅层认知投入为因变量，回归分析结果见表 6-13。

表 6-13 控制-价值评估对浅层认知投入的影响的回归分析

	非标准化系数	标准误	标准化系数	t	p	VIF
常数	1.189	0.086	—	13.802	<0.001 ***	—
学习控制评估	0.268	0.032	0.263	8.363	<0.001 ***	2.576
内部价值评估	0.383	0.033	0.382	11.691	<0.001 ***	2.793
外部价值评估	0.021	0.022	0.023	0.967	0.334	1.428
R^2	0.387					
调整 R^2	0.386					
F 值	F=337.005，p<0.001 ***					

注：***、**、* 分别代表 0.001、0.01、0.05 的显著性水平。

回归分析结果显示，模型整体显著，F 值为 337.005，p 值小于 0.001，表明控制-价值评估的 3 个自变量对浅层认知投入有显著的预测能力。模型的 R^2 值为 0.387，表明模型能够解释浅层认知投入变异量的 38.7%，调整后的 R^2 值为 0.386，与未调整值接近。学习控制评估和内部价值评估对浅层认知投入有显著的正向影响。学习控制评估的标准化系数为 0.263，t 值为 8.363，p 值小于 0.001，表明学生对学习过程的控制评估水平越高，其浅层认知投入也越高。内部价值评估的标准化系数为 0.382，t 值为 11.691，p 值同样小于 0.001，表明学生对学习任务的内部价值评估水平越高，其浅层认知投入也越高。外部价值评估虽然正向影响浅层认知投入，但其 t 值为 0.967，p 值为 0.334，未通过显著性检验，表明外部价值评估对浅层认知投入的影响不显著。

第六节 学业情绪对认知投入的影响

Pekrun 等①研究发现，积极学业情绪如享受和骄傲与深层认知投入正相关，而消极学业情绪如焦虑和羞愧则可能与浅层认知投入相关或降低认知投

① Pekrun, R., Goetz, T., Daniels, L. M., et al, "Boredom in Achievement Settings: Exploring Control-Value Antecedents and Performance Outcomes of a Neglected Emotion", *Journal of Educational Psychology* 102 (3), 2010, pp. 531-549.

入。本研究对混合学习环境中的学业情绪及认知投入进行研究，在调查数据的基础上，分析积极激活情绪、消极激活情绪以及消极失活情绪对深层认知投入及浅层认知投入的影响。

一　学业情绪对深层认知投入的影响

本研究采用SPSS统计软件进行多元线性回归建模，分析学业情绪如何影响学生的深层认知投入。在线性模型中，学业情绪的不同维度，包括积极激活情绪、消极激活情绪和消极失活情绪被作为自变量，而深层认知投入作为因变量，反映学生在认知任务上的深层次参与和学习过程中的深度思考。通过分析学业情绪各维度对深层认知投入的影响，可以揭示哪些情绪变量是促进或抑制深层认知投入的关键因素。表6-14显示了回归分析结果。

表6-14　学业情绪对深层认知投入的影响的回归分析

	非标准化系数	标准误	标准化系数	t	p	VIF
常数	1.120	0.104	—	10.739	<0.001***	—
积极激活情绪	0.703	0.023	0.632	31.230	<0.001***	1.071
消极激活情绪	-0.100	0.030	-0.113	-3.279	<0.001***	3.126
消极失活情绪	0.084	0.030	0.098	2.799	0.005**	3.236
R^2	0.388					
调整 R^2	0.387					
F值	F=338.594，p<0.001***					

注：***、**、*分别代表0.001、0.01、0.05的显著性水平。

回归分析结果显示，模型整体显著，F值为338.594，p值小于0.001，表明学业情绪变量对深层认知投入有显著的预测力。模型的 R^2 值为0.388，表明模型能够解释深层认知投入变异量的38.8%。调整后的 R^2 值为0.387，与未调整值接近。具体来看，积极激活情绪对深层认知投入有显著的正向影响，其标准化系数为0.632，t值为31.230，p值小于0.001，表明积极情绪如享受、骄傲等能显著促进学生的深层认知投入。相反，消极激活情绪如愤怒、焦虑等对深层认知投入有显著的负向影响，其标准化系数为-0.113，t值为

-3.279，p 值同样小于 0.001，反映出愤怒、焦虑等消极激活情绪可能会降低学生的深层认知投入。而消极失活情绪虽然系数为正，但其对深层认知投入的影响相对较小，标准化系数为 0.098，t 值为 2.799，p 值为 0.005，表明无聊、绝望等情绪状态对深层认知投入虽然有统计学意义上的显著影响，但程度远不如积极激活情绪的影响。

二　学业情绪对浅层认知投入的影响

为了解学业情绪对学生浅层认知投入的影响，本研究通过回归分析方法来探究二者之间的关系。研究采用 SPSS 软件进行多元线性回归建模，在此模型中，不同效价、唤醒程度的学业情绪被作为自变量，学生的浅层认知投入则被设定为因变量，以评估不同学业情绪对浅层认知投入的具体影响，揭示哪些情绪是促进学生浅层认知投入的影响因素。表 6-15 显示了回归分析结果。

表 6-15　学业情绪对浅层认知投入的影响的回归分析

	非标准化系数	标准误	标准化系数	t	p	VIF
常数	1.174	0.095	—	12.367	<0.001***	—
积极激活情绪	0.698	0.020	0.662	34.105	<0.001***	1.071
消极激活情绪	-0.043	0.028	-0.052	-1.561	0.119	3.126
消极失活情绪	0.020	0.027	0.025	0.739	0.309	3.236
R^2	0.437					
调整 R^2	0.436					
F 值	F=414.393，p<0.001***					

注：***、**、*分别代表 0.001、0.01、0.05 的显著性水平。

数据结果表明，模型整体显著，F 值为 414.393，p 值小于 0.001，表明学业情绪变量对浅层认知投入有显著的预测能力。模型的 R^2 值为 0.437，意味着模型能够解释浅层认知投入变异量的 43.7%。调整后的 R^2 值为 0.436，与未调整值接近。具体来看，积极激活情绪对浅层认知投入有显著的正向影响，其标准化系数为 0.662，t 值为 34.105，p 值小于 0.001，表明当学生体验到享受、希望和骄傲等积极情绪时，他们的浅层认知投入水平显著提高。消极激活情绪对浅层认知投入的影响不显著，其标准化系数为-0.052，t值为-1.561，p值为0.119，表明愤怒、焦虑等消极激活情绪并未对学生的浅层认知投入产生显著影响。消极失活情绪虽然系数为正，但其对浅层认知投入的影响非常有限，标准化系数为0.025，t值为0.739，p值为0.309，未通过显著性检验。

第七节 基于回归分析结果的模型路径确定

按照模型中变量影响关系的顺序，对模型中的变量影响关系进行回归分析，结果如表6-16所示。回归分析结果确定了研究模型中各自变量之间及其与因变量之间的关系，是构建认知投入影响机制模型的基础。

由表6-16可以看出，直接影响深层认知投入的变量有混合学习环境感知变量中的易用性、灵活性、学生与内容的互动、结构提供，控制-价值评估变量中的学习控制评估、内部价值评估，学业情绪变量中的积极激活情绪、消极激活情绪以及消极失活情绪，可能通过控制-价值评估、学业情绪间接影响深层认知投入的变量有有用性、学习资源的可得性、自主支持、教师参与以及社会临场感等变量。

从以浅层认知投入为因变量的回归结果汇总中可以看出，直接影响浅层认知投入的变量有混合学习环境感知变量中的学习资源的可得性、学生与内容的互动、自主支持、结构提供、社会临场感，控制-价值评估变量中的学习控制评估、内部价值评估，学业情绪变量中的积极激活情绪，可能通过控制-价值评估、学业情绪间接影响浅层认知投入的变量有易用性、有用性、灵活性、教师参与等变量。

回归分析主要用于分析一个或多个自变量对一个因变量的影响，无法深入解释对多个变量间复杂的因果关系和潜在变量的影响。比如，灵活性显著影响学习控制评估，而学习控制评估又显著影响深层认知投入，那么是否可以推断学习控制评估在灵活性和深层认知投入之间存在中介作用，即灵活性通过学习控制评估间接影响深层认知投入？这需要通过中介效应分析进行验证。因此，本研究根据模型变量间的回归分析结果，结合中介效应假设，以

表 6-16　基于回归分析结果的变量关系汇总

变量		控制-价值评估 t（p）			学业情绪变量 t（p）			深层认知投入 t（p）	浅层认知投入 t（p）
		学习控制评估	内部价值评估	外部价值评估	积极激活情绪	消极激活情绪	消极失活情绪		
混合学习环境感知	易用性				2.108（0.035*）			2.124（0.034*）	
	有用性		2.882（0.004**）						
	灵活性	5.112（<0.001***）	4.271（<0.001***）		4.332（<0.001***）			2.014（0.044*）	
	学习资源的可得性	3.656（<0.001***）	5.087（<0.001***）	3.819（<0.001***）	2.985（0.003*）	2.116（0.034*）			1.973（0.049*）
	学生与内容的互动	19.337（<0.001***）	9.224（<0.001***）	2.020（0.044*）	11.326（<0.001**）			4.974（<0.001***）	3.839（<0.001***）
	自主支持			-2.078（0.038*）	2.214（0.027*）	-1.973（0.049*）			3.027（0.003**）
	教师参与		2.833（0.005**）		2.258（0.024*）				
	结构提供		3.176（0.002**）		2.244（0.025*）	-2.320（0.020*）		2.742（0.006**）	2.234（0.026*）
	社会临场感		2.394（0.017*）						2.092（0.037*）

续表

变量		控制-价值评估 t（p）			学业情绪变量 t（p）			深层认知投入 t（p）	浅层认知投入 t（p）
		学习控制评估	内部价值评估	外部价值评估	积极激活情绪	消极激活情绪	消极失活情绪		
控制-价值评估	学习控制评估				15.226（<0.001***）		-3.010（0.003**）	7.486（<0.001***）	8.363（<0.001***）
	内部价值评估				24.090（<0.001***）	-7.24（<0.001***）	-7.444（<0.001***）	11.339（<0.001***）	11.691（<0.001***）
	外部价值评估				4.065（<0.001***）	16.221（<0.001***）	13.384（<0.001***）		
学业情绪	积极激活情绪							31.23（<0.001***）	34.105（<0.001***）
	消极激活情绪							-3.279（<0.001***）	
	消极失活情绪							2.799（0.005**）	

注：***、**、*分别代表 0.001、0.01、0.05 的显著性水平。

混合学习环境感知变量为自变量，以控制-价值评估、学业情绪为中介变量，以认知投入为因变量，将理论研究模型细化为8组子模型。

其中，混合学习环境感知影响深层认知投入的中介模型4组：技术使用→控制-价值评估→学业情绪→深层认知投入；学习资源→控制-价值评估→学业情绪→深层认知投入；教师支持→控制-价值评估→学业情绪→深层认知投入；社会临场感→控制-价值评估→学业情绪→深层认知投入。

混合学习环境感知影响浅层认知投入的中介模型4组：技术使用→控制-价值评估→学业情绪→浅层认知投入；学习资源→控制-价值评估→学业情绪→浅层认知投入；教师支持→控制-价值评估→学业情绪→浅层认知投入；社会临场感→控制-价值评估→学业情绪→浅层认知投入。

本研究将依此对相关中介模型进行检验，估计模型路径系数，检验不同中介效应，通过中介效应分析，揭示混合学习环境感知影响认知投入的作用机制，为设计混合学习环境、开展混合学习从而促进学生认知投入提供实证支持。

第七章
基于中介效应分析的影响机制检验

混合学习环境感知、控制-价值评估、学业情绪以及认知投入变量在人口学变量上的差异分析结果表明，各变量在不同学科间存在显著差异，而在性别和年级上不存在显著差异或存在细微差异。回归分析检验了混合学习环境感知对控制-价值评估、学业情绪和认知投入的影响，控制-价值评估对学业情绪和认知投入的影响，以及学业情绪对认知投入的影响，判断了变量间关系的强度、方向，提供了精简优化影响机制的判断依据。统计学上的中介效应分析是探究因果机制问题的主要手段之一。因此，本章将在差异分析和回归分析的基础上，检验各混合学习环境感知变量与认知投入之间的中介效应关系，厘清自变量、中介变量、因变量之间的因果机制，并比较混合学习环境感知变量影响认知投入作用机制的学科差异。

第一节　中介效应假设形成与检验方法的选择

一　中介效应假设形成方法

Rasoolimanesh 等①将形成中介效应假设的方法总结为两种：传递方法（transmittal approach）和分割方法（segmentation approach）。方法的选择取决

① Rasoolimanesh, S. M., Wang, M., Roldán, J. L., et al., "Are We in Right Path for Mediation Analysis? Reviewing the Literature and Proposing Robust Guidelines", *Journal of Hospitality and Tourism Management* 48, 2021, pp. 395–405.

于是否有既定的理论和以前的实证研究来支持直接或间接效应。如果应用具有效果层次结构的理论，如价值-态度-行为理论，则代表中间层的变量（如态度）起到中介作用，诸如此类理论可以直接支持间接效应（即顺序效应）和中介效应。在这种情况下，可以在理论框架支持下应用传递方法来发展中介假设。当没有明确的理论支持间接效应时，应采用分割方法。这种方法要求研究者分别提供自变量对中介变量的影响，以及中介变量对因变量的影响的理论支持或实证结果支撑。即使不形成正式的中介效应假设，也需要为这两个效应提供理论基础。本研究的学业情绪理论是具有效果层次递进结构的理论，为形成中介效应假设提供了理论支撑。同时，本书总结了已有实证研究结果用以支持本研究中不同变量之间的影响关系。因此，本研究的中介效应假设形成综合运用了传递方法和分割方法，为中介效应检验提供了方法论基础。

二　中介效应假设检验方法

Rungtusanatham 等①指出，在中介效应分析领域，显式程序（explicit procedures）和隐式程序（implicit procedures）是两种不同的研究方法。显式程序包括 Sobel 测试、Bootstrap 法、Monte Carlo 模拟和 DOP 法等，因其正式的统计测试、灵活性、较高的统计功效以及对直接效应的考虑，适用于需要精确统计测试中介效应的复杂模型和样本量较小的情况。相反，隐式程序如 Baron 和 Kenny 的方法及 James 等的方法，因其简单易行和直观性，在初步探索中介效应或资源有限的情况下更为适用。然而，隐式程序可能在统计功效和处理不一致中介效应方面存在局限性。因此，在选择分析方法时应考虑研究目的、样本大小、模型复杂性及对统计方法的熟悉程度，并优先考虑使用显式程序以获得更精确可靠的中介效应检验结果。

如上所述，检验中介效应显著性的方法有很多。逐步回归法通过分析自变量对因变量的总效应、自变量对中介变量的效应以及中介变量对因变量的

① Rungtusanatham, M., Miller, J. W., Boyer, K. K., "Theorizing, Testing, and Concluding for Mediation in SCM Research: Tutorial And Procedural Recommendations", *Journal of Operations Management* 32 (3), 2014, pp. 99-113.

效应来检验中介效应的存在。Bootstrap 法是一种更为灵活的非参数检验方法，适用于各种样本大小和分布情况，通过重复抽样来估计中介效应的置信区间。由于 Bootstrap 检验不需要对数据进行严格的分布假设，适用于各种类型的数据，包括非正态分布的数据，因此，在统计推断中更加灵活和有效。并且该检验方法对中、小样本数据和各种中介效应模型均适用，成为检验中介效应的常用方法之一①。本研究采用结构方程模型进行 Bootstrap 检验，逐一对上述模型中的中介效应假设进行验证。由于中介效应是间接效应，无论变量是否涉及潜变量，都可以用结构方程模型分析中介效应②。为了简化分析流程，本研究选择以显变量的方式对相关中介效应进行检验。

三　中介效应学科差异检验

差异分析结果表明，不同变量在人口学统计变量上存在差异。比如，深层认知投入人口学差异分析结果显示，深层认知投入在性别和年级变量上不存在显著差异。在学科上，深层认知投入水平从高到低依次是艺体类>社科类>理工类，且理工类与社科类、理工类与艺体类存在显著差异。同时，混合学习环境感知变量、控制-价值评估变量以及学业情绪变量在学科变量上存在显著差异。因此，有必要对所形成的中介效应假设进行学科差异检验，以判断不同学科学生在混合学习环境感知对深层认知投入的影响机制上的同质性和异质性。

多组分析是一种已经被广泛用于组间差异比较的方法。该统计分析技术通常用于检查分类变量（如性别或国家）以及可以通过二分法过程或聚类分析进行分类的连续变量之间的差异③。多组分析可以在结构方程模型中进行，即分组结构方程模型（Multigroup Structural Equation Modeling，MG-SEM），测试多个组的结构路径之间的有意义差异。MG-SEM 方法是一种复杂但强大的

---

① 方杰、张敏强、邱皓政：《中介效应的检验方法和效果量测量：回顾与展望》，《心理发展与教育》2012 年第 1 期。

② 温忠麟、张雷、侯杰泰等：《中介效应检验程序及其应用》，《心理学报》2004 年第 5 期。

③ Cheah, J-H., Amaro, S., Roldán, J. L., "Multigroup Analysis of More than Two Groups in PLS-SEM: A Review, Illustration, and Recommendations", *Journal of Business Research* 156, 2023, p. 113539.

统计方法，可以检验不同群体间中介效应的一致性。该方法适用于需要比较不同子样本中介过程是否相同的研究。Amos简单的图形操作界面能够让研究者轻松进行分析，因此成为当前运用MG-SEM时经常被使用的统计软件。为了检验不同学科模型参数是否一致，本研究采用Amos软件的MG-SEM，检验上述中介效应在不同学科之间的一致性。

第二节　混合学习环境中学业情绪对深层认知投入的影响机制

一　基于回归分析结果的中介效应模型

学业情绪控制-价值理论指出，学习控制评估和价值评估是学业情绪的近端前因，直接影响学生的情绪体验。当学生感到对学习任务有较强的控制感，并且认为这些任务具有个人意义和价值时，他们更可能经历积极的情绪，如享受和希望，这些情绪又反过来促进学习投入和提高学习成效。相反，控制感较弱和价值评估水平较低时，可能会引发消极情绪，如无聊和焦虑，从而降低学习动机和成效。该理论将个体特征和学习环境作为远端前因，它们通过影响学生的学习控制评估和价值评估间接影响学业情绪。例如，具有高成就目标的学生可能因为对成功的期望而体验到更积极的学业情绪，而一个支持自主和合作的学习环境可以增强学生的控制感和价值感，进而促进积极学业情绪的产生。学业情绪影响学习表现和成效，积极的情绪，如兴趣和骄傲，已被证明能够促进对认知资源的利用和增强学习动机，而消极的情绪，如焦虑和羞愧，可能消耗认知资源并干扰学习过程。

该理论框架将学业情绪与近端的学习控制评估和价值评估、远端的学习环境以及预期的学习表现和成效联系起来，以解释学习发生过程。在此理论中，学业情绪被认为是学习环境与学习表现和成效之间的中介变量，表明学业情绪在影响学习效果的过程中起着重要作用。该理论框架为理解和改善学生的学习体验提供了多维视角，有助于教育者和心理学者设计更有效的教育策略。通过关注学业情绪的中介作用，教育者可以更好地理解学生的学习过程，并采取相应的措施来改善学习环境，提高学习效果。

深层认知投入影响因素的回归分析结果显示，混合学习环境感知变量中的易用性、灵活性、学生与内容的互动、结构提供对深层认知投入有显著影响，控制-价值评估变量中的学习控制评估、内部价值评估对深层认知投入有显著影响，学业情绪变量中的积极激活情绪、消极激活情绪以及消极失活情绪对深层认知投入具有显著影响。然而，回归分析主要用于分析一个或多个自变量（解释变量）对一个因变量（响应变量）的影响，无法深入解释多个变量间复杂的因果关系和潜在变量的影响。为分析多个变量间复杂的因果关系及其对深层认知投入的影响，本研究基于学业情绪控制-价值理论，采用结构方程模型，建立混合学习环境感知、控制-价值评估、学业情绪与深层认知投入之间的中介作用关系模型，运用 Bootstrap 方法检验自变量对因变量的影响机制。就深层认知投入而言，本研究提出的理论模型具体分为 4 个子模型，以混合学习环境感知框架中 4 个维度的变量为中介模型的自变量（独立变量），以控制-价值评估和学业情绪变量为中介变量，以深层认知投入为因变量，模型概要如图 7-1 所示。

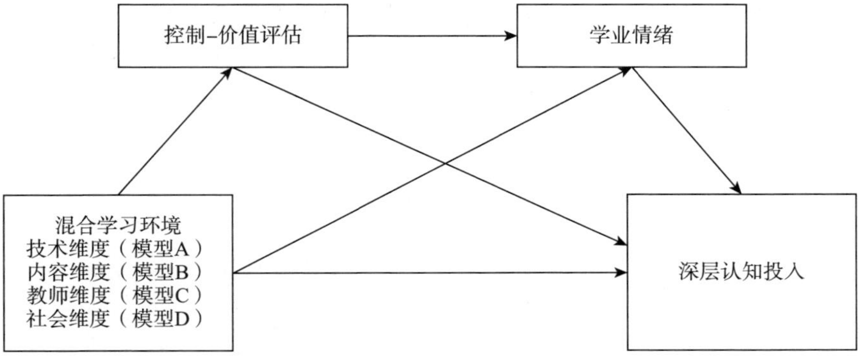

图 7-1　学业情绪对混合学习环境影响深层认知投入的中介效应模型

（1）模型 A：学业情绪对技术使用影响深层认知投入的中介效应模型。该模型是学业情绪对技术使用感知影响深层认知投入的中介效应模型，用于检验学生在混合学习过程中对学习技术的使用体验如何通过学习控制评估、价值评估和学业情绪影响深层认知投入，包括控制-价值评估、学业情绪对易用性、有用性以及灵活性影响深层认知投入的中介效应。

（2）模型 B：学业情绪对学习资源影响深层认知投入的中介效应模型。该模型用于检验控制-价值评估、学业情绪对学习资源的可得性、学生与内容的互动影响深层认知投入的中介效应。

（3）模型 C：学业情绪对教师支持影响深层认知投入的中介效应模型。该模型用于检验控制-价值评估、学业情绪对自主支持、教师参与、结构提供影响学生深层认知投入的中介效应。

（4）模型 D：学业情绪对社会临场感影响深层认知投入的中介效应模型。该模型用于检验控制-价值评估、学业情绪对社会临场感影响深层认知投入的中介效应。

二　学业情绪对技术使用影响深层认知投入的中介效应

（一）积极激活学业情绪对易用性影响深层认知投入的中介效应

基于学业情绪控制-价值理论和已有实证研究结果判断，易用性、积极激活学业情绪和深层认知投入之间存在简单中介效应。因此，本研究在易用性与深层认知投入之间形成如下中介效应假设：易用性→积极激活情绪→深层认知投入。依此假设构建了如图 7-2 所示的中介效应模型。

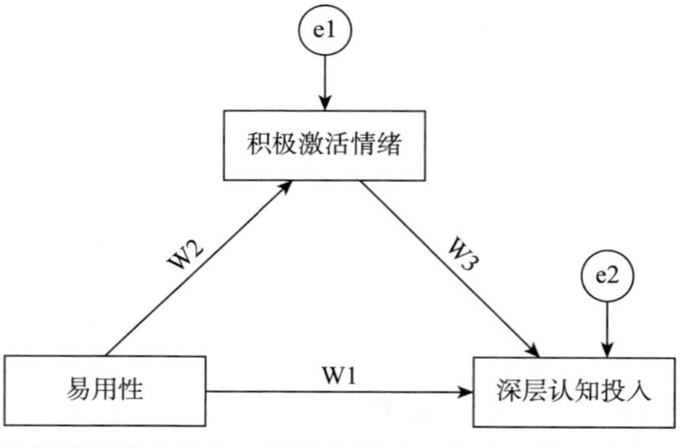

图 7-2　积极激活学业情绪对易用性影响深层认知投入的中介效应模型

1. 模型路径系数估计

模型路径的系数估计结果如表 7-1 所示。研究结果显示，易用性对积极激活情绪有显著正向影响（评估系数 = 0.463，标准误 = 0.019，临界比率 = 24.982，$p<0.001$，95%置信区间为［0.407，0.516］，标准化系数 = 0.529），

表明随着易用性的提高，学生更可能体验积极激活情绪。积极激活情绪对深层认知投入也有显著正向影响（估计系数=0.621，标准误=0.025，临界比率=24.352，p<0.001，95%置信区间=［0.558，0.678］，标准化系数=0.558），表明当学生表现出更多的积极激活情绪时，他们会有更高水平的深层认知投入。易用性对深层认知投入的直接影响虽然显著，但相对较小（估计系数=0.114，标准误=0.022，临界比率=5.104，p<0.001，95%置信区间=［0.058，0.165］，标准化系数=0.117）。

表 7-1　模型路径系数估计结果

路径	估计系数	标准误	临界比率	p
易用性→积极激活情绪	0.463	0.019	24.982	<0.001***
易用性→深层认知投入	0.114	0.022	5.104	<0.001***
积极激活情绪→深层认知投入	0.621	0.025	24.352	<0.001***

注：***、**、*分别代表0.001、0.01、0.05的显著性水平。

2. 中介效应检验

易用性对深层认知投入的直接效应、间接效应和总效应结果如表7-2所示。

表 7-2　易用性对深层认知投入的直接效应、间接效应和总效应

	估计系数	标准误	置信区间
直接效应			
易用性→深层认知投入	0.114	0.027	[0.058，0.165]
间接效应			
易用性→积极激活情绪→深层认知投入	0.288	0.023	[0.243，0.332]
总效应	0.402	0.030	[0.340，0.458]
间接效应占总效应比例（%）	71.6		

结果显示，易用性对深层认知投入有显著的直接影响，同时也通过积极激活情绪变量产生间接影响。易用性对深层认知投入的直接效应为0.114，表明易用性的提高对深层认知投入水平的提高有正向影响。易用性通过积极激活情绪对深层认知投入的间接效应为0.288，表明易用性通过积极激活情绪间接正向影响深层认知投入。易用性影响深层认知投入的总效应为0.402，间接

效应占总效应的比例为 71.6%，表明大部分易用性对深层认知投入的影响是通过积极激活情绪间接产生的。

3. 学科差异检验

学科差异检验结果如表 7-3 所示。结果表明，理工类与社科类学生在易用性对深层认知投入的影响上存在显著差异（diff = 0.118，95%置信区间 = [0.010，0.250]，p = 0.028），表明理工类学生更能感受到易用性对学习投入的积极作用。然而，其他路径系数的组间比较均未发现显著差异，表明不同学科学生在该中介效应路径上具有相似性或差异不显著。总效应、中介效应在各学科间不存在显著差异。

表 7-3 学科差异检验

路径	学科比较	diff	95%置信区间	p
易用性→深层认知投入	理工类—社科类	0.118	[0.010，0.250]	0.028*
	理工类—艺体类	0.081	[-0.046，0.202]	0.197
	社科类—艺体类	-0.036	[-0.178，0.095]	0.607
易用性→积极激活情绪	理工类—社科类	-0.035	[-0.162，0.084]	0.553
	理工类—艺体类	-0.014	[-0.156，0.123]	0.836
	社科类—艺体类	0.021	[-0.123，0.173]	0.749
积极激活情绪→深层认知投入	理工类—社科类	-0.106	[-0.259，0.045]	0.147
	理工类—艺体类	-0.092	[-0.233，0.067]	0.242
	社科类—艺体类	0.014	[-0.128，0.171]	0.824
易用性→积极激活情绪→深层认知投入	理工类—社科类	-0.070	[-0.180，0.027]	0.138
	理工类—艺体类	-0.050	[-0.154，0.054]	0.423
	社科类—艺体类	0.021	[-0.088，0.143]	0.685

注：***、**、*分别代表 0.001、0.01、0.05 的显著性水平。

（二）内部价值评估、积极激活学业情绪对有用性影响深层认知投入的中介效应

由表 6-16 可知，有用性显著影响内部价值评估，内部价值评估显著影响积极激活情绪、消极激活情绪及消极失活情绪，而 3 类学业情绪又显著影响深层认知投入。形成的中介效应假设包括：有用性→内部价值评估→深层认

知投入；有用性→积极激活情绪/消极激活情绪/消极失活情绪→深层认知投入；有用性→内部价值评估→积极激活情绪/消极激活情绪/消极失活情绪→深层认知投入。

1. 模型路径系数估计

模型路径系数估计结果如表 7-4 所示。结果显示，在第一个模型中，所有路径系数均显著。具体而言，有用性对内部价值评估具有显著的正向影响，表明学生越感到混合学习技术有用，混合学习的内部价值评估水平就越高。内部价值评估对积极激活情绪产生显著的正向影响，说明当学生感知到混合学习对其具有价值时，更可能体验到积极激活情绪。有用性直接正向影响积极激活情绪，内部价值评估直接影响深层认知投入，有用性对深层认知投入具有直接显著影响，积极激活情绪显著影响深层认知投入。

表 7-4　模型路径系数估计

模型	路径	估计系数	标准误	临界比率	p
积极激活情绪中介模型	有用性→内部价值评估	0.592	0.021	28.686	<0.001***
	内部价值评估→积极激活情绪	0.708	0.016	43.148	<0.001***
	有用性→积极激活情绪	0.123	0.017	7.388	<0.001***
	内部价值评估→深层认知投入	0.135	0.037	3.640	<0.001***
	有用性→深层认知投入	0.109	0.026	4.175	<0.001***
	积极激活情绪→深层认知投入	0.510	0.038	13.341	<0.001***
消极激活情绪中介模型	有用性→内部价值评估	0.592	0.021	28.686	<0.001***
	内部价值评估→消极激活情绪	0.015	0.037	0.398	0.691
	有用性→消极激活情绪	-0.173	0.037	-4.642	<0.001***
	内部价值评估→深层认知投入	0.496	0.027	18.719	<0.001***
	有用性→深层认知投入	0.169	0.027	6.226	<0.001***
	消极激活情绪→深层认知投入	-0.015	0.018	-0.829	0.407
消极失活情绪中介模型	有用性→内部价值评估	0.592	0.021	28.686	<0.001***
	内部价值评估→消极失活情绪	-0.105	0.037	-2.829	0.005**
	有用性→消极失活情绪	-0.199	0.038	-5.282	<0.001***
	内部价值评估→深层认知投入	0.496	0.027	18.659	<0.001***
	有用性→深层认知投入	0.171	0.027	6.303	<0.001***
	消极失活情绪→深层认知投入	-0.001	0.018	-0.033	0.974

注：***、**、*分别代表 0.001、0.01、0.05 的显著性水平。

在第二个模型中，消极激活情绪被作为中介变量纳入模型，路径系数估计结果表明，与积极激活情绪不同的是，内部价值评估对消极激活情绪的影响不显著，消极激活情绪对深层认知投入的影响也不显著。具体而言，有用性正向显著地影响内部价值评估，内部价值评估正向显著地影响深层认知投入。此外，有用性也直接正向显著地影响深层认知投入。有用性对消极激活情绪有显著的负向影响，消极激活情绪对深层认知投入没有显著影响。

在第三个模型中，消极失活情绪被作为中介变量纳入模型，路径系数估计结果显示，有用性显著影响内部价值评估，有用性和内部价值评估显著负向影响消极失活情绪，有用性和内部价值评估显著正向影响深层认知投入，消极失活情绪负向影响深层认知投入，但不显著。需要注意的是，虽然消极失活情绪负向影响深层认知投入结果不显著，但对理解影响过程具有一定意义。

2. 中介效应检验

根据表 7-4 路径系数估计结果，在第二个和第三个模型中，消极激活情绪、消极失活情绪均负向影响深层认知投入，表明学生在混合学习过程中对消极情绪的体验水平越高，其深层认知投入水平就越低，与预期结果和理论基础相一致。但需要指出的是，这两条路径均不具有统计学意义上的显著性。根据中介效应检验程序，第二个和第三个模型中消极学业情绪的中介效应不存在，两个模型中仅包含有用性→内部价值评估→深层认知投入这一中介效应假设。该中介效应假设也包含在第一个模型中。因此，只需要对第一个模型进行检验即可，检验结果如表 7-5 所示。

表 7-5　中介效应检验

	估计系数	标准误	95%置信区间
直接效应			
有用性→深层认知投入	0.109	0.030	[0.048, 0.168]
间接效应			
有用性→内部价值评估→深层认知投入	0.080	0.028	[0.029, 0.139]
有用性→积极激活情绪→深层认知投入	0.063	0.013	[0.040, 0.089]
有用性→内部价值评估→积极激活情绪→深层认知投入	0.214	0.023	[0.170, 0.261]
总效应	0.465	0.032	[0.369, 0.492]
间接效应占总效应比例（%）	76.7		

有用性对深层认知投入具有显著的直接影响，同时还通过内部价值评估、积极激活情绪，以及它们的链式中介路径产生间接影响。总效应表明有用性对深层认知投入具有显著正向影响，其中间接效应占总效应的 76.7%，表明中介变量在有用性与深层认知投入关系中的重要作用。

3. 学科差异检验

有用性对深层认知投入影响的中介效应的学科差异检验结果如表 7-6 所示。由表 7-6 可以看出，在有用性→内部价值评估→深层认知投入这一中介效应上，理工类与社科类之间的差异为 0.145，95%置信区间 = [0.032, 0.268]，p=0.016，表明理工类学生在此中介路径上的效应显著大于社科类学生。社科类与艺体类之间的差异为-0.184，95%置信区间 = [-0.330, -0.047]，p=0.006，表明社科类学生在此中介路径上的效应显著小于艺体类学生。理工类与艺体类之间的差异不显著，95%置信区间 = [-0.164, 0.081]，p=0.595。理工类与社科类、社科类与艺体类之间的效应存在显著差异，表明不同学科学生在该路径上的深层认知投入受到不同程度的影响。在有用性→积极激活情绪→深层认知投入、有用性→内部价值评估→积极激活情绪→深层认知投入两条中介效应路径上，理工类和社科类存在显著差异，理工类与艺体类、社科类与艺体类之间的差异均不显著。

表 7-6　学科差异检验

路径	学科比较	diff	95%置信区间	p
有用性→内部价值评估→深层认知投入	理工类—社科类	0.145	[0.032, 0.268]	0.016*
	理工类—艺体类	-0.038	[-0.164, 0.081]	0.595
	社科类—艺体类	-0.184	[-0.330, -0.047]	0.006**
有用性→积极激活情绪→深层认知投入	理工类—社科类	-0.051	[-0.120, 0.008]	0.115*
	理工类—艺体类	-0.012	[-0.073, 0.039]	0.631
	社科类—艺体类	0.038	[-0.039, 0.122]	0.287
有用性→内部价值评估→积极激活情绪→深层认知投入	理工类—社科类	-0.130	[-0.239, -0.018]	0.020*
	理工类—艺体类	-0.042	[-0.132, 0.059]	0.439
	社科类—艺体类	0.088	[-0.036, 0.209]	0.167

注：***、**、* 分别代表 0.001、0.01、0.05 的显著性水平。

（三）学习控制评估、内部价值评估、学业情绪对灵活性影响深层认知投入的中介效应

回归分析结果表明，灵活性显著正向影响学习控制评估、内部价值评估、积极激活情绪、深层认知投入，学习控制评估显著正向影响积极激活情绪、显著负向影响消极失活情绪、显著正向影响深层认知投入，根据理论基础和实证研究结果，形成以下 5 个中介效应模型：①学习控制评估、积极激活情绪对灵活性影响深层认知投入的中介效应模型；②学习控制评估、消极失活情绪对灵活性影响深层认知投入的中介效应模型；③内部价值评估、积极激活情绪对灵活性影响深层认知投入的中介效应模型；④内部价值评估、消极激活情绪对灵活性影响深层认知投入的中介效应模型；⑤内部价值评估、消极失活情绪对灵活性影响深层认知投入的中介效应模型。

1. 模型路径系数估计

模型路径系数估计结果如表 7-7 所示。模型①路径系数估计结果显示，灵活性显著正向影响学习控制评估，灵活性和学习控制评估同时显著正向影响积极激活情绪，灵活性和积极激活情绪显著正向影响深层认知投入，而学习控制评估对深层认知投入的影响不显著。模型②路径系数估计结果显示，灵活性显著正向影响学习控制评估和深层认知投入，显著负向影响消极失活情绪，学习控制评估对消极失活情绪的影响不显著，消极失活情绪对深层认知投入的影响不显著。模型③至模型⑤探讨了内部价值评估、学业情绪对灵活性影响深层认知投入的中介效应，3 个模型分别分析了积极激活情绪、消极激活情绪和消极失活情绪的影响。模型③的结果表明，包含积极激活情绪的所有路径均显著。就消极情绪而言，模型④和模型⑤的结果表明，内部价值评估对消极激活情绪和消极失活情绪的影响均不显著，消极激活情绪和消极失活情绪对深层认知投入的影响也不显著。

表 7-7　模型路径系数估计

模型	路径	估计系数	标准误	临界比率	p
模型①	灵活性→学习控制评估	0.804	0.015	53.951	<0.001 ***
	学习控制评估→积极激活情绪	0.438	0.024	18.231	<0.001 ***
	灵活性→积极激活情绪	0.383	0.024	15.904	<0.001 ***
	学习控制评估→深层认知投入	0.063	0.038	1.649	0.099
	灵活性→深层认知投入	0.154	0.038	4.091	<0.001 ***
	积极激活情绪→深层认知投入	0.518	0.036	14.263	<0.001 ***
模型②	灵活性→学习控制评估	0.804	0.015	53.951	<0.001 ***
	学习控制评估→消极失活情绪	0.034	0.051	0.651	0.515
	灵活性→消极失活情绪	-0.292	0.052	-5.666	<0.001 ***
	学习控制评估→深层认知投入	0.291	0.037	7.825	<0.001 ***
	灵活性→深层认知投入	0.351	0.038	9.353	<0.001 ***
	消极失活情绪→深层认知投入	-0.004	0.018	-0.243	0.808
模型③	灵活性→内部价值评估	0.785	0.016	48.221	<0.001 ***
	内部价值评估→积极激活情绪	0.550	0.020	27.653	<0.001 ***
	灵活性→积极激活情绪	0.303	0.020	14.935	<0.001 ***
	内部价值评估→深层认知投入	0.109	0.039	2.797	0.005 **
	灵活性→深层认知投入	0.149	0.035	4.263	<0.001 ***
	积极激活情绪→深层认知投入	0.479	0.040	11.947	<0.001 ***
模型④	灵活性→内部价值评估	0.785	0.016	48.221	<0.001 ***
	内部价值评估→消极激活情绪	0.037	0.047	0.788	0.431
	灵活性→消极激活情绪	-0.161	0.048	-3.373	<0.001 ***
	内部价值评估→深层认知投入	0.373	0.033	11.176	<0.001 ***
	灵活性→深层认知投入	0.291	0.034	8.528	<0.001 ***
	消极激活情绪→深层认知投入	-0.015	0.018	-0.851	0.395
模型⑤	灵活性→内部价值评估	0.785	0.016	48.221	<0.001 ***
	内部价值评估→消极失活情绪	-0.045	0.047	-0.959	0.337
	灵活性→消极失活情绪	-0.23	0.048	-4.776	<0.001 ***
	内部价值评估→深层认知投入	0.373	0.033	11.16	<0.001 ***
	灵活性→深层认知投入	0.295	0.034	8.585	<0.001 ***
	消极失活情绪→深层认知投入	0.003	0.018	0.15	0.881

注：***、**、*分别代表 0.001、0.01、0.05 的显著性水平。

2. 中介效应检验

对 5 个模型中可能的中介效应进行检验，检验结果如表 7-8 所示。

表 7-8　中介效应检验结果

模型		估计系数	标准误	95%置信区间
模型①	直接效应			
	灵活性→深层认知投入	0.154	0.049	[0.058, 0.254]
	间接效应			
	灵活性→学习控制评估→深层认知投入	0.051	0.038	[-0.028, 0.124]
	灵活性→积极激活情绪→深层认知投入	0.198	0.030	[0.145, 0.258]
	灵活性→学习控制评估→积极激活情绪→深层认知投入	0.183	0.024	[0.136, 0.232]
	总效应	0.586	0.031	[0.521, 0.643]
	间接效应占总效应比例（%）	73.7		
模型②	直接效应			
	灵活性→深层认知投入	0.351	0.057	[0.240, 0.466]
	间接效应			
	灵活性→学习控制评估→深层认知投入	0.234	0.044	[0.153, 0.323]
	灵活性→消极失活情绪→深层认知投入	0.001	0.006	[-0.011, 0.014]
	灵活性→学习控制评估→消极失活情绪→深层认知投入	0.000	0.001	[-0.004, 0.002]
	总效应	0.586	0.031	[0.521, 0.643]
	间接效应占总效应比例（%）	40.1		
模型③	直接效应			
	灵活性→深层认知投入	0.149	0.043	[0.066, 0.233]
	间接效应			
	灵活性→内部价值评估→深层认知投入	0.085	0.038	[0.014, 0.165]
	灵活性→积极激活情绪→深层认知投入	0.145	0.023	[0.101, 0.190]
	灵活性→内部价值评估→积极激活情绪→深层认知投入	0.207	0.024	[0.164, 0.257]
	总效应	0.586	0.031	[0.521, 0.643]
	间接效应占总效应比例（%）	74.6		

续表

模型		估计系数	标准误	95%置信区间
模型④	直接效应			
	灵活性→深层认知投入	0.291	0.045	[0.201, 0.380]
	间接效应			
	灵活性→内部价值评估→深层认知投入	0.293	0.032	[0.231, 0.358]
	灵活性→消极激活情绪→深层认知投入	0.002	0.004	[-0.004, 0.012]
	灵活性→内部价值评估→消极激活情绪→深层认知投入	0.000	0.001	[-0.005, 0.001]
	总效应	0.586	0.031	[0.521, 0.643]
	间接效应占总效应比例（%）	50.3		
模型⑤	直接效应			
	灵活性→深层认知投入	0.295	0.045	[0.205, 0.384]
	间接效应			
	灵活性→内部价值评估→深层认知投入	0.292	0.032	[0.231, 0.358]
	灵活性→消极失活情绪→深层认知投入	-0.001	0.005	[-0.010, 0.009]
	灵活性→内部价值评估→消极失活情绪→深层认知投入	0.000	0.001	[-0.003, 0.002]
	总效应	0.586	0.031	[0.521, 0.643]
	间接效应占总效应比例（%）	49.7		

在模型①中，灵活性对深层认知投入的直接效应为0.154，同时通过学习控制评估和积极激活情绪的中介作用显著增强这一影响。具体而言，灵活性通过学习控制评估对深层认知投入的间接效应为0.051，通过积极激活情绪的间接效应为0.198，通过学习控制评估和积极激活情绪的链式中介效应为0.183。总效应为0.586，其中间接效应占总效应的73.7%，表明灵活性主要通过中介变量影响深层认知投入。

在模型②中，灵活性对深层认知投入的直接效应为0.351，灵活性通过学习控制评估对深层认识投入的间接效应为0.234，通过消极失活情绪对深层认知投入的间接效应几乎为0，表明当考虑到消极失活情绪对学生的影响时，学习控制评估在灵活性影响深层认知投入的过程中起到了显著的中介作用。总效应为0.586，间接效应占总效应的40.1%，显示灵活性对深层认知投入的影响部分通过学习控制评估传递。

在模型③中，灵活性对深层认知投入的直接效应为0.149。内部价值评估的间接效应为0.085，积极激活情绪的间接效应为0.145，两者的链式中介效应为0.207。在总效应0.586中，间接效应占比达到74.6%，表明中介变量在灵活性与深层认知投入关系中起着关键作用。

在模型④中，灵活性对深层认知投入的直接效应为0.291。内部价值评估的间接效应为0.293，而消极激活情绪的间接效应几乎为0，表明内部价值评估在灵活性与深层认知投入的关系中发挥了显著的中介作用。在总效应0.586中，间接效应占比为50.3%，说明灵活性对深层认知投入的影响部分通过内部价值评估这一中介变量传递。

在模型⑤中，灵活性对深层认知投入的直接效应为0.295。内部价值评估的间接效应为0.292，而消极失活情绪的间接效应接近于0，再次证实了内部价值评估在灵活性与深层认知投入关系中的显著中介作用。在总效应0.586中，间接效应占比为49.7%，表明灵活性对深层认知投入的影响部分通过内部价值评估这一中介变量实现。

综合5个模型的分析结果，灵活性在混合学习环境中对深层认知投入具有显著的正向影响。这一影响不仅包括直接效应，还包括间接效应。不同模型中间接效应的比例不同，表明不同学业情绪在灵活性影响深层认知投入的过程中起到了不同的作用。

3. 学科差异检验

对模型中的中介效应进行学科差异检验，结果见表7-9。检验结果表明，在模型①中，灵活性通过积极激活情绪对深层认知投入的中介效应在不同学科间存在显著差异。具体来说，与社科类相比，理工类的中介效应更弱，差异值为-0.195，95%置信区间为［-0.343，-0.07］，$p=0.002$。与艺体类相比，社科类的中介效应更强，差异值为0.138，95%置信区间为［0.001，0.295］，$p=0.050$。同时，灵活性通过学习控制评估对深层认知投入的中介效应在理工类与艺体类间也表现出显著差异，差异值为0.154，95%置信区间为［0.015，0.302］，$p=0.035$。在模型③中，灵活性通过积极激活情绪对深层认知投入的中介效应在理工类与社科类间同样存在显著差异，差异值为-0.163，95%置信区间为［-0.288，-0.058］，$p=0.002$。灵活性通过内部价值评估对深层认知投入的中介效应在理工类与社科类间有显著差异，差异值为0.195，95%置信区间为［0.031，0.354］，p=0.023。而社科类与艺体类间的中介效应差异值为-0.268，95%置信区间为［-0.447，-0.088］，p=0.002。在模型④中，灵活性通过内部价值评估对深层认知投入的中介效应在社科类与艺体类间存在显著差异，差异值为-0.166，95%置信区间为［-0.317，-0.001］，p=0.050。在模型⑤中，灵活性通过内部价值评估对深层认知投入的中介效应在社科类与艺体类间同样表现出显著差异，差异值为-0.169，95%置信区间为［-0.321，-0.009］，p=0.045。

表 7-9　学科差异检验

模型	路径	学科比较	diff	95%置信区间	p
模型①	灵活性→积极激活情绪→深层认知投入	理工类—社科类	-0.195	［-0.343，-0.07］	0.002**
		社科类—艺体类	0.138	［0.001，0.295］	0.050*
	灵活性→学习控制评估→深层认知投入	理工类—艺体类	0.154	［0.015，0.302］	0.035*
模型③	灵活性→积极激活情绪→深层认知投入	理工类—社科类	-0.163	［-0.288，-0.058］	0.002**
	灵活性→内部价值评估→深层认知投入	理工类—社科类	0.195	［0.031，0.354］	0.023*
		社科类—艺体类	-0.268	［-0.447，-0.088］	0.002**
模型④	灵活性→内部价值评估→深层认知投入	社科类—艺体类	-0.166	［-0.317，-0.001］	0.050*
模型⑤	灵活性→内部价值评估→深层认知投入	社科类—艺体类	-0.169	［-0.321，-0.009］	0.045*

注：***、**、*分别代表0.001、0.01、0.05的显著性水平。

从检验结果上判断，理工类与社科类学生在通过积极激活情绪影响深层认知投入的中介效应上存在显著差异，其中理工类学生的影响较弱。同时，社科类与艺体类学生在通过内部价值评估影响深层认知投入的中介效应上也表现出显著差异。检验结果表明，在设计教学策略时需考虑学生的学科背景，以更有效地提升不同背景学生的深层认知投入。

三　学业情绪对学习资源影响深层认知投入的中介效应

（一）学习控制评估、价值评估、学业情绪对学习资源的可得性影响深层认知投入的中介效应

回归分析结果显示，学习资源的可得性显著正向影响学习控制评估、内部价值评估、外部价值评估、积极激活情绪、消极激活情绪，学习控制评估显著正向影响积极激活情绪，显著负向影响消极失活情绪，内部价值评估显著正向影响积极激活情绪，显著负向影响消极激活情绪、消极失活情绪，外部价值评估显著正向影响积极激活情绪、消极激活情绪及消极失活情绪，积极激活情绪、消极失活情绪显著正向影响深层认知投入，消极激活情绪显著负向影响深层认知投入。根据回归结果，本研究形成8个链式中介效应模型：学习资源的可得性→学习控制评估→积极激活情绪→深层认知投入；学习资源的可得性→学习控制评估→消极失活情绪→深层认知投入；学习资源的可得性→内部价值评估→积极激活情绪→深层认知投入；学习资源的可得性→内部价值评估→消极激活情绪→深层认知投入；学习资源的可得性→内部价值评估→消极失活情绪→深层认知投入；学习资源的可得性→外部价值评估→积极激活情绪→深层认知投入；学习资源的可得性→外部价值评估→消极激活情绪→深层认知投入；学习资源的可得性→外部价值评估→消极失活情绪→深层认知投入。

1. 模型路径系数估计

首先，对学习控制评估、学业情绪对学习资源的可得性影响深层认知投入的中介效应模型路径系数进行估计。结果显示，在学习资源的可得性→学习控制评估→积极激活情绪→深层认知投入模型中，所有路径系数均显著，模型路径系数结果如图7-3（a）所示。在学习资源的可得性→学习控制评估→消极失活情绪→深层认知投入链式中介模型中，学习控制评估→消极失活情绪的路径系数不显著，消极失活情绪→深层认知投入的路径系数不显著，模型路径系数结果如图7-3（b）所示，不显著路径以虚线标注。该中介效应模型简化为简单中介效应模型，即学习资源的可得性→学习控制评估→深层认知投入。

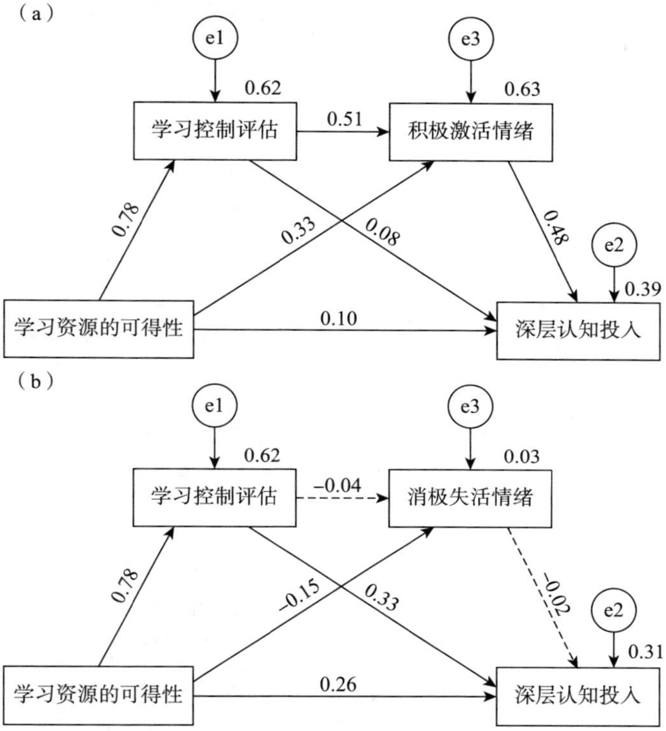

图 7-3　学习控制评估、学业情绪对学习资源的可得性影响深层认知投入的中介效应模型路径系数

其次，对内部价值评估、学业情绪对学习资源的可得性影响深层认知投入的中介效应模型路径系数进行估计。结果显示，在学习资源的可得性→内部价值评估→积极激活情绪→深层认知投入链式中介模型中，所有路径系数均显著，结果见图 7-4。

在学习资源的可得性→内部价值评估→消极激活情绪→深层认知投入中介效应模型中，内部价值评估→消极激活情绪的路径系数不显著，学习资源的可得性→消极激活情绪的路径系数不显著，消极激活情绪→深层认知投入的路径系数不显著，结果见图 7-5（a）。学习资源的可得性→内部价值评估→消极失活情绪→深层认知投入的中介效应模型路径系数估计结果显示，消极失活情绪→深层认知投入的路径系数不显著，结果见图 7-5（b）。根据路径系数检验结果，消极激活情绪和消极失活情绪的两个中介效应模型均简化为简单中介模型：学习资源的可得性→内部价值评估→深层认知投入。

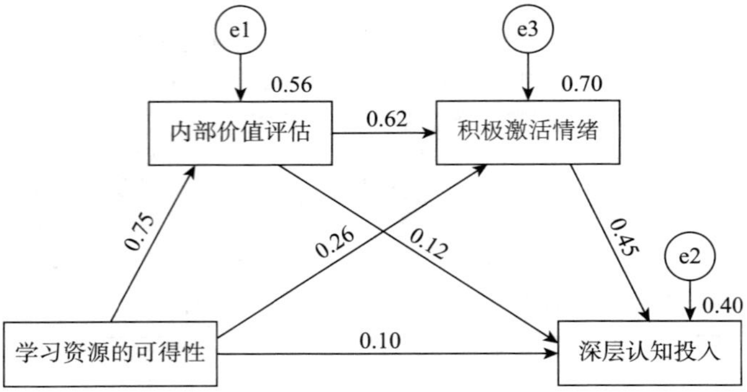

图 7-4　学习资源的可得性→内部价值评估→积极激活情绪→深层认知投入中介效应模型路径系数

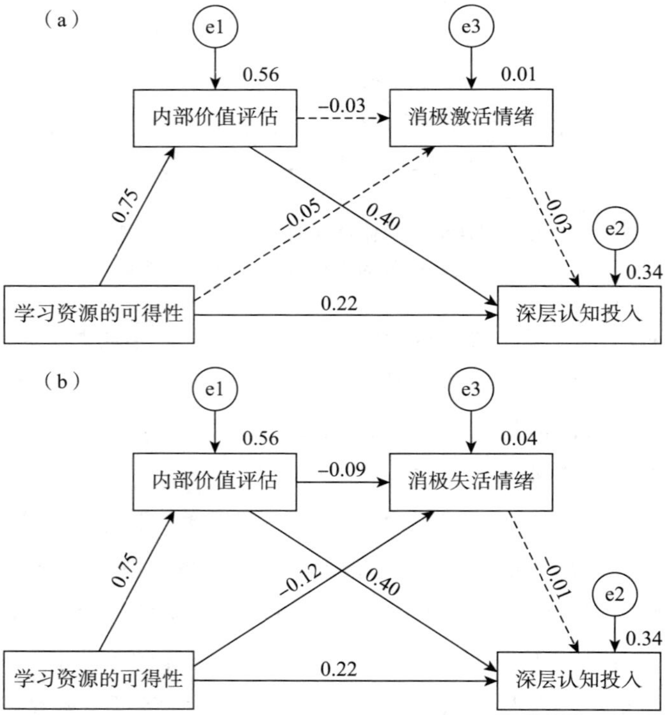

图 7-5　内部价值评估、消极激活情绪和消极失活情绪对学习资源的可得性影响深层认知投入的中介效应模型路径系数

再次，对外部价值评估、学业情绪对学习资源的可得性影响深层认知投入的中介效应模型路径系数进行估计。结果显示，在学习资源的可得性→外部价值评估→积极激活情绪→深层认知投入模型中，外部价值评估→深层认知投入的路径系数不显著，结果如图 7-6 所示。在学习资源的可得性→外部价值评估→消极激活情绪→深层认知投入模型中，所有路径系数均显著，结果如图 7-7（a）所示。在学习资源的可得性→外部价值评估→消极失活情绪→深层认知投入模型中，所有路径系数均显著，结果如图 7-7（b）所示。

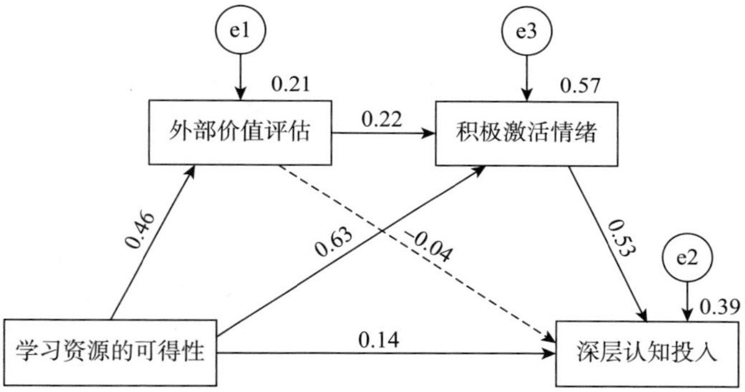

图 7-6　学习资源的可得性→外部价值评估→积极激活情绪→深层认知投入中介效应模型路径系数

2. 中介效应检验

对学习控制评估、学业情绪对学习资源的可得性影响深层认知投入的中介效应进行检验，在学习资源的可得性→学习控制评估→积极激活情绪→深层认知投入模型中，所有中介效应均显著，中介效应检验结果如表 7-10 所示。

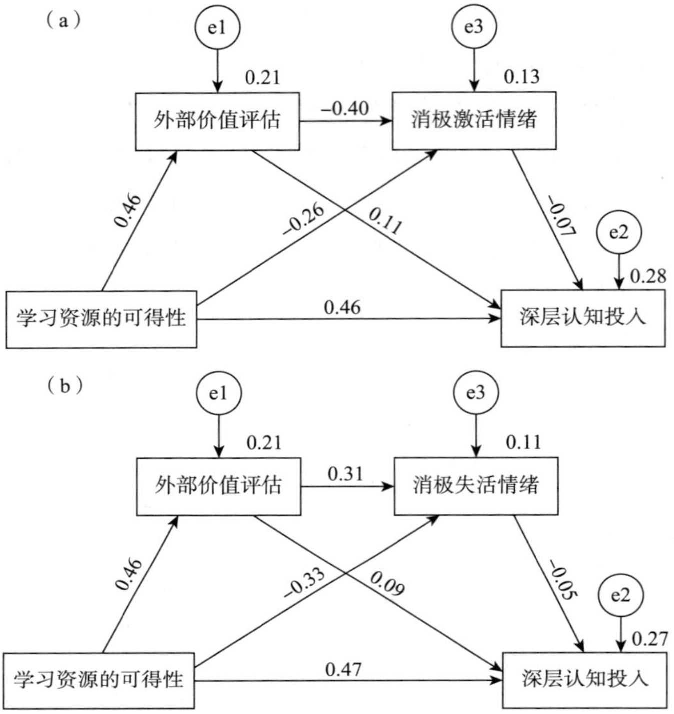

图 7-7 外部价值评估、消极激活情绪和消极失活情绪对学习资源的可得性影响深层认知投入中介效应模型路径系数

表 7-10 学习控制评估、积极激活情绪对学习资源的可得性影响深层认知投入的中介效应

	估计系数	标准误	95%置信区间
直接效应			
学习资源的可得性→深层认知投入	0.103	0.036	[0.031, 0.176]
间接效应			
学习资源的可得性→学习控制评估→深层认知投入	0.067	0.033	[0.001, 0.130]
学习资源的可得性→积极激活情绪→深层认知投入	0.167	0.027	[0.117, 0.223]
学习资源的可得性→学习控制评估→积极激活情绪→深层认知投入	0.203	0.025	[0.159, 0.256]
总效应	0.539	0.027	[0.489, 0.596]
间接效应占总效应比例（%）	81.1		

结果表明，学习资源的可得性对深层认知投入具有显著的直接影响，同时通过多条中介路径产生间接影响。具体来说，学习资源的可得性首先通过

学习控制评估的中介作用对深层认知投入产生间接影响，然后通过积极激活情绪对深层认知投入产生更显著的间接影响。此外，学习资源的可得性还通过学习控制评估、积极激活情绪的链式中介对深层认知投入产生更大的间接效应。总体而言，间接效应占总效应的 81.1%，总效应为 0.539，表明学习资源的可得性主要通过中介变量影响深层认知投入。

学习资源的可得性→学习控制评估→消极失活情绪→深层认知投入模型的中介效应结果如表 7-11 所示。学习资源的可得性对深层认知投入产生了显著的总效应，其中间接效应占总效应的 50.7%。具体来说，学习资源的可得性通过学习控制评估对深层认知投入产生显著的间接正向影响，而通过消极失活情绪产生的间接效应不大。

表 7-11　学习控制评估、消极失活情绪对学习资源的可得性影响深层认知投入的中介效应

	估计系数	标准误	95%置信区间
直接效应			
学习资源的可得性→深层认知投入	0.267	0.045	[0.179, 0.358]
间接效应			
学习资源的可得性→学习控制评估→深层认知投入	0.269	0.039	[0.193, 0.354]
学习资源的可得性→消极失活情绪→深层认知投入	0.003	0.004	[-0.004, 0.013]
学习资源的可得性→学习控制评估→消极失活情绪→深层认知投入	0.001	0.002	[-0.001, 0.007]
总效应	0.539	0.027	[0.489, 0.596]
间接效应占总效应比例（%）	50.7		

内部价值评估、积极激活情绪对学习资源的可得性影响深层认知投入的中介效应检验结果如表 7-12 所示。学习资源的可得性通过内部价值评估对深层认知投入产生的间接效应为 0.093，通过积极激活情绪产生的间接效应为 0.124，学习资源的可得性通过内部价值评估影响积极激活情绪，进而对深层认知投入产生的链式中介效应为 0.219，直接效应即学习资源的可得性对深层认知投入的直接影响为 0.103。学习资源的可得性对深层认知投入的总效应为 0.539，间接效应占总效应的 80.9%。结果表明，学习资源的可得性主要通过内部价值评估和积极激活情绪间接影响深层认知投入。

表 7-12 内部价值评估、积极激活情绪对学习资源的可得性影响深层认知投入的中介效应

	估计系数	标准误	95%置信区间
直接效应			
学习资源的可得性→深层认知投入	0.103	0.034	[0.040, 0.172]
间接效应			
学习资源的可得性→内部价值评估→深层认知投入	0.093	0.035	[0.030, 0.164]
学习资源的可得性→积极激活情绪→深层认知投入	0.124	0.020	[0.086, 0.166]
学习资源的可得性→内部价值评估→积极激活情绪→深层认知投入	0.219	0.024	[0.173, 0.269]
总效应	0.539	0.027	[0.489, 0.596]
间接效应占总效应比例（%）	80.9		

内部价值评估、消极激活情绪对学习资源的可得性影响深层认知投入的中介效应检验结果如表 7-13 所示。学习资源的可得性通过内部价值评估对深层认知投入产生的间接效应为 0.311，通过消极激活情绪的间接效应接近 0。此外，学习资源的可得性通过内部价值评估影响消极激活情绪，进而对深层认知投入产生的链式中介效应也接近 0。学习资源的可得性对深层认知投入的直接效应为 0.226，总效应为 0.539，其中间接效应占 58.1%。

表 7-13 内部价值评估、消极激活情绪对学习资源的可得性影响深层认知投入的中介效应

	估计系数	标准误	95%置信区间
直接效应			
学习资源的可得性→深层认知投入	0.226	0.034	[0.162, 0.296]
间接效应			
学习资源的可得性→内部价值评估→深层认知投入	0.311	0.028	[0.256, 0.363]
学习资源的可得性→消极激活情绪→深层认知投入	0.001	0.002	[-0.001, 0.008]
学习资源的可得性→内部价值评估→消极激活情绪→深层认知投入	0.001	0.001	[-0.001, 0.006]
总效应	0.539	0.027	[0.489, 0.596]
间接效应占总效应比例（%）	58.1		

内部价值评估、消极失活情绪对学习资源的可得性影响深层认知投入的中介效应检验结果如表 7-14 所示。学习资源的可得性通过内部价值评估对深层认知投入产生的间接效应为 0.311，而通过消极失活情绪产生的间接效应几

乎可以忽略不计。此外，学习资源的可得性通过内部价值评估影响消极失活情绪，进而对深层认知投入产生的链式中介效应接近0。总效应为0.539，其中间接效应占总效应的57.9%，表明学习资源的可得性在促进学生的深层认知投入方面，既有直接效应，也通过中介变量发挥了重要作用。

表7-14　内部价值评估、消极失活情绪对学习资源的可得性影响深层认知投入的中介效应

	估计系数	标准误	95%置信区间
直接效应			
学习资源的可得性→深层认知投入	0.227	0.034	[0.162，0.296]
间接效应			
学习资源的可得性→内部价值评估→深层认知投入	0.311	0.028	[0.258，0.366]
学习资源的可得性→消极失活情绪→深层认知投入	0.001	0.003	[-0.005，0.008]
学习资源的可得性→内部价值评估→消极失活情绪→深层认知投入	0.000	0.002	[-0.003，0.005]
总效应	0.539	0.027	[0.489，0.596]
间接效应占总效应比例（%）	57.9		

外部价值评估、积极激活情绪对学习资源的可得性影响深层认知投入的中介效应检验结果如表7-15所示。学习资源的可得性对深层认知投入的直接效应为0.151。同时，学习资源的可得性通过外部价值评估和积极激活情绪的中介作用对深层认知投入产生显著的间接影响。具体来说，通过外部价值评估产生的间接效应为-0.017，通过积极激活情绪产生的间接效应为0.350。此外，学习资源的可得性通过外部价值评估影响积极激活情绪，进而对深层认知投入产生的链式中介效应为0.055。总效应为0.539，其中间接效应占总效应的72.0%，表明学习资源的可得性主要通过积极激活情绪的中介作用正向影响学生的深层认知投入。

7-15　外部价值评估、积极激活情绪对学习资源的可得性影响深层认知投入的中介效应

	估计系数	标准误	95%置信区间
直接效应			
学习资源的可得性→深层认知投入	0.151	0.033	[0.090，0.218]
间接效应			
学习资源的可得性→外部价值评估→深层认知投入	-0.017	0.013	[-0.044，0.008]

续表

	估计系数	标准误	95%置信区间
学习资源的可得性→积极激活情绪→深层认知投入	0. 350	0. 026	[0. 300, 0. 399]
学习资源的可得性→外部价值评估→积极激活情绪→深层认知投入	0. 055	0. 009	[0. 041, 0. 074]
总效应	0. 539	0. 027	[0. 489, 0. 596]
间接效应占总效应比例（%）	72. 0		

外部价值评估、消极激活情绪对学习资源的可得性影响深层认知投入的中介效应检验结果如表 7-16 所示。学习资源的可得性对深层认知投入产生的直接效应为 0. 484。此外，学习资源的可得性还通过外部价值评估和消极激活情绪对深层认知投入产生间接效应，其中通过外部价值评估产生的间接效应为 0. 051，通过消极激活情绪产生的间接效应为 0. 018，两个效应都比较小。学习资源的可得性通过外部价值评估影响消极激活情绪，进而对深层认知投入产生的链式中介效应为-0. 013。总效应为 0. 539，其中间接效应占总效应的 10. 2%，表明学习资源的可得性主要通过直接效应而非间接效应促进学生的深层认知投入。

表 7-16　外部价值评估、消极激活情绪对学习资源的可得性影响深层认知投入的中介效应

	估计系数	标准误	95%置信区间
直接效应			
学习资源的可得性→深层认知投入	0. 484	0. 028	[0. 430, 0. 541]
间接效应			
学习资源的可得性→外部价值评估→深层认知投入	0. 051	0. 017	[0. 017, 0. 084]
学习资源的可得性→消极激活情绪→深层认知投入	0. 018	0. 009	[0. 000, 0. 034]
学习资源的可得性→外部价值评估→消极激活情绪→深层认知投入	-0. 013	0. 006	[-0. 024, 0. 000]
总效应	0. 539	0. 027	[0. 489, 0. 596]
间接效应占总效应比例（%）	10. 2		

外部价值评估、消极失活情绪对学习资源的可得性影响深层认知投入的中介效应检验结果如表 7-17 所示。学习资源的可得性对深层认知投入具有显著的直接效应，占总效应的 90%。学习资源的可得性通过外部价值评估和消

极失活情绪对深层认知投入产生间接效应，其中通过外部价值评估产生的间接效应为 0.045，通过消极失活情绪产生的间接效应为 0.016，通过外部价值评估影响消极失活情绪，进而对深层认知投入产生的链式中介效应为-0.007。总效应为 0.539，间接效应占总效应的 10.0%，表明学习资源的可得性主要通过直接效应促进学生的深层认知投入，而间接效应相对较小。

表 7-17　外部价值评估、消极失活情绪对学习资源的可得性影响深层认知投入的中介效应

	估计系数	标准误	95%置信区间
直接效应			
学习资源的可得性→深层认知投入	0.485	0.028	[0.430, 0.540]
间接效应			
学习资源的可得性→外部价值评估→深层认知投入	0.045	0.016	[0.012, 0.076]
学习资源的可得性→消极失活情绪→深层认知投入	0.016	0.010	[-0.005, 0.036]
学习资源的可得性→外部价值评估→消极失活情绪→深层认知投入	-0.007	0.004	[-0.015, 0.002]
总效应	0.539	0.027	[0.489, 0.596]
间接效应占总效应比例（%）	10.0		

3. 学科差异检验

对模型中的中介效应进行学科差异检验，在学习资源的可得性→学习控制评估→积极激活情绪→深层认知投入模型中，学习资源的可得性→学习控制评估→深层认知投入中介效应在理工类与社科类间存在显著差异（diff=0.122，95%置信区间为［0.002，0.260］，p=0.049），表明该中介效应对理工类学生的影响显著高于社科类学生。在学习资源的可得性→学习控制评估→消极失活情绪→深层认知投入模型中，所有中介效应均不存在学科差异。

在 3 个内部价值评估、学业情绪对学习资源的可得性影响深层认知投入的中介效应模型中，只有在包括积极激活情绪的中介模型中，部分中介效应存在显著的学科差异，而包括消极激活情绪和消极失活情绪的中介模型中的中介效应均不存在显著的学科差异。具有显著差异的中介效应包括：理工类与社科类（diff=0.170，95%置信区间为［0.029，0.324］，p=0.020）、社科类与艺体类（diff=-0.247，95%置信区间为［-0.424，-0.083］，p=0.004）在学习资源的可得性→内部价值评估→深层认知投入中介效应上存在显著差

异，理工类与社科类在学习资源的可得性→内部价值评估→积极激活情绪→深层认知投入链式中介效应上存在显著差异（diff=-0.147，95%置信区间为[-0.268，-0.040]，p=0.010）。

在3个外部价值评估、学业情绪对学习资源的可得性影响深层认知投入的中介效应模型中，存在显著差异的中介效应如下。在外部价值评估、积极激活情绪对学习资源的可得性影响深层认知投入的中介效应模型中，学习资源的可得性→积极激活情绪→深层认知投入中介效应在理工类与社科类之间存在显著差异（diff=-0.147，95%置信区间为[-0.270，-0.034]，p=0.010）。在外部价值评估、消极激活情绪对学习资源的可得性影响深层认知投入的中介效应模型中，社科类与艺体类在学习资源的可得性→外部价值评估→深层认知投入中介效应上存在显著差异（diff=-0.090，95%置信区间为[-0.186，-0.012]，p=0.032）。在外部价值评估、消极失活情绪对学习资源的可得性影响深层认知投入的中介效应模型中，所有中介效应均不存在显著的学科差异。

（二）学习控制评估、价值评估、学业情绪对学生与内容的互动影响深层认知投入的中介效应

首先，建立8个中介效应模型：学生与内容的互动→学习控制评估→积极激活情绪→深层认知投入；学生与内容的互动→学习控制评估→消极失活情绪→深层认知投入；学生与内容的互动→内部价值评估→积极激活情绪→深层认知投入；学生与内容的互动→内部价值评估→消极激活情绪→深层认知投入；学生与内容的互动→内部价值评估→消极失活情绪→深层认知投入；学生与内容的互动→外部价值评估→积极激活情绪→深层认知投入；学生与内容的互动→外部价值评估→消极激活情绪→深层认知投入；学生与内容的互动→外部价值评估→消极失活情绪→深层认知投入。依次进行路径系数估计、中介效应检验以及中介效应学科差异检验。

1. 模型路径系数估计

对学习控制评估、学业情绪对学生与内容的互动影响深层认知投入的中介效应模型路径系数进行估计。从图7-8（a）可以看出，在学习控制评估和积极激活情绪对学生与内容的互动影响深层认知投入的中介效应模型中，除

学习控制评估→深层认知投入的路径系数不显著外，其他路径系数均显著。在学习控制评估和消极失活情绪对学生与内容的互动影响学生深层认知投入的中介效应模型中［见图7-8（b）］，学习控制评估→消极失活情绪和消极失活情绪→深层认知投入两条路径的系数不显著，其他路径系数均显著。

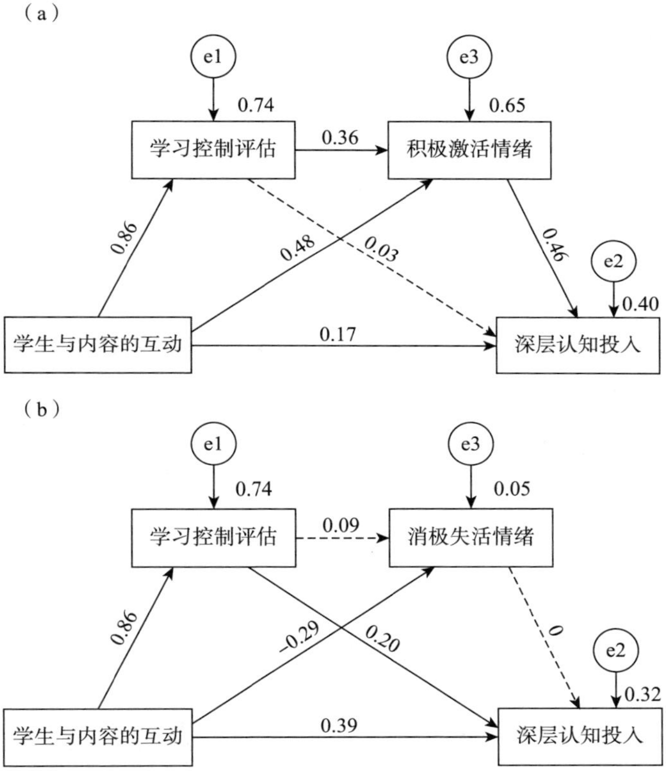

图7-8　学习控制评估、积极激活情绪和消极失活情绪对学生与内容的互动影响深层认知投入的中介效应模型

内部价值评估、积极激活情绪对学生与内容的互动影响深层认知投入中介效应模型中的所有路径系数均显著。而在内部价值评估、消极激活情绪对学生与内容的互动影响深层认知投入的中介效应模型中，内部价值评估→消极激活情绪、消极激活情绪→深层认知投入两条路径系数不显著。同样，在内部价值评估、消极失活情绪对学生与内容的互动影响深层认知投入的中介效应模型中，内部价值评估→消极失活情绪、消极失活情绪→深层认知投入两条路径系数不显著。

外部价值评估、积极激活情绪对学生与内容的互动影响深层认知投入的中介模型中，外部价值评估→深层认知投入的路径系数不显著。而在外部价值评估、消极激活情绪对学生与内容的互动影响深层认知投入的中介效应模型中，以及在外部价值评估、消极失活情绪对学生与内容的互动影响深层认知投入的中介效应模型中，消极激活情绪→深层认知投入、消极失活情绪→深层认知投入两条路径系数不显著。

2. 中介效应检验

对 8 个模型的中介效应进行检验。在学习控制评估、积极激活情绪对学生与内容的互动影响深层认知投入的中介模型中，各中介效应结果如表 7-18 所示。

表 7-18　学习控制评估、积极激活情绪对学生与内容的互动影响深层认知投入的中介效应

	估计系数	标准误	95%置信区间
直接效应			
学生与内容的互动→深层认知投入	0.178	0.055	[0.070, 0.278]
间接效应			
学生与内容的互动→学习控制评估→深层认知投入	0.030	0.043	[-0.046, 0.119]
学生与内容的互动→积极激活情绪→深层认知投入	0.238	0.033	[0.181, 0.308]
学生与内容的互动→学习控制评估→积极激活情绪→深层认知投入	0.154	0.029	[0.102, 0.217]
总效应	0.600	0.028	[0.546, 0.657]
间接效应占总效应比例（%）	70.3		

学生与内容的互动对深层认知投入的直接效应为 0.178。学生与内容的互动还通过学习控制评估和积极激活情绪的中介作用对深层认知投入产生显著的间接效应，其中通过学习控制评估产生的间接效应为 0.030，通过积极激活情绪产生的间接效应为 0.238，通过学习控制评估影响积极激活情绪而产生的链式中介效应为 0.154。总效应为 0.600，间接效应占总效应的 70.3%，表明学生与内容的互动主要通过影响学习控制评估和积极激活情绪来促进学生的深层认知投入。

学习控制评估、消极失活情绪对学生与内容的互动影响深层认知投入的中介效应结果如表 7-19 所示。学生与内容的互动对深层认知投入的直接效应为 0.415。此外，学生与内容的互动通过学习控制评估对深层认知投入产生的间接效应为 0.184，而通过消极失活情绪产生的间接效应为 0.001。学生与内容的互动通过学习控制评估影响消极失活情绪，进而对深层认知投入产生的链式中介效应接近 0。总效应为 0.600，间接效应占总效应的 30.8%，表明学生与内容的互动主要通过直接效应以及通过学习控制评估的中介作用促进学生的深层认知投入。

表 7-19　学习控制评估、消极失活情绪对学生与内容的互动影响深层认知投入的中介效应

	估计系数	标准误	95%置信区间
直接效应			
学生与内容的互动→深层认知投入	0.415	0.060	[0.293, 0.522]
间接效应			
学生与内容的互动→学习控制评估→深层认知投入	0.184	0.052	[0.088, 0.295]
学生与内容的互动→消极失活情绪→深层认知投入	0.001	0.008	[-0.015, 0.017]
学生与内容的互动→学习控制评估→消极失活情绪→深层认知投入	0.000	0.002	[-0.005, 0.004]
总效应	0.600	0.028	[0.546, 0.657]
间接效应占总效应比例（%）	30.8		

内部价值评估、积极激活情绪对学生与内容的互动影响深层认知投入的中介效应结果如表 7-20 所示。

表 7-20　内部价值评估、积极激活学业情绪对学生与内容的互动影响深层认知投入的中介效应

	估计系数	标准误	95%置信区间
直接效应			
学生与内容的互动→深层认知投入	0.161	0.045	[0.072, 0.248]
间接效应			
学生与内容的互动→内部价值评估→深层认知投入	0.084	0.038	[0.015, 0.164]
学生与内容的互动→积极激活情绪→深层认知投入	0.167	0.024	[0.12, 0.215]
学生与内容的互动→内部价值评估→积极激活情绪→深层认知投入	0.187	0.026	[0.139, 0.243]
总效应	0.600	0.028	[0.546, 0.657]
间接效应占总效应比例（%）	73.0		

结果表明，学生与内容的互动对深层认知投入的直接效应为0.161。学生与内容的互动还通过内部价值评估和积极激活情绪对深层认知投入产生间接效应，其中通过内部价值评估产生的间接效应为0.084，通过积极激活情绪产生的间接效应为0.167，通过内部价值评估影响积极激活情绪，进而对深层认知投入产生的链式中介效应为0.187。总效应为0.600，间接效应占总效应的73.0%，表明学生与内容的互动主要通过影响内部价值评估和积极激活情绪来促进学生的深层认知投入。

同样，对内部价值评估、消极学业情绪对学生与内容的互动影响深层认知投入的中介效应进行检验，中介效应检验结果见表7-21。

表7-21　内部价值评估、消极学业情绪对学生与内容的互动影响深层认知投入的中介效应

中介效应		估计系数	标准误	95%置信区间
消极激活情绪的中介效应	直接效应			
	学生与内容的互动→深层认知投入	0.326	0.041	[0.247，0.407]
	间接效应			
	学生与内容的互动→内部价值评估→深层认知投入	0.272	0.033	[0.211，0.337]
	学生与内容的互动→消极激活情绪→深层认知投入	0.002	0.004	[-0.003，0.011]
	学生与内容的互动→内部价值评估→消极激活情绪→深层认知投入	0.000	0.001	[-0.005，0.001]
	总效应	0.600	0.028	[0.546，0.657]
	间接效应占总效应比例（%）	45.6		
消极失活情绪的中介效应	直接效应			
	学生与内容的互动→深层认知投入	0.330	0.041	[0.248，0.408]
	间接效应			
	学生与内容的互动→内部价值评估→深层认知投入	0.271	0.033	[0.210，0.337]
	学生与内容的互动→消极失活情绪→深层认知投入	-0.001	0.005	[-0.012，0.009]
	学生与内容的互动→内部价值评估→消极失活情绪→深层认知投入	0.000	0.001	[-0.003，0.001]
	总效应	0.600	0.028	[0.546，0.657]
	间接效应占总效应比例（%）	45.0		

结果表明，学生与内容的互动→内部价值评估→深层认知投入的中介效应显著，学生与内容的互动→深层认知投入的直接效应显著，学生与内容的互动→消极激活情绪→深层认知投入的中介效应不显著，学生与内容的互动→内部价值评估→消极激活情绪→深层认知投入的链式中介效应不显著。模型总效应为0.600，间接效应占总效应的45.6%，表明学生与内容的互动主要通过直接效应和通过内部价值评估间接促进学生的深层认知投入。在消极失活情绪的中介效应模型中，学生与内容的互动→内部价值评估→深层认知投入的中介效应显著，学生与内容的互动→深层认知投入的直接效应显著，学生与内容的互动→消极失活情绪→深层认知投入的中介效应不显著，学生与内容的互动→内部价值评估→消极失活情绪→深层认知投入的链式中介效应不显著。模型总效应为0.600，间接效应占总效应的45.0%，表明学生与内容的互动主要通过直接效应和通过内部价值评估间接促进学生的深层认知投入。

外部价值评估、积极激活情绪对学生与内容的互动影响深层认知投入的中介效应检验结果如表7-22所示。结果表明，学生与内容的互动对深层认知投入的直接效应为0.206。学生与内容的互动通过外部价值评估、积极激活情绪对深层认知投入产生间接效应，其中通过外部价值评估产生的间接效应为-0.016，表明这一中介效应不显著。通过积极激活情绪产生的间接效应为0.365。通过外部价值评估影响积极激活情绪，进而对深层认知投入产生的链式中介效应为0.044。总效应为0.600，间接效应占总效应的65.5%，模型表明学生与内容的互动主要通过积极激活情绪这一中介变量正向影响深层认知投入，而外部价值评估的中介作用不显著。

表7-22 外部价值评估、积极激活情绪对学生与内容的互动影响深层认知投入的中介效应

	估计系数	标准误	95%置信区间
直接效应			
学生与内容的互动→深层认知投入	0.206	0.043	[0.122, 0.288]
间接效应			
学生与内容的互动→外部价值评估→深层认知投入	-0.016	0.014	[-0.044, 0.010]
学生与内容的互动→积极激活情绪→深层认知投入	0.365	0.032	[0.300, 0.426]
学生与内容的互动→外部价值评估→积极激活情绪→深层认知投入	0.044	0.007	[0.032, 0.062]
总效应	0.600	0.028	[0.546, 0.657]
间接效应占总效应比例（%）	65.5		

对外部价值评估、消极学业情绪对学生与内容的互动影响深层认知投入的中介效应进行检验，结果见表 7-23。

表 7-23　外部价值评估、消极学业情绪对学生与内容的互动影响深层认知投入的中介效应

中介效应		估计系数	标准误	95%置信区间
消极激活情绪的中介效应	直接效应			
	学生与内容的互动→深层认知投入	0.560	0.030	[0.501，0.615]
	间接效应			
	学生与内容的互动→外部价值评估→深层认知投入	0.036	0.018	[0.001，0.069]
	学生与内容的互动→消极激活情绪→深层认知投入	0.012	0.010	[-0.008，0.031]
	学生与内容的互动→外部价值评估→消极激活情绪→深层认知投入	-0.008	0.006	[-0.02，0.006]
	总效应	0.600	0.028	[0.546，0.657]
	间接效应占总效应比例（%）	6.7		
消极失活情绪的中介效应	直接效应			
	学生与内容的互动→深层认知投入	0.566	0.030	[0.509，0.621]
	间接效应			
	学生与内容的互动→外部价值评估→深层认知投入	0.031	0.018	[-0.003，0.061]
	学生与内容的互动→消极失活情绪→深层认知投入	0.006	0.010	[-0.018，0.028]
	学生与内容的互动→外部价值评估→消极失活情绪→深层认知投入	-0.002	0.006	[-0.011，0.008]
	总效应	0.601	0.028	[0.546，0.657]
	间接效应占总效应比例（%）	5.8		

结果表明，在两个中介模型中，学生与内容的互动对深层认知投入具有显著的直接效应，估计值分别为 0.560 和 0.566。在消极激活情绪的中介模型中，学生与内容的互动通过外部价值评估产生的间接效应为 0.036，通过消极激活情绪产生的间接效应为 0.012。在消极失活情绪的中介模型中，通过消极失活情绪产生的间接效应为 0.006，效应较小且不显著。此外，通过外部价值评估影响消极激活情绪和消极失活情绪，进而对深层认知投入产生的链式中介效应均不显著。模型表明，学生与内容的互动主要通过直接效应促进学生

的深层认知投入，通过中介变量产生的间接效应相对较小。

3. 学科差异检验

在学习控制评估、学业情绪对学生与内容的互动影响深层认知投入的中介效应方面，学科差异检验情况如下。在学生与内容的互动→学习控制评估→积极激活情绪→深层认知投入中介模型中，学生与内容的互动→积极激活情绪→深层认知投入的中介效应在理工类和社科类学生间存在显著差异（diff=-0.198，95%置信区间=［-0.407，-0.049］），该中介效应对社科类学生的影响显著高于理工类学生。而在学生与内容的互动→学习控制评估→消极失活情绪→深层认知投入中介模型中，所有中介效应均不存在显著的学科差异。

在内部价值评估、学业情绪对学生与内容的互动影响深层认知投入的中介效应方面，学科差异检验情况如下。在积极激活情绪中介模型中，理工类与社科类在学生与内容的互动→积极激活情绪→深层认知投入、学生与内容的互动→内部价值评估→深层认知投入、学生与内容的互动→内部价值评估→积极激活情绪→深层认知投入3个中介效应上存在显著差异，社科类与艺体类在学生与内容的互动→内部价值评估→深层认知投入中介效应上存在显著差异（见表7-24）。在消极激活情绪、消极失活情绪中介模型中，所有中介效应均不存在显著的学科差异。

在外部价值评估、学业情绪对学生与内容的互动影响深层认知投入的中介效应方面，学科差异检验情况如下。在积极激活情绪中介模型中，学生与内容的互动→积极激活情绪→深层认知投入的中介效应在理工类和社科类学生间存在显著差异（diff=-0.223，95%置信区间=［-0.383，-0.077］），该中介效应对社科类学生的影响显著高于理工类学生。而在消极激活情绪、消极失活情绪中介模型中，所有中介效应均不存在显著的学科差异。

表7-24　积极激活情绪对学生与内容的互动影响深层认知投入的中介效应差异检验

路径	学科比较	diff	95%置信区间	p
学生与内容的互动→内部价值评估→深层认知投入	理工类—社科类	0.178	［0.011，0.335］	0.034*
	社科类—艺体类	-0.256	［-0.434，-0.064］	0.005**

续表

路径	学科比较	diff	95%置信区间	p
学生与内容的互动→积极激活情绪→深层认知投入	理工类—社科类	-0.159	[-0.280, -0.057]	0.001**
学生与内容的互动→内部价值评估→积极激活情绪→深层认知投入	理工类—社科类	-0.139	[-0.274, -0.021]	0.018*

注：***、**、* 分别代表 0.001、0.01、0.05 的显著性水平。

四　学业情绪对自主支持影响深层认知投入的中介效应

（一）学业情绪对自主支持影响深层认知投入的中介效应

自主支持显著影响外部价值评估，外部价值评估显著影响积极激活情绪、消极激活情绪及消极失活情绪，3 种学业情绪显著影响深层认知投入。在此结果基础上，形成 3 个中介效应模型，即 3 种学业情绪对自主支持影响深层认知投入的中介效应模型。

1. 模型路径系数估计

中介模型路径系数估计结果见表 7-25。

表 7-25　中介模型路径系数估计

模型	路径	估计系数	标准误	临界比率	p
积极激活情绪中介模型	自主支持→外部价值评估	0.341	0.025	13.545	<0.001***
	外部价值评估→积极激活情绪	0.312	0.017	18.290	<0.001***
	自主支持→积极激活情绪	0.464	0.018	25.564	<0.001***
	外部价值评估→深层认知投入	-0.021	0.022	-0.936	0.349
	自主支持→深层认知投入	0.135	0.026	5.258	<0.001***
	积极激活情绪→深层认知投入	0.616	0.030	20.704	<0.001***
消极激活情绪中介模型	自主支持→外部价值评估	0.341	0.025	13.545	<0.001***
	外部价值评估→消极激活情绪	0.409	0.028	14.845	<0.001***
	自主支持→消极激活情绪	-0.320	0.029	-10.889	<0.001***
	外部价值评估→深层认知投入	0.196	0.024	8.053	<0.001***
	自主支持→深层认知投入	0.402	0.025	15.949	<0.001***
	消极激活情绪→深层认知投入	-0.061	0.021	-2.929	0.003**

续表

模型	路径	估计系数	标准误	临界比率	p
消极失活情绪中介模型	自主支持→外部价值评估	0.341	0.025	13.545	<0.001***
	外部价值评估→消极失活情绪	0.297	0.029	10.261	<0.001***
	自主支持→消极失活情绪	-0.361	0.031	-11.712	<0.001***
	外部价值评估→深层认知投入	0.188	0.024	8.001	<0.001***
	自主支持→深层认知投入	0.400	0.025	15.80	<0.001***
	消极失活情绪→深层认知投入	-0.058	0.020	-2.952	0.003**

注：***、**、*分别代表0.001、0.01、0.05的显著性水平。

统计结果表明，自主支持对3个不同情绪中介模型中的外部价值评估均产生了显著正向影响，估计值均为0.341，p<0.001。在积极激活情绪中介模型中，外部价值评估正向影响积极激活情绪，估计值为0.312，p<0.001，并且积极激活情绪显著正向影响深层认知投入，估计值为0.616，p<0.001。在消极激活情绪中介模型中，外部价值评估正向影响消极激活情绪，估计值为0.409，p<0.001。自主支持对消极激活情绪有显著负向影响，估计值为-0.32，p<0.001。消极激活情绪对深层认知投入具有显著负向影响，估计值为-0.061，p=0.003。在消极失活情绪中介模型中，外部价值评估显著正向影响消极失活情绪，估计值为0.297，p<0.001。自主支持对消极失活情绪有显著负向影响，估计值为-0.361，p<0.001。消极失活情绪对深层认知投入具有显著负向影响，估计值为-0.058，p=0.003。路径系数估计结果表明，自主支持通过外部价值评估和不同学业情绪的中介效应，对学生的深层认知投入产生复杂的影响。

2. 中介效应检验

对上述3个模型进一步进行中介效应检验，检验结果如表7-26所示。

表7-26　学业情绪对自主支持影响深层认知投入的中介效应

模型		估计系数	标准误	95%置信区间
积极激活情绪中介模型	直接效应			
	自主支持→深层认知投入	0.135	0.029	[0.080, 0.194]
	间接效应			
	自主支持→外部价值评估→深层认知投入	-0.007	0.009	[-0.026, 0.012]

续表

模型		估计系数	标准误	95%置信区间
积极激活情绪中介模型	自主支持→积极激活情绪→深层认知投入	0.286	0.022	[0.244，0.329]
	自主支持→外部价值评估→积极激活情绪→深层认知投入	0.066	0.009	[0.050，0.085]
	总效应	0.479	0.029	[0.421，0.538]
	间接效应占总效应比例（%）	71.8		
消极激活情绪中介模型	直接效应			
	自主支持→深层认知投入	0.402	0.029	[0.338，0.456]
	间接效应			
	自主支持→外部价值评估→深层认知投入	0.067	0.013	[0.043，0.094]
	自主支持→消极激活情绪→深层认知投入	0.019	0.009	[0.002，0.036]
	自主支持→外部价值评估→消极激活情绪→深层认知投入	-0.008	0.004	[-0.016，-0.001]
	总效应	0.479	0.029	[0.421，0.538]
	间接效应占总效应比例（%）	16.2		
消极失活情绪中介模型	直接效应			
	自主支持→深层认知投入	0.400	0.029	[0.339，0.458]
	间接效应			
	自主支持→外部价值评估→深层认知投入	0.064	0.013	[0.040，0.089]
	自主支持→消极失活情绪→深层认知投入	0.021	0.010	[0.002，0.039]
	自主支持→外部价值评估→消极失活情绪→深层认知投入	-0.006	0.003	[-0.011，-0.001]
	总效应	0.479	0.029	[0.421，0.538]
	间接效应占总效应比例（%）	16.5		

结果表明，自主支持对深层认知投入的效应通过不同的中介路径体现。在积极激活情绪中介模型中，自主支持对深层认知投入具有显著的直接效应，并通过积极激活情绪产生显著的间接效应，其中通过外部价值评估产生的链式中介效应为0.066，总效应为0.479，间接效应占总效应的71.8%。在消极激活情绪中介模型中，自主支持同样对深层认知投入有显著直接效应，但通过消极激活情绪产生的间接效应较小，间接效应占总效应的16.2%。在消极失活情绪中介模型中，自主支持对深层认知投入的直接效应与消极激活情绪模型接近，通过消极失活情绪产生的间接效应同样较小，间接效应占总效应的16.5%。自主支持主要通过积极激活情绪的中介作用促进学生的深层认知

投入，而消极学业情绪的中介作用相对较小。

3. 学科差异检验

对上述3个模型的中介效应进行学科差异检验，检验结果见表7-27。

表7-27　学业情绪对自主支持影响深层认知投入的中介效应学科差异

模型	路径	学科比较	diff	95%置信区间	p
积极激活情绪中介模型	自主支持→外部价值评估→积极激活情绪→深层认知投入	社科类—艺体类	-0.047	[-0.098，-0.003]	0.040*
	自主支持→积极激活情绪→深层认知投入	理工类—社科类	-0.167	[-0.270，-0.064]	0.002**
	总中介效应	理工类—社科类	-0.123	[-0.238，-0.009]	0.025*
		理工类—艺体类	-0.131	[-0.240，-0.011]	0.036*
消极激活情绪中介模型	自主支持→外部价值评估→深层认知投入	理工类—社科类	0.055	[0.003，0.110]	0.043*
		社科类—艺体类	-0.087	[-0.163，-0.021]	0.006**
	总中介效应	理工类—社科类	0.070	[0.005，0.137]	0.034*
		社科类—艺体类	-0.094	[-0.179，-0.013]	0.019*
消极失活情绪中介模型	自主支持→外部价值评估→深层认知投入	社科类—艺体类	-0.077	[-0.151，-0.012]	0.010*

注：***、**、*分别代表0.001、0.01、0.05的显著性水平。

从表7-27可以看出，不同学科在自主支持影响深层认知投入的中介效应上存在差异。在积极激活情绪中介模型中，社科类学生相较于艺体类学生在自主支持通过外部价值评估和积极激活情绪影响深层认知投入上表现出较小的中介效应。同时，理工类学生相较于社科类学生和艺体类学生在总中介效应上也表现出显著差异。在消极激活情绪中介模型中，理工类与社科类学生以及社科类与艺体类学生在自主支持通过外部价值评估影响深层认知投入的中介效应上存在显著差异。此外，理工类与社科类学生和社科类与艺体类学生在总中介效应上也表现出显著差异。在消极失活情绪中介模型中，社科类与艺体类学生在自主支持通过外部价值评估影响深层认知投入的中介效应上存在显著差异。

（二）学业情绪对教师参与影响深层认知投入的中介效应

由前文可知，教师参与显著影响内部价值评估，内部价值评估显著影响积极激活情绪、消极激活情绪及消极失活情绪，3 种学业情绪显著影响深层认知投入。在此结果基础上，形成 3 个中介效应模型，即 3 种学业情绪对教师参与影响深层认知投入的中介效应模型。

1. 模型路径系数估计

中介模型路径系数估计见表 7-28。

表 7-28　中介模型路径系数估计

模型	路径	估计系数	标准误	临界比率	p
积极激活情绪中介模型	教师参与→内部价值评估	0.607	0.018	32.899	<0.001 ***
	内部价值评估→积极激活情绪	0.677	0.017	39.598	<0.001 ***
	教师参与→积极激活情绪	0.153	0.016	9.385	<0.001 ***
	内部价值评估→深层认知投入	0.131	0.037	3.518	<0.001 ***
	教师参与→深层认知投入	0.108	0.026	4.165	<0.001 ***
	积极激活情绪→深层认知投入	0.503	0.039	13.008	<0.001 ***
消极激活情绪中介模型	教师参与→内部价值评估	0.607	0.018	32.899	<0.001 ***
	内部价值评估→消极激活情绪	-0.003	0.039	-0.074	0.941
	教师参与→消极激活情绪	-0.123	0.037	-3.325	<0.001 ***
	内部价值评估→深层认知投入	0.471	0.028	16.936	<0.001 ***
	教师参与→深层认知投入	0.183	0.027	6.863	<0.001 ***
	消极激活情绪→深层认知投入	-0.018	0.018	-0.987	0.324
消极失活情绪中介模型	教师参与→内部价值评估	0.607	0.018	32.899	<0.001 ***
	内部价值评估→消极失活情绪	-0.130	0.039	-3.316	<0.001 ***
	教师参与→消极失活情绪	-0.134	0.037	-3.576	<0.001 ***
	内部价值评估→深层认知投入	0.470	0.028	16.855	<0.001 ***
	教师参与→深层认知投入	0.185	0.027	6.917	<0.001 ***
	消极失活情绪→深层认知投入	-0.004	0.018	-0.248	0.804

注：***、**、* 分别代表 0.001、0.01、0.05 的显著性水平。

结果表明，在积极激活情绪中介模型中，所有的路径系数均显著。而在消极激活情绪中介模型中，内部价值评估→消极激活情绪、消极激活情绪→深层认知投入两条路径系数不显著，其余路径系数显著。其中，教师参与显著负向影响消极激活情绪，表明学生体验的教师参与水平越高，就越不容易产生焦虑、愤怒等消极激活情绪。

在消极失活情绪中介模型中，消极失活情绪→深层认知投入路径系数不显著，其余路径系数显著。其中，内部价值评估显著负向影响消极失活情绪，表明学生越认可混合学习的价值，就越不容易产生无聊等消极失活情绪。同时，教师参与也显著负向影响消极失活情绪，表明教师参与学生学习活动越多，学生就越少感受到无聊、绝望等消极失活情绪。

2. 中介效应检验

对上述 3 个模型进一步进行中介效应检验，检验结果如表 7-29 所示。

表 7-29　学业情绪对教师参与影响深层认知投入的中介效应

模型		估计系数	标准误	95%置信区间
积极激活情绪中介模型	直接效应			
	教师参与→深层认知投入	0.108	0.031	[0.053, 0.166]
	间接效应			
	教师参与→内部价值评估→深层认知投入	0.079	0.028	[0.028, 0.136]
	教师参与→积极激活情绪→深层认知投入	0.077	0.014	[0.051, 0.107]
	教师参与→内部价值评估→积极激活情绪→深层认知投入	0.206	0.022	[0.163, 0.252]
	总效应	0.471	0.029	[0.413, 0.526]
	间接效应占总效应比例（%）	77.0		
消极激活情绪中介模型	直接效应			
	教师参与→深层认知投入	0.183	0.031	[0.128, 0.248]
	间接效应			
	教师参与→内部价值评估→深层认知投入	0.286	0.023	[0.240, 0.332]
	教师参与→消极激活情绪→深层认知投入	0.002	0.003	[-0.002, 0.010]
	教师参与→内部价值评估→消极激活情绪→深层认知投入	0.000	0.001	[-0.001, 0.002]
	总效应	0.471	0.029	[0.413, 0.526]
	间接效应占总效应比例（%）	61.1		
消极失活情绪中介模型	直接效应			
	教师参与→深层认知投入	0.185	0.031	[0.128, 0.252]
	间接效应			
	教师参与→内部价值评估→深层认知投入	0.286	0.024	[0.241, 0.334]
	教师参与→消极失活情绪→深层认知投入	0.001	0.003	[-0.005, 0.007]
	教师参与→内部价值评估→消极失活情绪→深层认知投入	0.000	0.002	[-0.003, 0.004]
	总效应	0.471	0.029	[0.413, 0.526]
	间接效应占总效应比例（%）	60.8		

结果表明，在积极激活情绪中介模型中，教师参与对深层认知投入具有显著的直接效应，并通过内部价值评估和积极激活情绪对深层认知投入产生显著的间接效应，总效应为 0.471，其中间接效应占总效应的 77.0%。在消极激活情绪中介模型中，教师参与同样对深层认知投入有显著直接效应，通过内部价值评估产生的间接效应显著，而通过消极激活情绪对深层认知投入产生的中介效应不显著，总效应为 0.471，间接效应占总效应的 61.1%。在消极失活情绪中介模型中，教师参与对深层认知投入的直接效应和通过内部价值评估产生的间接效应均显著，通过消极失活情绪对深层认知投入产生的中介效应不显著，总效应为 0.471，间接效应占总效应的 60.8%。模型表明教师参与主要通过内部价值评估中介变量正向影响学生的深层认知投入，而不同类型学业情绪的中介作用存在差异，积极学业情绪的中介效应更为显著，消极学业情绪的中介效应不显著。

3. 学科差异检验

对上述 3 个模型的中介效应进行学科差异检验，检验结果见表 7-30。

表 7-30　学业情绪对教师参与影响深层认知投入的中介效应学科差异检验

模型	路径	学科比较	diff	95%置信区间	p
积极激活情绪中介模型	教师参与→内部价值评估→积极激活情绪→深层认知投入	理工类—社科类	-0.115	[-0.224，-0.011]	0.035*
		理工类—艺体类	-0.093	[-0.162，-0.034]	0.004**
	教师参与→积极激活情绪→深层认知投入	理工类—艺体类	-0.067	[-0.143，-0.007]	0.031*
		理工类—社科类	0.147	[0.032，0.265]	0.019*
	教师参与→内部价值评估→深层认知投入	社科类—艺体类	-0.198	[-0.345，-0.051]	0.004**
消极激活情绪中介模型	教师参与→消极激活情绪→深层认知投入	理工类—社科类	0.014	[0.000，0.036]	0.039*

注：***、**、* 分别代表 0.001、0.01、0.05 的显著性水平。

表 7-30 结果显示，在积极激活情绪中介模型中，理工类学生相较于社科类学生在教师参与通过内部价值评估影响积极激活情绪，进而影响深层认知投入上显示出较小的中介效应，同时理工类与社科类学生在教师参与

影响积极激活情绪，进而影响深层认知投入的中介效应上也存在显著差异。理工类与艺体类学生相比，在该路径上表现出较小的效应。在消极激活情绪中介模型中，理工类与社科类学生在教师参与通过消极激活情绪影响深层认知投入的中介效应上存在显著差异，其他中介效应则不存在显著学科差异。

（三）学业情绪对结构提供影响深层认知投入的中介效应

根据回归分析结果，建立 3 个中介效应模型：结构提供→内部价值评估→积极激活情绪→深层认知投入，结构提供→内部价值评估→消极激活情绪→深层认知投入，结构提供→内部价值评估→消极失活情绪→深层认知投入。

1. 中介模型路径系数估计

中介模型路径系数估计见表 7-31。积极激活情绪中介模型显示，结构提供显著正向影响内部价值评估（估计系数为 0.663），内部价值评估显著正向影响积极激活情绪（估计系数为 0.654）和深层认知投入（估计系数为 0.114）。此外，结构提供显著正向影响积极激活情绪（估计系数为 0.181）和深层认知投入（估计系数为 0.142）。在消极激活情绪中介模型中，结构提供对内部价值评估的正向影响同样显著，估计系数为 0.663，但对消极激活情绪的直接影响为负且显著，估计系数为-0.211。内部价值评估对深层认知投入的正向影响显著，估计系数为 0.435，而消极激活情绪对深层认知投入的影响不显著，估计系数为-0.009。消极失活情绪中介模型路径系数结果与消极激活情绪中介模型结果相似。结构提供对内部价值评估有显著正向影响，估计系数为 0.663。内部价值评估对消极失活情绪有负向影响，但该路径效应在统计上不显著。结构提供对消极失活情绪的直接影响为负且显著，估计系数为-0.21。内部价值评估对深层认知投入有显著的正向影响，估计系数为 0.435。结构提供对深层认知投入的直接影响为正且显著，估计系数为 0.232。消极失活情绪对深层认知投入的影响不显著。路径系数估计结果表明，结构提供通过影响学生的内部价值评估和学业情绪进而影响深层认知投入，且积极学业情绪的中介作用显著。

表 7-31　中介模型路径系数估计

模型	路径	估计系数	标准误	临界比率	p
积极激活情绪中介模型	结构提供→内部价值评估	0.663	0.018	36.756	<0.001 ***
	内部价值评估→积极激活情绪	0.654	0.018	36.685	<0.001 ***
	结构提供→积极激活情绪	0.181	0.017	10.34	<0.001 ***
	内部价值评估→深层认知投入	0.114	0.038	3.044	0.002 **
	结构提供→深层认知投入	0.142	0.028	5.083	<0.001 ***
	积极激活情绪→深层认知投入	0.490	0.039	12.647	<0.001 ***
消极激活情绪中介模型	结构提供→内部价值评估	0.663	0.018	36.756	<0.001 ***
	内部价值评估→消极激活情绪	0.061	0.040	1.522	0.128
	结构提供→消极激活情绪	−0.211	0.040	−5.347	<0.001 ***
	内部价值评估→深层认知投入	0.435	0.029	14.988	<0.001 ***
	结构提供→深层认知投入	0.229	0.029	7.982	<0.001 ***
	消极激活情绪→深层认知投入	−0.009	0.018	−0.498	0.618
消极失活情绪中介模型	结构提供→内部价值评估	0.663	0.018	36.756	<0.001 ***
	内部价值评估→消极失活情绪	−0.073	0.041	−1.797	0.072
	结构提供→消极失活情绪	−0.210	0.04	−5.256	<0.001 ***
	内部价值评估→深层认知投入	0.435	0.029	14.973	<0.001 ***
	结构提供→深层认知投入	0.232	0.029	8.074	<0.001 ***
	消极失活情绪→深层认知投入	0.003	0.018	0.187	0.852

注：***、**、*分别代表 0.001、0.01、0.05 的显著性水平。

2. 中介效应检验

中介效应检验结果见表 7-32。

表 7-32　学业情绪对结构提供影响深层认知投入的中介效应

模型		估计系数	标准误	95%置信区间
积极激活情绪中介模型	直接效应			
	结构提供→深层认知投入	0.142	0.032	[0.082, 0.203]
	间接效应			
	结构提供→内部价值评估→深层认知投入	0.076	0.030	[0.022, 0.14]
	结构提供→积极激活情绪→深层认知投入	0.089	0.016	[0.061, 0.122]
	结构提供→内部价值评估→积极激活情绪→深层认知投入	0.212	0.023	[0.164, 0.258]
	总效应	0.519	0.028	[0.465, 0.577]
	间接效应占总效应比例（%）	72.6		

续表

模型		估计系数	标准误	95%置信区间
消极激活情绪中介模型	直接效应			
	结构提供→深层认知投入	0.229	0.032	[0.166, 0.292]
	间接效应			
	结构提供→内部价值评估→深层认知投入	0.289	0.024	[0.240, 0.337]
	结构提供→消极激活情绪→深层认知投入	0.002	0.005	[-0.007, 0.012]
	结构提供→内部价值评估→消极激活情绪→深层认知投入	0.000	0.001	[-0.004, 0.001]
	总效应	0.519	0.028	[0.465, 0.577]
	间接效应占总效应比例（%）	55.9		
消极失活情绪中介模型	直接效应			
	结构提供→深层认知投入	0.232	0.032	[0.171, 0.295]
	间接效应			
	结构提供→内部价值评估→深层认知投入	0.288	0.024	[0.240, 0.337]
	结构提供→消极失活情绪→深层认知投入	-0.001	0.005	[-0.010, 0.008]
	结构提供→内部价值评估→消极失活情绪→深层认知投入	0.000	0.001	[-0.003, 0.002]
	总效应	0.519	0.028	[0.465, 0.577]
	间接效应占总效应比例（%）	55.4		

结果显示，在积极激活情绪中介模型中，结构提供对深层认知投入具有显著的直接效应，并通过内部价值评估和积极激活情绪对深层认知投入产生显著的间接效应，总效应为0.519，间接效应占总效应的72.6%。在消极激活情绪中介模型中，结构提供同样对深层认知投入有显著直接效应，并通过内部价值评估产生显著的间接效应，但通过消极激活情绪产生的间接效应不显著，总效应为0.519，间接效应占总效应的55.9%。消极失活情绪中介模型也显示结构提供对深层认知投入有显著直接效应，通过内部价值评估产生的间接效应显著，而通过消极失活情绪产生的间接效应不显著，总效应为0.519，间接效应占总效应的55.4%。模型表明，结构提供主要通过提升学生的内部价值评估间接促进深层认知投入，不同学业情绪的中介作用存在差异，积极学业情绪的中介效应显著，消极学业情绪的中介效应不显著。

3. 中介效应学科差异检验

中介效应在学科间的差异检验结果见表 7-33。在积极激活情绪中介模型中，理工类学生相较于社科类和艺体类学生在结构提供通过内部价值评估和积极激活情绪影响深层认知投入的路径上显示出较小的效应。社科类学生与艺体类学生相比，在结构提供通过积极激活情绪影响深层认知投入的路径上显示出较大的效应。

表 7-33　中介效应学科差异检验结果

模型		学科比较	diff	95%置信区间	p
积极激活情绪中介模型	结构提供→内部价值评估→积极激活情绪→深层认知投入	理工类—社科类	-0.124	[-0.233, -0.022]	0.018*
		理工类—艺体类	-0.113	[-0.193, -0.043]	0.001**
	结构提供→积极激活情绪→深层认知投入	社科类—艺体类	0.088	[0.001, 0.177]	0.045*
		理工类—社科类	0.161	[0.041, 0.297]	0.014*
	结构提供→内部价值评估→深层认知投入	社科类—艺体类	-0.215	[-0.379, -0.053]	0.009**
消极激活情绪中介模型	总中介效应	社科类—艺体类	-0.135	[-0.265, -0.001]	0.048*

注：***、**、*分别代表 0.001、0.01、0.05 的显著性水平。

五　学业情绪对社会临场感影响深层认知投入的中介效应

（一）学业情绪对社会临场感影响深层认知投入的中介模型路径系数估计

学业情绪对社会临场感影响深层认知投入中介模型的路径系数估计结果见表 7-34。中介模型路径系数估计结果表明，在积极激活情绪中介模型中，社会临场感对内部价值评估具有显著的正向影响，内部价值评估显著正向影响积极激活情绪。此外，社会临场感也显著正向影响积极激活情绪和深层认知投入。在消极激活情绪中介模型中，社会临场感对内部价值评估的正向影响同样显著，但对消极激活情绪的影响为负且显著。内部价值评估显著正向影响深层认知投入，而消极激活情绪对深层认知投入的影响不显著。在消极失活情绪中介模型中，社会临场感对内部价值评估的正向影响显著，但对消极失活情绪的影响为负且显著，内部价值评估显著正向影响深层认知投入，负向影响消极失活情绪但不显著，消极失活情绪对深层认知投入的影响不显著。

表 7-34 中介模型路径系数估计

模型	路径	估计系数	标准误	临界比率	p
积极激活情绪中介模型	社会临场感→内部价值评估	0.723	0.017	42.946	<0.001***
	内部价值评估→积极激活情绪	0.608	0.019	31.967	<0.001***
	社会临场感→积极激活情绪	0.231	0.019	12.278	<0.001***
	内部价值评估→深层认知投入	0.116	0.038	3.037	0.002**
	社会临场感→深层认知投入	0.128	0.031	4.133	<0.001***
	积极激活情绪→深层认知投入	0.492	0.039	12.494	<0.001***
消极激活情绪中介模型	社会临场感→内部价值评估	0.723	0.017	42.947	<0.001***
	内部价值评估→消极激活情绪	0.066	0.044	1.515	0.13
	社会临场感→消极激活情绪	−0.203	0.043	−4.717	<0.001***
	内部价值评估→深层认知投入	0.416	0.031	13.244	<0.001***
	社会临场感→深层认知投入	0.239	0.031	7.653	<0.001***
	消极激活情绪→深层认知投入	−0.012	0.018	−0.66	0.509
消极失活情绪中介模型	社会临场感→内部价值评估	0.723	0.017	42.947	<0.001***
	内部价值评估→消极失活情绪	−0.051	0.044	−1.146	0.252
	社会临场感→消极失活情绪	−0.227	0.044	−5.204	<0.001***
	内部价值评估→深层认知投入	0.415	0.031	13.225	<0.001***
	社会临场感→深层认知投入	0.242	0.031	7.735	<0.001***
	消极失活情绪→深层认知投入	0.002	0.018	0.134	0.893

注：***、**、*分别代表 0.001、0.01、0.05 的显著性水平。

（二）学业情绪对社会临场感影响深层认知投入的中介效应估计

学业情绪对社会临场感影响深层认知投入的中介效应检验结果见表 7-35。中介检验结果表明，社会临场感对深层认知投入的总效应在积极激活情绪中介模型中为 0.542，其中间接效应占总效应的 76.4%。具体来说，社会临场感通过内部价值评估对深层认知投入产生的间接效应为 0.084，通过积极激活情绪产生的间接效应为 0.113，通过内部价值评估和积极激活情绪产生的链式中介效应为 0.216。在消极激活情绪中介模型中，社会临场感通过内部价值评估对深层认知投入产生的间接效应为 0.301，而通过消极激活情绪产生的间接效应不显著。在消极失活情绪中介模型中，社会临场感通过内部价值评估对深层认知投入产生的间接效应为 0.300，通过消极失活情绪产生的间接效应不显著。这些结果表明社会临场感主要通过内部价值评估间接促进深层认知投入，而不同学业情绪的中介作用在不同模型中存在差异。

表 7-35　学业情绪对社会临场感影响深层认知投入的中介效应

模型		估计系数	标准误	95%置信区间
积极激活情绪中介模型	直接效应			
	社会临场感→深层认知投入	0.128	0.040	[0.049，0.204]
	间接效应			
	社会临场感→内部价值评估→深层认知投入	0.084	0.035	[0.019，0.155]
	社会临场感→积极激活情绪→深层认知投入	0.113	0.020	[0.080，0.157]
	社会临场感→内部价值评估→积极激活情绪→深层认知投入	0.216	0.026	[0.163，0.270]
	总效应	0.542	0.032	[0.484，0.606]
	间接效应占总效应比例（%）	76.4		
消极激活情绪中介模型	直接效应			
	社会临场感→深层认知投入	0.239	0.041	[0.156，0.314]
	间接效应			
	社会临场感→内部价值评估→深层认知投入	0.301	0.029	[0.243，0.360]
	社会临场感→消极激活情绪→深层认知投入	0.002	0.005	[-0.006，0.013]
	社会临场感→内部价值评估→消极激活情绪→深层认知投入	-0.001	0.001	[-0.005，0.001]
	总效应	0.542	0.032	[0.484，0.606]
	间接效应占总效应比例（%）	55.9		
消极失活情绪中介模型	直接效应			
	社会临场感→深层认知投入	0.242	0.041	[0.160，0.317]
	间接效应			
	社会临场感→内部价值评估→深层认知投入	0.300	0.029	[0.243，0.360]
	社会临场感→消极失活情绪→深层认知投入	-0.001	0.005	[-0.01，0.009]
	社会临场感→内部价值评估→消极失活情绪→深层认知投入	0.000	0.001	[-0.003，0.002]
	总效应	0.542	0.032	[0.484，0.606]
	间接效应占总效应比例（%）	55.3		

（三）学业情绪对社会临场感影响深层认知投入的中介效应学科差异检验

学业情绪对社会临场感影响深层认知投入的中介效应学科差异检验结果见表 7-36。

表 7-36　学业情绪对社会临场感影响深层认知投入的中介效应学科差异

模型	路径	学科比较	diff	95%置信区间	p
积极激活情绪中介模型	社会临场感→内部价值评估→积极激活情绪→深层认知投入	理工类—社科类	-0.158	[-0.280，-0.041]	0.011*
	社会临场感→积极激活情绪→深层认知投入	理工类—社科类	-0.122	[-0.223，-0.033]	0.009**
	社会临场感→内部价值评估→深层认知投入	理工类—社科类	0.175	[0.050，0.329]	0.014*
		社科类—艺体类	-0.241	[-0.417，-0.056]	0.008**

注：***、**、*分别代表 0.001、0.01、0.05 的显著性水平。

结果表明，只有积极激活情绪中介模型中的中介效应存在学科差异。具体来看，理工类学生与社科类学生相比，在社会临场感通过内部价值评估和积极激活情绪影响深层认知投入以及社会临场感通过积极激活情绪影响深层认知投入的路径上显示出较小的效应。此外，理工类与社科类学生相比，在社会临场感通过内部价值评估影响深层认知投入的路径上表现出较大的效应，理工类、艺体类学生在该中介效应上高于社科类学生。

第三节　混合学习环境中学业情绪对浅层认知投入的影响机制

一　基于回归分析结果的中介效应模型

与探索混合学习环境感知影响深层认知投入的作用机制一样，本节根据混合学习环境感知框架，结合回归分析结果得出，3 类学业情绪中仅有积极激活情绪对浅层认知投入具有显著影响，因此，形成以下 4 种中介效应模型：①积极激活情绪对技术使用影响浅层认知投入的中介效应模型；②积极激活情绪对学习资源影响浅层认知投入的中介效应模型；③积极激活情绪对教师支持影响浅层认知投入的中介效应模型；④积极激活情绪对社会临场感影响浅层认知投入的中介效应模型。

二　积极激活情绪对技术使用影响浅层认知投入的中介效应

（一）积极激活情绪对易用性影响浅层认知投入的中介效应

1. 模型路径系数估计

回归分析显示，易用性显著影响积极激活情绪，积极激活情绪显著影响浅层认知投入，因此，本研究形成易用性→积极激活情绪→浅层认知投入中介效应假设模型。中介模型路径系数如表 7-37 所示。中介模型路径系数估计结果显示，易用性对积极激活情绪有显著正向影响，并且积极激活情绪显著正向影响浅层认知投入。此外，易用性对浅层认知投入的正向影响也显著。

表 7-37　中介模型路径系数估计结果

路径	估计系数	标准误	临界比率	p
易用性→积极激活情绪	0.463	0.407	0.516	0.002**
易用性→浅层认知投入	0.106	0.055	0.158	0.002**
积极激活情绪→浅层认知投入	0.633	0.572	0.690	0.002**

注：***、**、* 分别代表 0.001、0.01、0.05 的显著性水平。

2. 中介效应检验

中介效应结果如表 7-38 所示。结果显示，易用性通过积极激活情绪对浅层认知投入产生的间接效应显著，表明易用性通过积极激活情绪促进浅层认知投入。易用性对浅层认知投入的总效应为 0.399，其中间接效应占总效应的 73.4%，积极激活情绪在易用性影响浅层认知投入中的中介作用较大。这些发现表明，易用性不仅直接影响学生的浅层认知投入，还通过积极激活情绪间接影响学生的浅层认知投入。

表 7-38　积极激活情绪对易用性影响浅层认知投入的中介效应

	估计系数	标准误	95%置信区间	p
直接效应				
易用性→浅层认知投入	0.106	0.027	[0.055, 0.158]	0.002**

续表

	估计系数	标准误	95%置信区间	p
间接效应				
易用性→积极激活情绪→浅层认知投入	0.293	0.023	[0.246，0.337]	0.003 **
总效应	0.399	0.028	[0.340，0.449]	0.003 **
间接效应占总效应比例（%）	73.4			

注：***、**、*分别代表0.001、0.01、0.05的显著性水平。

3. 学科差异检验

中介效应学科差异检验结果表明，在积极激活情绪对易用性影响浅层认知投入的中介效应上，理工类、社科类、艺体类3个学科之间均不存在显著差异。

（二）积极激活情绪对有用性影响浅层认知投入的中介效应

1. 中介模型路径系数估计

积极激活情绪对有用性影响浅层认知投入中介模型的路径系数结果见表7-39。

表7-39　中介模型路径系数估计

路径	估计系数	标准误	临界比率	p
有用性→内部价值评估	0.592	0.529	0.655	0.002 **
内部价值评估→积极激活情绪	0.708	0.666	0.752	0.001 **
有用性→积极激活情绪	0.123	0.080	0.168	0.003 **
内部价值评估→浅层认知投入	0.134	0.049	0.224	0.003 **
有用性→浅层认知投入	0.117	0.061	0.176	0.002 **
积极激活情绪→浅层认知投入	0.513	0.418	0.598	0.002 **

注：***、**、*分别代表0.001、0.01、0.05的显著性水平。

从表7-39中路径系数估计结果可以看出，在积极激活情绪对有用性影响浅层认知投入的中介模型中，所有的路径系数均显著，估计系数为0.117~0.708，p值为0.001~0.003。另外，本研究也验证了消极学业情绪的中介效应。在消极激活情绪对有用性影响浅层认知投入的中介模型中，内部价值评估→消极激活情绪、消极激活情绪→浅层认知投入两条路径系数不显著，其余路径系数均显著。其中有用性显著负向影响消极激活情绪，表明学生对混合学习中技术有用性的体验越好，越不容易产生愤怒、焦虑等消极激活情绪。同样，在消极失活情绪对有用性影响浅层认知投入的中介模型中，除消极失活情绪→浅层认知投入的路径系数不显著外，其他所有路径系数均显著。其中，内部价值评估显著负向影响消极失活情绪，有用性显著负向影响消极失活情绪。

2. 中介效应检验

中介效应结果如表 7-40 所示。

表 7-40　积极激活情绪对有用性影响浅层认知投入的中介效应

	估计系数	标准误	95%置信区间
直接效应			
有用性→浅层认知投入	0.117	0.029	[0.061，0.176]
间接效应			
有用性→内部价值评估→浅层认知投入	0.079	0.026	[0.029，0.134]
有用性→积极激活情绪→浅层认知投入	0.063	0.013	[0.040，0.091]
有用性→内部价值评估→积极激活情绪→浅层认知投入	0.215	0.022	[0.176，0.261]
总效应	0.475	0.030	[0.414，0.528]
间接效应占总效应比例（%）	75.3		

结果显示，有用性对浅层认知投入具有显著的直接效应，通过内部价值评估和积极激活情绪产生的中介效应显著，其中间接效应占总效应的 75.3%。相比之下，消极激活情绪和消极失活情绪的中介效应不显著，表明它们在有用性与浅层认知投入关系中的中介作用有限。

3. 学科差异检验

对不同学科中介效应差异进行多组比较分析，结果见表 7-41。不同学科学生在有用性对浅层认知投入影响的中介路径上存在显著差异。具体来说，理工类学生相较于社科类学生，在有用性通过内部价值评估影响积极激活情绪，进而影响浅层认知投入的路径上表现出较小的效应。此外，理工类学生在有用性通过内部价值评估影响浅层认知投入的路径上相较于社科类学生显示出更大的效应。社科类学生与艺体类学生相比，在这一路径上显示出较小的效应。

表 7-41　积极激活情绪对有用性影响浅层认知投入的中介效应学科差异

路径	学科比较	diff	95%置信区间	p
有用性→内部价值评估→积极激活情绪→浅层认知投入	理工类—社科类	-0.125	[-0.227，-0.026]	0.023*
有用性→内部价值评估→浅层认知投入	理工类—社科类	0.143	[0.028，0.246]	0.020*
	社科类—艺体类	-0.133	[-0.271，-0.003]	0.044*

注：***、**、*分别代表0.001、0.01、0.05的显著性水平。

（三）积极激活情绪对灵活性影响浅层认知投入的中介效应

灵活性显著影响学习控制评估、内部价值评估、积极激活情绪，学习控制评估、内部价值评估、积极激活情绪显著影响浅层认知投入，构建2个中介效应模型：①灵活性→学习控制评估→积极激活情绪→浅层认知投入；②灵活性→内部价值评估→积极激活情绪→浅层认知投入。

1. 模型路径系数估计

中介模型路径系数估计结果见表7-42。

表 7-42　中介模型路径系数估计

模型	路径	估计系数	标准误	临界比率	p
灵活性→学习控制评估→积极激活情绪→浅层认知投入中介模型	灵活性→学习控制评估	0.804	0.015	53.951	<0.001***
	学习控制评估→积极激活情绪	0.438	0.024	18.231	<0.001***
	灵活性→积极激活情绪	0.383	0.024	15.904	<0.001***
	学习控制评估→浅层认知投入	0.081	0.035	2.318	0.02**
	灵活性→浅层认知投入	0.144	0.034	4.215	<0.001***
	积极激活情绪→浅层认知投入	0.52	0.033	15.809	<0.001***
灵活性→内部价值评估→积极激活情绪→浅层认知投入中介模型	灵活性→内部价值评估	0.785	0.016	48.221	<0.001***
	内部价值评估→积极激活情绪	0.550	0.020	27.653	<0.001***
	灵活性→积极激活情绪	0.303	0.020	14.935	<0.001***
	内部价值评估→浅层认知投入	0.112	0.035	3.188	0.001**
	灵活性→浅层认知投入	0.146	0.032	4.623	<0.001***
	积极激活情绪→浅层认知投入	0.486	0.036	13.374	<0.001***

注：***、**、*分别代表0.001、0.01、0.05的显著性水平。

结果表明，灵活性对学习控制评估和内部价值评估均有显著正向影响，学习控制评估显著正向影响积极激活情绪，内部价值评估也显著正向影响积极激活情绪。此外，积极激活情绪显著正向影响浅层认知投入，灵活性显著正向影响浅层认知投入。这些发现表明，灵活性可以通过提升学生的学习控制评估和内部价值评估水平提升积极情绪体验，最终促进浅层认知投入。

2. 中介效应检验

积极激活情绪对灵活性影响浅层认知投入的中介效应检验结果见表 7-43。

表 7-43　积极激活情绪对灵活性影响浅层认知投入的中介效应

模型		估计系数	标准误	95%置信区间
灵活性→学习控制评估→积极激活情绪→浅层认知投入中介模型	直接效应			
	灵活性→浅层认知投入	0.144	0.048	[0.053, 0.243]
	间接效应			
	灵活性→学习控制评估→浅层认知投入	0.065	0.035	[-0.001, 0.136]
	灵活性→积极激活情绪→浅层认知投入	0.199	0.030	[0.142, 0.259]
	灵活性→学习控制评估→积极激活情绪→浅层认知投入	0.183	0.022	[0.137, 0.230]
	总效应	0.591	0.028	[0.528, 0.639]
	间接效应占总效应比例（%）	75.7		
灵活性→内部价值评估→积极激活情绪→浅层认知投入中介模型	直接效应			
	灵活性→浅层认知投入	0.146	0.042	[0.067, 0.235]
	间接效应			
	灵活性→内部价值评估→浅层认知投入	0.088	0.037	[0.019, 0.163]
	灵活性→积极激活情绪→浅层认知投入	0.147	0.022	[0.107, 0.191]
	灵活性→内部价值评估→积极激活情绪→浅层认知投入	0.210	0.023	[0.171, 0.257]
	总效应	0.591	0.028	[0.528, 0.639]
	间接效应占总效应比例（%）	75.3		

分析结果显示，灵活性对浅层认知投入具有显著的直接效应，同时通过学习控制评估和积极激活情绪产生的间接效应也显著。此外，灵活性通过学习控制评估影响积极激活情绪，进而影响浅层认知投入的链式中介效应同样

显著。在考虑所有路径的总效应中，间接效应占 75.7%。模型表明，灵活性不仅直接影响浅层认知投入，而且通过学习控制评估和积极激活情绪间接正向影响浅层认知投入。

3. 学科差异检验

对模型中的中介效应进行学科差异检验，结果见表 7-44。在灵活性→学习控制评估→积极激活情绪→浅层认知投入中介模型中，只有灵活性→积极激活情绪→浅层认知投入这一中介路径的效应存在学科差异。具体来看，理工类学生相较于社科类学生效应较小，艺体类学生相较于社科类学生效应也较小。该中介模型中，其他中介效应、总中介效应以及总效应在学科间不存在显著差异。在灵活性→内部价值评估→积极激活情绪→浅层认知投入中介模型中，在灵活性→积极激活情绪→浅层认知投入路径上，理工类学生相比社科类学生效应较小，在灵活性→内部价值评估→浅层认知投入路径上，理工类学生比社科类学生的效应较大，艺体类学生比社科类学生的效应也较大。该模型中其他中介效应、总中介效应、总效应均不存在显著的学科差异。

表 7-44　积极激活情绪对灵活性影响浅层认知投入的中介效应学科差异

模型	路径	学科比较	diff	95%置信区间	p
灵活性→学习控制评估→积极激活情绪→浅层认知投入中介模型	灵活性→积极激活情绪→浅层认知投入	理工类—社科类	-0.194	[-0.332, -0.067]	0.002**
		社科类—艺体类	0.165	[0.024, 0.306]	0.025*
灵活性→内部价值评估→积极激活情绪→浅层认知投入中介模型	灵活性→内部价值评估→浅层认知投入	理工类—社科类	0.186	[0.015, 0.331]	0.029*
		社科类—艺体类	-0.177	[-0.360, -0.009]	0.041*
	灵活性→积极激活情绪→浅层认知投入	理工类—社科类	-0.164	[-0.276, -0.065]	0.002**

注：***、**、*分别代表 0.001、0.01、0.05 的显著性水平。

三　积极激活情绪对学习资源影响浅层认知投入的中介效应

（一）积极激活情绪对学习资源的可得性影响浅层认知投入的中介效应

学习资源的可得性显著影响学习控制评估、内部价值评估、外部价值评估、积极激活情绪、浅层认知投入，根据理论模型和中介假设发展方法，可以形成3个中介效应模型：①学习资源的可得性→学习控制评估→积极激活情绪→浅层认知投入；②学习资源的可得性→内部价值评估→积极激活情绪→浅层认知投入；③学习资源的可得性→外部价值评估→积极激活情绪→浅层认知投入。

1. 模型路径系数估计

中介模型路径系数估计结果见表7-45。

结果表明，在3个中介模型中，除外部价值评估、积极激活情绪中介模型中外部价值评估对浅层认知投入的路径系数不显著外，其他所有路径系数均显著，路径系数结果与回归分析结果一致。

表7-45　中介模型路径系数

模型	路径	估计系数	标准误	临界比率	p
学习控制评估、积极激活情绪中介模型	学习资源的可得性→学习控制评估	0.760	0.015	50.730	<0.001***
	学习控制评估→积极激活情绪	0.494	0.024	20.993	<0.001***
	学习资源的可得性→积极激活情绪	0.309	0.023	13.535	<0.001***
	学习控制评估→浅层认知投入	0.100	0.034	2.900	0.004**
	学习资源的可得性→浅层认知投入	0.103	0.031	3.293	<0.001***
	积极激活情绪→浅层认知投入	0.537	0.032	16.608	<0.001***
内部价值评估、积极激活情绪中介模型	学习资源的可得性→内部价值评估	0.740	0.016	45.449	<0.001***
	内部价值评估→积极激活情绪	0.590	0.02	30.211	<0.001***
	学习资源的可得性→积极激活情绪	0.248	0.019	12.859	<0.001***
	内部价值评估→浅层认知投入	0.126	0.035	3.575	<0.001***
	学习资源的可得性→浅层认知投入	0.109	0.029	3.743	<0.001***
	积极激活情绪→浅层认知投入	0.503	0.036	14.053	<0.001***
外部价值评估、积极激活情绪中介模型	学习资源的可得性→外部价值评估	0.485	0.023	20.798	<0.001***
	外部价值评估→积极激活情绪	0.193	0.016	11.731	<0.001***
	学习资源的可得性→积极激活情绪	0.591	0.017	34.26	<0.001***
	外部价值评估→浅层认知投入	0.008	0.020	0.400	0.690
	学习资源的可得性→浅层认知投入	0.147	0.027	5.407	<0.001***
	积极激活情绪→浅层认知投入	0.577	0.030	19.291	<0.001***

注：***、**、*分别代表0.001、0.01、0.05的显著性水平。

2. 中介效应检验

中介效应检验结果见表 7-46。

在学习控制评估、积极激活情绪中介模型中，学习资源的可得性对浅层认知投入具有显著的直接效应，同时通过学习控制评估和积极激活情绪产生的中介效应也显著。具体来说，学习资源的可得性通过学习控制评估对浅层认知投入产生的间接效应为 0.076，通过积极激活情绪产生的间接效应为 0.166，通过学习控制评估和积极激活情绪产生的链式中介效应为 0.202。总效应为 0.546，其中间接效应占总效应的 81.2%。

在内部价值评估、积极激活情绪中介模型中，学习资源的可得性对浅层认知投入的直接效应同样显著，并且通过内部价值评估和积极激活情绪产生的间接效应也显著。学习资源的可得性通过内部价值评估对浅层认知投入产生的间接效应为 0.093，通过积极激活情绪产生的间接效应为 0.125，通过内部价值评估和积极激活情绪产生的链式中介效应为 0.220。总效应为 0.546，其中间接效应占总效应的 80.1%。

在外部价值评估、积极激活情绪中介模型中，学习资源的可得性对浅层认知投入的直接效应显著，但通过外部价值评估产生的间接效应不显著。学习资源的可得性通过积极激活情绪产生的间接效应为 0.341，通过外部价值评估和积极激活情绪产生的链式中介效应为 0.054。总效应为 0.546，其中间接效应占总效应的 73.1%。

这些结果表明，学习资源的可得性通过增强学生的控制感、价值感和积极情绪体验，显著促进了浅层认知投入。学习控制评估和内部价值评估的中介作用尤为显著，而外部价值评估的中介作用不显著。

表 7-46　中介效应检验结果

模型		估计系数	标准误	95%置信区间
学习控制评估、积极激活情绪中介模型	直接效应			
	学习资源的可得性→浅层认知投入	0.103	0.037	[0.037，0.184]
	间接效应			
	学习资源的可得性→学习控制评估→浅层认知投入	0.076	0.032	[0.015，0.143]

续表

模型		估计系数	标准误	95%置信区间
学习控制评估、积极激活情绪中介模型	学习资源的可得性→积极激活情绪→浅层认知投入	0.166	0.027	[0.121，0.226]
	学习资源的可得性→学习控制评估→积极激活情绪→浅层认知投入	0.202	0.023	[0.159，0.251]
	总效应	0.546	0.025	[0.494，0.593]
	间接效应占总效应比例（%）	81.2		
内部价值评估、积极激活情绪中介模型	直接效应			
	学习资源的可得性→浅层认知投入	0.109	0.033	[0.051，0.178]
	间接效应			
	学习资源的可得性→内部价值评估→浅层认知投入	0.093	0.034	[0.031，0.162]
	学习资源的可得性→积极激活情绪→浅层认知投入	0.125	0.019	[0.093，0.165]
	学习资源的可得性→内部价值评估→积极激活情绪→浅层认知投入	0.220	0.023	[0.174，0.265]
	总效应	0.546	0.025	[0.494，0.593]
	间接效应占总效应比例（%）	80.1		
外部价值评估、积极激活情绪中介模型	直接效应			
	学习资源的可得性→浅层认知投入	0.147	0.032	[0.084，0.212]
	间接效应			
	学习资源的可得性→外部价值评估→浅层认知投入	0.004	0.012	[-0.02，0.025]
	学习资源的可得性→积极激活情绪→浅层认知投入	0.341	0.025	[0.293，0.391]
	学习资源的可得性→外部价值评估→积极激活情绪→浅层认知投入	0.054	0.008	[0.039，0.072]
	总效应	0.546	0.025	[0.494，0.593]
	间接效应占总效应比例（%）	73.1		

3. 学科差异检验

对模型中的中介效应进行学科差异检验，结果表明，在学习控制评估、积极激活情绪中介模型中，只有学习资源的可得性→学习控制评估→浅层认知投入中介效应在社科类和艺体类学生之间存在显著差异（估计系数为 -0.168，$p=0.037$），社科类学生比艺体类学生的效应要小，其他中介效应、总中介效应、总效应均不存在显著学科差异。在内部价值评估、积极激活情绪中介模型中，学习的资源可得性→内部价值评估→积极激活情绪→浅层认知投入中介效应在理工类与社科类学生间存在显著差异（估计系数为-0.131，p=0.025）。学习资源的可得性→内部价值评估→浅层认知投入中介效应在理工类与社科类（估计系数为0.192，p=0.019）、社科类与艺体类（估计系数为-0.184，p=0.019）学生之间存在显著差异，其他中介效应、总中介效应、总效应均不存在显著学科差异。在外部价值评估、积极激活情绪中介模型中，学习资源的可得性→积极激活情绪→浅层认知投入中介效应在理工类与社科类学生间存在显著差异（估计系数为-0.106，p=0.042），其他中介效应、总中介效应、总效应均不存在显著学科差异。

（二）积极激活情绪对学生与内容的互动影响浅层认知投入的中介效应

学生的内容互动显著影响学习控制评估、内部价值评估、外部价值评估、积极激活情绪、浅层认知投入，根据理论模型和中介假设发展方法，可以形成3个中介效应模型：①学生与内容的互动→学习控制评估→积极激活情绪→浅层认知投入；②学生与内容的互动→内部价值评估→积极激活情绪→浅层认知投入；③学生与内容的互动→外部价值评估→积极激活情绪→浅层认知投入。

1. 模型路径系数估计

中介模型路径系数估计结果与学习资源的可得性对浅层认知投入影响的中介模型路径系数估计结果相似。结果表明，3个中介模型中除外部价值评估对浅层认知投入的路径系数不显著外，其他所有路径系数均显著，路径系数结果与回归分析结果一致。

2. 中介效应检验

中介效应检验结果如表7-47所示。结果显示，学生与内容的互动对浅层认知投入具有显著的直接效应，并主要通过学习控制评估、内部价值评估和积极激活情绪的中介作用产生影响。具体而言，在学习控制评估、积极激活情绪中介模型中，学生与内容的互动对浅层认知投入的直接效应为0.112，而通过学习控制评估和积极激活情绪产生的总中介效应为0.481，占总效应的81.1%。在内部价值评估、积极激活情绪中介模型中，学生与内容的互动同样显著正向影响内部价值评估和积极激活情绪，这些感知和情绪体验又显著促进了浅层认知投入。在该模型中，学生与内容的互动对浅层认知投入的直接效应为 0.124，而通过内部价值评估和积极激活情绪产生的总中介效应为 0.470，占总效应的 79.2%。

相比之下，外部价值评估的中介作用相对较弱。尽管学生与内容的互动显著正向影响了外部价值评估和积极激活情绪，但外部价值评估对浅层认知投入的直接效应不显著。在外部价值评估、积极激活情绪中介模型中，学生与内容的互动对浅层认知投入的直接效应为 0.168，而通过外部价值评估和积极激活情绪产生的总中介效应为 0.425，占总效应的 71.7%。

总体而言，这些发现揭示了学生与内容的互动通过不同的机制影响学生的浅层认知投入，其中学习控制评估和内部价值评估的中介作用尤为重要。

表 7-47　积极激活情绪对学生与内容的互动影响浅层认知投入的中介效应

模型	路径	估计系数	标准误	95%置信区间
学习控制评估、积极激活情绪中介模型	直接效应			
	学生与内容的互动→浅层认知投入	0.112	0.057	[0.005, 0.230]
	间接效应			
	学生与内容的互动→学习控制评估→浅层认知投入	0.075	0.043	[-0.007, 0.159]
	学生与内容的互动→积极激活情绪→浅层认知投入	0.247	0.034	[0.185, 0.322]
	学生与内容的互动→学习控制评估→积极激活情绪→浅层认知投入	0.159	0.028	[0.110, 0.223]
	总效应	0.593	0.026	[0.545, 0.643]
	间接效应占总效应比例（%）	81.1		
内部价值评估、积极激活情绪中介模型	直接效应			
	学生与内容的互动→浅层认知投入	0.124	0.043	[0.042, 0.208]
	间接效应			
	学生与内容的互动→内部价值评估→浅层认知投入	0.099	0.036	[0.032, 0.170]
	学生与内容的互动→积极激活情绪→浅层认知投入	0.175	0.023	[0.133, 0.223]
	学生与内容的互动→内部价值评估→积极激活情绪→浅层认知投入	0.196	0.025	[0.150, 0.248]
	总效应	0.593	0.026	[0.545, 0.643]
	间接效应占总效应比例（%）	79.2		

续表

模型	路径	估计系数	标准误	95%置信区间
外部价值评估、积极激活情绪中介模型	直接效应			
	学生与内容的互动→浅层认知投入	0.168	0.042	[0.081，0.249]
	间接效应			
	学生与内容的互动→外部价值评估→浅层认知投入	0.007	0.012	[-0.018，0.029]
	学生与内容的互动→积极激活情绪→浅层认知投入	0.373	0.030	[0.311，0.432]
	学生与内容的互动→外部价值评估→积极激活情绪→浅层认知投入	0.045	0.007	[0.033，0.062]
	总效应	0.593	0.026	[0.545，0.643]
	间接效应占总效应比例（%）	71.7		

3. 学科差异检验

对模型中的中介效应进行学科差异检验，结果见表7-48。结果表明，理工类与社科类学生、社科类与艺体类学生相比，在学生与内容的互动通过积极激活情绪影响浅层认知投入的中介效应上存在显著差异。具体来说，理工类学生通过这一路径的效应较小，而社科类与艺体类学生的差异比较结果表明，艺体类学生通过这一路径的效应也比社科类学生小。理工类学生在学生与内容的互动通过内部价值评估、积极激活情绪影响浅层认知投入的链式中介效应上存在显著差异。此外，理工类学生在学生与内容的互动通过外部价值评估影响浅层认知投入的路径上表现出比社科类学生更大的效应，表明外部价值评估在理工类学生的学习过程中可能扮演着更为重要的角色。

表7-48　中介效应学科差异检验

模型	路径	学科比较	diff	95%置信区间	p
学习控制评估、积极激活情绪中介模型	学生与内容的互动→积极激活情绪→浅层认知投入	理工类—社科类	-0.185	[0.0347，-0.029]	0.024*
		社科类—艺体类	0.181	[0.004，0.342]	0.047*
内部价值评估、积极激活情绪中介模型	学生与内容的互动→内部价值评估→积极激活情绪→浅层认知投入	理工类—社科类	-0.126	[-0.239，-0.007]	0.033*

续表

模型	路径	学科比较	diff	95%置信区间	p
外部价值评估、积极激活情绪中介模型	学生与内容的互动→积极激活情绪→浅层认知投入	理工类—社科类	-0.149	[-0.251, -0.052]	0.001**
		社科类—艺体类	0.116	[0.002, 0.236]	0.047*
	学生与内容的互动→外部价值评估→浅层认知投入	理工类—社科类	0.192	[0.031, 0.343]	0.021*

注：***、**、*分别代表0.001、0.01、0.05的显著性水平。

四　积极激活情绪对教师支持影响浅层认知投入的中介效应

（一）积极激活情绪对自主支持影响浅层认知投入的中介效应

自主支持显著影响外部价值评估、积极激活情绪以及浅层认知投入，可以形成自主支持→外部价值评估→积极激活兴趣→浅层认知投入中介效应模型。

1. 模型路径系数估计

模型路径系数估计结果如图7-9所示，除外部价值评估对浅层认知投入的路径系数不显著外，其他路径系数均显著。

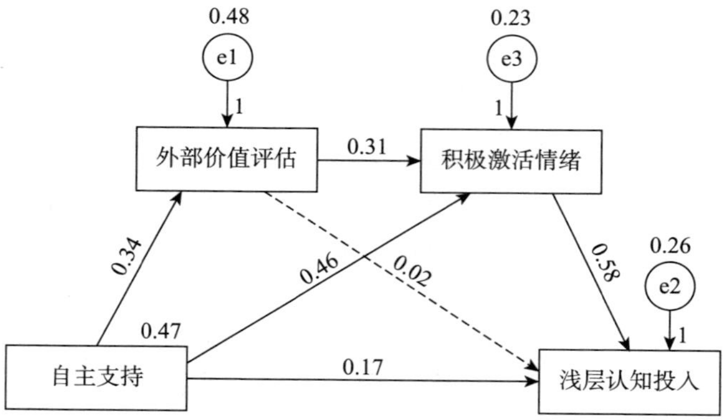

图7-9　模型路径系数估计

2. 中介效应检验

中介效应检验结果如表7-49所示。结果表明，自主支持对浅层认知投入具有显著的直接效应，估计值为0.166。自主支持通过外部价值评估对浅层认知投入产生间接效应，但这一效应较小且不显著。自主支持通过积极激活情绪对浅层认知投入产生较大间接效应。此外，自主支持通过外部价值评估影响积极激活情绪，进而对浅层认知投入产生显著的链式中介效应，但是该中介效应估计值较小。总体而言，自主支持对浅层认知投入的总效应为 0.504，其中间接效应占总效应的 67.1%。模型表明，自主支持主要通过积极情绪的中介效应促进学生的浅层认知投入。

表 7-49　积极激活情绪对自主支持影响浅层认知投入的中介效应

	估计系数	标准误	95%置信区间
直接效应			
自主支持→浅层认知投入	0.166	0.027	[0.112, 0.218]
间接效应			
自主支持→外部价值评估→浅层认知投入	0.008	0.008	[-0.008, 0.024]
自主支持→积极激活情绪→浅层认知投入	0.269	0.021	[0.225, 0.310]
自主支持→外部价值评估→积极激活情绪→浅层认知投入	0.062	0.009	[0.047, 0.080]
总效应	0.504	0.026	[0.449, 0.554]
间接效应占总效应比例（%）	67.1		

3. 学科差异检验

对模型中的中介效应进行学科差异检验，结果见表 7-50。结果表明，社科类与艺体类学生比较：在自主支持通过外部价值评估影响积极激活情绪，进而影响浅层认知投入的链式中介路径上，社科类学生相较于艺体类学生表现出较小的中介效应。理工类学生与社科类学生相比，在自主支持通过积极激活情绪影响浅层认知投入的中介路径上，表现出较小的效应。同样，与艺体类学生相比，理工类学生在这条中介路径上也显示出较小的效应。在总中介效应上，理工类学生与社科类学生相比，表现出较小的效应，与艺体类学生相比，同样表现出较小的效应。

表 7-50　中介效应学科差异

	学科比较	diff	95%置信区间	p
自主支持→外部价值评估→积极激活情绪→浅层认知投入	社科类—艺体类	-0.042	[-0.095, 0.000]	0.048*

续表

	学科比较	diff	95%置信区间	p
自主支持→积极激活情绪→浅层认知投入	理工类—社科类	-0.174	[-0.267, -0.081]	0.002**
	理工类—艺体类	-0.096	[-0.201, -0.008]	0.036*
总中介效应	理工类—社科类	-0.157	[-0.261, -0.053]	0.003**
	理工类—艺体类	-0.132	[-0.238, -0.018]	0.010*

注：***、**、*分别代表0.001、0.01、0.05的显著性水平。

(二) 积极激活情绪对教师参与影响浅层认知投入的中介效应

教师参与显著影响内部价值评估、积极激活情绪，内部价值评估、积极激活情绪显著影响浅层认知投入，形成教师参与→内部价值评估→积极激活情绪→浅层认知投入中介效应模型。

1. 模型路径系数估计

模型路径系数估计结果见图7-10，路径系数均显著。教师参与显著正向影响学生的内部价值评估，表明教师参与学生学习能显著提升学生对学习内容的内在价值感知。内部价值评估显著正向影响积极激活情绪，表明当学生感知到混合学习具有内在价值时，他们更可能体验到积极的情绪。教师参与也直接影响学生的积极激活情绪，说明教师参与是学生积极情绪体验的一个重要来源。学生的内部价值评估显著正向影响浅层认知投入，表明内部价值评估是促进学生浅层认知投入的一个关键因素。教师参与对浅层认知投入也有显著的直接影响。积极激活情绪显著正向影响浅层认知投入，表明积极情绪状态对于促进学生的认知投入至关重要。

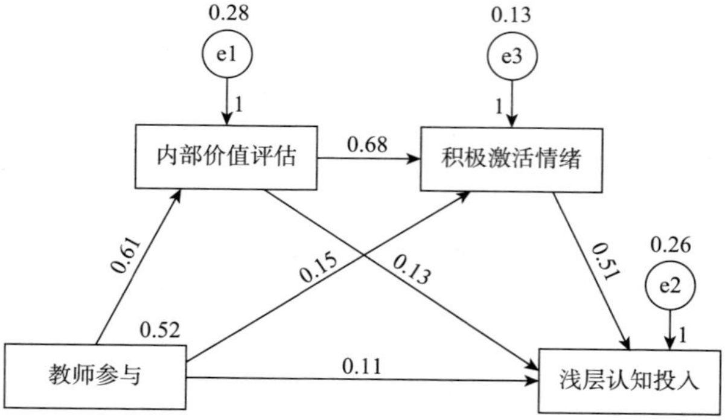

图7-10 模型路径系数估计

2. 中介效应检验

中介效应检验结果如表7-51所示。结果表明，教师参与对浅层认知投入具有显著的直接效应，同时通过中介变量对浅层认知投入产生重要影响。教师参与通过内部价值评估和积极激活情绪间接促进了浅层认知投入。此外，教师参与还通过内部价值评估影响积极情绪，进而对浅层认知投入产生显著的链式中介效应。总效应为0.475，其中间接效应占总效应的77.4%。模型表明，教师参与主要通过中介路径促进学生的浅层认知投入。

表7-51 积极激活情绪对教师参与影响浅层认知投入的中介效应

	估计系数	标准误	95%置信区间
直接效应			
教师参与→浅层认知投入	0.107	0.028	[0.052，0.163]
间接效应			
教师参与→内部价值评估→浅层认知投入	0.081	0.026	[0.030，0.137]
教师参与→积极激活情绪→浅层认知投入	0.078	0.014	[0.054，0.107]
教师参与→内部价值评估→积极激活情绪→浅层认知投入	0.209	0.022	[0.167，0.250]
总效应	0.475	0.026	[0.420，0.525]
间接效应占总效应比例（%）	77.4		

3. 学科差异检验

对模型中的中介效应进行学科差异检验，结果如表7-52所示。理工科学生与社科类学生相比，在教师参与通过内部价值评估影响积极激活情绪，进而影响浅层认知投入的链式中介路径上，表现出较小的效应，也在教师参与影响积极激活情绪，进而影响浅层认知投入的中介路径上表现出较小的效应，而在教师参与通过内部价值评估影响浅层认知投入的中介路径上，表现出较大的效应。理工类学生与艺体类学生相比，在教师参与影响积极激活情绪，进而影响浅层认知投入的中介路径上，表现出较小的效应。社科类学生与艺体类学生相比，在教师参与通过内部价值评估影响浅层认知投入的中介路径上，表现出较小的效应。

表 7-52　积极激活情绪对教师参与影响浅层认知投入的中介效应学科差异

路径	学科比较	diff	95%置信区间	p
教师参与→内部价值评估→积极激活情绪→浅层认知投入	理工类-社科类	-0.119	[-0.215，-0.015]	0.018*
教师参与→积极激活情绪→浅层认知投入	理工类-社科类	-0.093	[-0.158，-0.043]	0.003**
	理工类-艺体类	-0.074	[-0.150，-0.016]	0.009**
教师参与→内部价值评估→浅层认知投入	理工类-社科类	0.130	[0.017，0.240]	0.023*
	社科类-艺体类	-0.136	[-0.272，-0.004]	0.044*

注：***、**、*分别代表 0.001、0.01、0.05 的显著性水平。

（三）积极激活情绪对结构提供影响浅层认知投入的中介效应

结构提供显著影响内部价值评估、积极激活情绪、浅层认知投入，内部价值评估、积极激活情绪显著影响浅层认知投入，形成结构提供→内部价值评估→积极激活情绪→浅层认知投入中介效应模型。

1. 模型路径系数估计

模型路径系数估计结果见图 7-11，所有路径系数均显著。

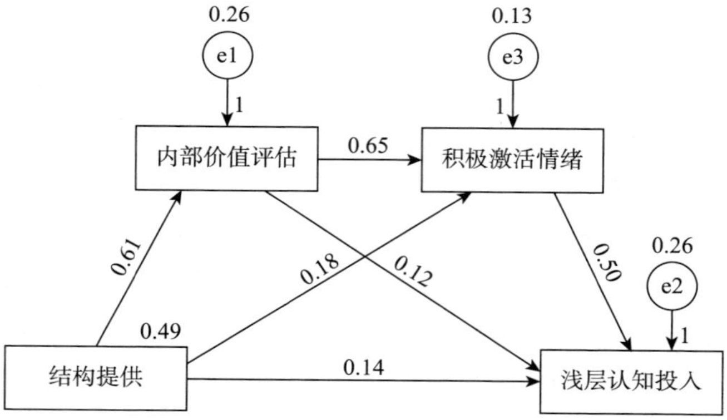

图 7-11　模型路径系数

2. 中介效应检验

中介效应检验结果如表 7-53 所示。结果显示，结构提供对浅层认知投入具有显著的直接效应，并且通过内部价值评估和积极激活情绪产生的间接效应也显著。此外，结构提供通过内部价值评估影响积极激活情绪，进而对浅层认知投入产生显著的链式中介效应。总体而言，结构提供对浅层认知投入的总效应为0.522，其中间接效应占总效应的73.3%，表明结构提供主要通过强化学生的内部价值评估和积极激活情绪来促进浅层认知投入。

表7-53　积极激活情绪对结构提供影响浅层认知投入的中介效应

	估计系数	标准误	95%置信区间
直接效应			
结构提供→浅层认知投入	0.139	0.029	[0.088，0.201]
间接效应			
结构提供→内部价值评估→浅层认知投入	0.078	0.029	[0.026，0.136]
结构提供→积极激活情绪→浅层认知投入	0.090	0.015	[0.065，0.123]
结构提供→内部价值评估→积极激活情绪→浅层认知投入	0.215	0.023	[0.172，0.259]
总效应	0.522	0.025	[0.469，0.568]
间接效应占总效应比例（%）	73.3		

3. 学科差异检验

对模型中的中介效应进行学科差异检验，结果如表7-54所示。具体来说，理工类学生相较于社科类学生，在结构提供通过内部价值评估影响积极激活情绪，进而影响浅层认知投入的链式中介路径上表现出较小的效应。此外，理工类学生在结构提供通过积极激活情绪影响浅层认知投入的中介路径上也显示出较小的效应。与此同时，理工类学生相较于社科类学生，在结构提供通过内部价值评估影响浅层认知投入的中介路径上表现出较大的效应。而社科类学生与艺体类学生相比，在这一中介路径上表现出较小的效应。

表7-54　积极激活情绪对结构提供影响浅层认知投入的中介效应学科差异

路径	学科比较	diff	95%置信区间	p
结构提供→内部价值评估→积极激活情绪→浅层认知投入	理工类—社科类	-0.126	[-0.230，-0.024]	0.016*
结构提供→积极激活情绪→浅层认知投入	理工类—社科类	-0.113	[-0.187，-0.052]	0.001**
结构提供→内部价值评估→浅层认知投入	理工类—社科类	0.145	[0.002，0.263]	0.029*
	社科类—艺体类	-0.149	[-0.299，-0.003]	0.041*

注：***、**、*分别代表0.001、0.01、0.05的显著性水平。

五 积极激活情绪对社会临场感影响浅层认知投入的中介效应

社会临场感显著影响内部价值评估、浅层认知投入，积极激活情绪显著影响浅层认知投入，形成社会临场感→内部价值评估→积极激活情绪→浅层认知投入中介效应模型。

（一）模型路径系数估计

模型路径系数结果如图 7-12 所示。社会临场感显著正向影响内部价值评估，表明当学生感受到更强的社会临场感时，他们对混合学习的内部价值评估水平更高。学生的内部价值评估显著正向影响积极激活情绪，意味着对混合学习有更高内部价值评估水平的学生更可能体验到积极学业情绪。社会临场感也直接影响学生的积极激活情绪，表明社会临场感是学生积极学业情绪的一个重要来源。学生的内部价值评估显著正向影响他们的浅层认知投入，虽然这个效应显著，但相对较弱。社会临场感显著正向影响学生的浅层认知投入，揭示了社会临场感在促进学生浅层认知投入方面的作用。积极激活情绪显著正向影响浅层认知投入，表明积极的学业情绪对于促进学生的认知投入至关重要。

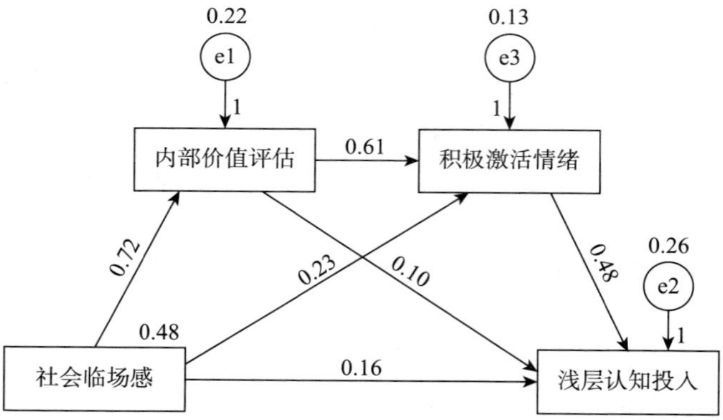

图 7-12 模型路径系数

（二）中介效应检验

中介效应检验结果如表 7-55 所示，直接效应、中介效应均具有统计学意义上的显著性。

表 7-55　积极激活情绪对社会临场感影响浅层认知投入的中介效应

	估计系数	标准误	95%置信区间
直接效应			
社会临场感→浅层认知投入	0.162	0.037	[0.093, 0.238]
间接效应			
社会临场感→内部价值评估→浅层认知投入	0.075	0.033	[0.014, 0.144]
社会临场感→积极激活情绪→浅层认知投入	0.112	0.018	[0.0800.151]
社会临场感→内部价值评估→积极激活情绪→浅层认知投入	0.213	0.026	[0.161, 0.263]
总效应	0.561	0.029	[0.503, 0.613]
间接效应占总效应比例（%）	71.1		

社会临场感对浅层认知投入具有显著的直接效应，社会临场感还通过内部价值评估和积极激活情绪对浅层认知投入产生间接效应。社会临场感通过内部价值评估、积极激活情绪对浅层认知投入产生显著的链式中介效应。总体而言，社会临场感对浅层认知投入的总效应为 0.561，其中间接效应占总效应的 71.1%，表明社会临场感主要通过中介变量促进学生的浅层认知投入。

（三）中介效应学科差异检验

积极激活情绪对社会临场感影响浅层认知投入的中介效应学科差异检验结果表明，理工类学生相较于社科类学生，在社会临场感通过内部价值评估和积极激活情绪影响浅层认知投入的链式中介路径上表现出显著较小的效应。在社会临场感通过积极激活情绪影响浅层认知投入的中介路径上，理工类学生同样表现出较小的效应。理工类学生相较于社科类学生，在社会临场感通过内部价值评估影响浅层认知投入的路径上表现出显著较大的效应。详细统计结果见表 7-56。

表 7-56　积极激活情绪对社会临场感影响浅层认知投入的中介效应学科差异

路径	学科比较	diff	95%置信区间	p
社会临场感→内部价值评估→积极激活情绪→浅层认知投入	理工类—社科类	-0.155	[-0.269, -0.034]	0.014*
社会临场感→积极激活情绪→浅层认知投入	理工类—社科类	-0.120	[-0.207, -0.039]	0.007**
社会临场感→内部价值评估→浅层认知投入	理工类—社科类	0.162	[0.016, 0.286]	0.035*

注：***、**、*分别代表0.001、0.01、0.05的显著性水平。

第八章
研究结论与未来展望

本书通过描述性统计分析对学生混合学习环境感知、混合学习的控制-价值评估、学业情绪体验及认知投入现状有了全面了解，基于差异分析将学科变量纳入理论模型，经过回归分析探索了不同变量之间的关系，并对理论模型的路径进行了精简，在此基础上确定了进行中介效用分析的变量和路径。随后根据中介效应假设方法和分析程序，对中介效应进行了检验，并对中介效应在学科间的差异进行分析。研究结果对从学业情绪视角理解混合学习过程中学生的学习投入机制提供了重要见解，为设计混合学习环境、开展混合学习实践提供了实证支持，为提升学生积极情绪体验、认知投入水平提供理论和实践指导。本章将对调查研究结果进一步进行总结，并根据研究结论从学业情绪控制-价值理论视角提出混合学习环境设计实践的对策和建议。

第一节　研究结论

一　混合学习认知投入及其相关影响因素的描述性分析结果

（一）混合学习中学生认知投入现状及特征

1. 混合学习中学生的认知投入现状

在混合学习环境中，学生的深层认知投入（均值=3.751，标准差=0.727）和浅层认知投入（均值=3.775，标准差=0.689）均处于中等偏上水平，且数据分布接近正态，变异性较小，表明混合学习环境中的学生同时表现出较高的深层和浅层认知投入水平。然而，本研究中浅层认知投入略高于深层认知投入，意味着学生可能在记忆和重复等学习活动上的投入略多于深层次的思考和理解。

2. 混合学习中认知投入的学生差异特征

在性别方面，独立样本 t 检验的结果显示，尽管男生在深层认知投入上的平均值略高于女生，而女生在浅层认知投入上的平均值略高于男生，但均未达到统计显著性水平。然而，文献中检验学习投入性别差异的研究结果并不一致，Zhao 等①的研究发现，有时女生投入度更高，有时男生投入度更高，性别与学生投入之间没有明确关系。

在年级层面，统计分析结果表明，在深层认知投入方面，不同年级间没有显著差异，但在浅层认知投入方面存在显著差异，大二学生的平均值最高，大四学生最低，表明随着年级的提高，学生在浅层认知活动上的投入有所下降。而在访谈中则发现，年级越高的学生，越认可理解知识的重要性。比如一位大四的学生表示："我现在觉得死记硬背这种方式对我今后的发展帮助不大，只有真正理解学习内容，掌握了解决问题的方法，才有利于快速融入工作岗位，用所学知识解决实际问题。"

在学科层面，学生的认知投入在学科背景上有显著差异。在深层认知投入上，艺体类学生的平均得分最高，理工类学生最低；在浅层认知投入上，社科类学生的平均得分最高，理工类学生最低。在访谈中，一位社科类学生认为："我现在是大三，我们现在的课程都是专业主干课、公共必修课，可能是专业的原因，我们的课程大多是需要记忆的内容，比如我是师范生，要修教育学等公共课程，这些内容我们班同学都是靠背的。"另一位理工类学生则表示："理工类的专业课都需要操练，自己动手，不能只是背背，还要通过动手实验，特别考验我们对知识的理解程度。"

（二）学生混合学习环境感知现状及特点

1. 混合学习环境感知的现状

学生普遍对混合学习环境持积极态度，均值为 3.805~4.017，表明大多

① Zhao, C. M., Carini, R. M., Kuh, G. D., "Searching for the Peach Blossom Shangri-La: Student Engagement of Men and Women SMET Majors", *The Review of Higher Education* 28 (4), 2005, pp. 503-525.

数学生对混合学习环境的各个方面给予了较高的评价。学生对自主支持、学生与内容的互动、社会临场感及灵活性的感知较为集中，表明学生对这几个环境因素的体验意见比较一致。而对易用性、学习资源的可得性、教师参与及结构提供的感知相对比较分散，说明学生对这些环境因素的体验有一定的分歧。上述结果也得到学生、教师访谈结果的支持。

从学生体验来看，情况如下。

S-c-3-2：我的老师会给我更多的学习自主权，会尊重我的意见，让我自己决定部分课程学习，尤其是课后讨论和课程作业提交，具有很大的灵活性。

S-b-3-2：我非常喜欢混合学习带来的灵活性。我可以根据自己的时间表来安排课堂之外的学习活动，这对我来说非常方便。如果我某天在课堂上没有掌握学习内容，我可以通过学习平台观看录制的讲座视频，以帮助我加深对学习内容的理解。

S-a-2-1：我同意刚才这位同学的观点，混合学习确实很灵活。但是，有时候网络连接不稳定或者学习平台出现故障，会让我感到沮丧，因为我可能无法及时提交作业或参与在线讨论。

S-c-2-2：我在学习平台上自主学习没有任何障碍，手机、平板电脑都很容易使用，平台的操作也简单，而且我的老师会经常指导我们怎么进行在线学习，并能够对相关学习任务的完成提供帮助。

从教师视角来看，大部分教师认为混合学习是灵活的、易用的，也很容易被学生接受。

T-a-4：我的学生还是很认可混合学习的，也乐于参与课后的一些线上学习活动，比如课程讨论，我会在课后安排一些讨论主题让学生参与，我认为这会增加学生对课程内容的理解。

T-b-1：我的课程里，学生问到的问题都是关于课程内容的，很少有学生会因为技术使用、平台不会操作的问题来问我。一方面，现在的学生都是“00后”，是在技术环境下成长起来的一代，不会有太多的学生存在这方面的问题；另一方面，在平台操作方面，学生之间会相互帮忙。我认为技术相比其他因素对学生的影响最小。

但教师在支持学生学习方面存在不一致的地方，有的教师参与学生学习较多，有的则由于各种原因而对学生的支持较少。

T-c-1：我有一门课程是公共课程，由 5 名教师共同开发教学资源，而且课程学习过程中要求学生完成在线学习任务，比如浏览教师的讲课视频、课程学习资料等，学生能够积极参与，任务完成情况比较好。我会每天通过手机客户端查看是否有学生需要帮助。

T-b-3：我的课程安排集中在第 3 个学期，一周 3 门课程，有时我可能不能分配足够的时间给学生提供反馈和支持。

2. 混合学习环境感知的学生差异特征

性别差异分析表明，在混合学习环境感知 4 个维度 8 个变量上，男生和女生均不存在显著差异，意味着在实践中混合学习环境的设计和实施能够满足不同性别学生的需求。年级差异分析显示，不同年级在有用性维度上存在显著差异，但差异程度比较低（低于小的效应量标准），而其他维度则无显著差异。学科差异分析揭示社科类学生在多数维度上的感知均值高于理工类和艺体类学生，表明学科背景对学生感知有显著影响。

从研究结果来看，社科类学生在混合学习环境的多个维度上表现出更高的满意度和更多积极感受。可能的原因是社科类学生更能适应混合学习环境的特点，如在线交流、自主学习和资源丰富性。而且社科类学生的体验与理工类学生的体验存在显著差异，可能与两个学科领域在教学方法、学习资源和互动模式上的差异有关。社科类与艺体类学生在所有变量上均未发现统计学意义上的显著差异，可能意味着这两类学科的学生在对混合学习环境的感知上具有更多的共同点。理工类与艺体类学生在除有用性变量外的其他变量上也存在显著差异。从整体上看，对混合学习环境感知的得分呈现社科类最高、艺体类次之、理工类最低的特征。有教师认为："现在技术普及程度非常高，学生们学习中用到的技术都是学生经常用到的，有时候学生的技术水平比老师还高，学生天生爱摸索，所以我觉得混合学习对男生也好，对女生也好，不管是大一，还是大四，效果都一样。当然，需要注意的是，不同学科的学生在对技术、资源和教学方法的需求和偏好上可能存在不同，这可能会影响学生的混合学习效果。"

不同学科学生对混合学习环境感知存在差异，学科背景是影响学生对混合学习环境感知的重要因素，不同学科的学生可能因为学科特性、学习习惯和期望值的差异而对混合学习环境有不同的感受和反应。这种差异会影响学生对混合学习控制-价值评估的影响，进而影响其学业情绪，最终导致认知投入水平的差异。Vo 等[①]总结，虽然研究人员认为由于使用了互动技术，混合学习可以产生更高的认知投入，然而，很少有研究能辨别混合学习如何在不同学科中产生不同的影响。本研究将学科变量纳入了中介效应分析，检验不同中介效应在不同学科间的差异，为不同学科开展混合教学实践提供指导。

（三）学生对混合学习的控制-价值评估现状及特点

1. 控制-价值评估的整体情况

一是学生的学习控制评估、内部价值评估和外部价值评估整体较为积极。

S-b-3-1：在混合学习环境中，我感觉到一定程度的自主权和主动性。我可以自己安排学习时间，选择最适合自己的学习方式，比如观看视频讲座或参与在线讨论。这种自主性让我感到自己对学习过程有更多的控制，从而增强了我的学习动力和责任感。这会进一步积极影响我的学习效果。

S-a-2-2：混合学习环境提供了丰富的资源和多样的学习活动，让我能够深入理解课程内容，并从中获得满足感。我发现自己对学习材料的兴趣和热情是推动学习的主要动力之一。这种方式相比传统教学方式能够让我更好地掌握知识。

二是外部价值评估略低于其他两个变量，意味着学生可能对混合学习带来的外在奖励或工具性价值评价稍低。从离散程度上看，外部价值评估的标准差最大，说明学生对外部价值的看法差异较大，这可能与个人的学习目标和动机有关。关于混合学习外部价值评估，教师和学生的访谈结果一致。

T-b-4：我注意到有些学生可能过分关注成绩和外在奖励，而忽视了学

---

① Vo, M. H., Zhu, C., Diep, A. N., "Students' Performance in Blended Learning: Disciplinary Difference and Instructional Design Factors", *Journal of Computers in Education*, 7 (4), 2020, PP. 487-510.

习过程本身的重要性。这可能导致他们经历压力和焦虑，特别是当他们感觉到自己的成绩和表现受到这种学习方式的影响时。比如，一些学生会认为参与混合学习的线上活动会给他们带来比较理想的平时成绩，进而能够比较轻松地通过课程考试。

2. 混合学习控制-价值评估的学生差异特点

性别差异：在学习控制评估和内部价值评估方面，性别差异不显著，但男生在外部价值评估上得分显著高于女生，表明男生可能更倾向于将学习视为获得某种结果的工具。访谈中一位男生表示："线上活动在考试成绩中占的比例挺高的，大部分的课都占到了50%，只要我能积极参加线上的活动，在规定的时间内完成就可以得到相应的平时成绩分，这样考试的压力就小一些，我身边好多的同学都是这样认为的。"而另一位女生却表达了不同的观点："我身边也有这样的同学，但是，我觉得我更喜欢在学习过程中的探索和发现，混合学习这种方式提供了丰富的资源，也可以很容易跟教师和同学进行交流，这能帮助我更深刻地理解课程内容，当我掌握这些内容的时候，我很有成就感，这也是我喜欢混合学习的原因之一。"

年级差异：不同年级在学习控制评估、内部价值评估和外部价值评估上未发现显著差异，表明学生的学习控制评估、内部价值评估和外部价值评估受到年级的影响不大。

学科差异：学科背景对学生的学习控制评估和价值评估有显著影响。艺体类学生在学习控制评估和外部价值评估上得分最高，而社科类学生在内部价值评估上得分最高，理工类学生在所有控制-价值评估维度上的得分相对较低。一位有公共课程教学任务的社科类专业教师认为："混合学习确实给学生带来了很大的灵活性和自主性，但是也带来一些挑战，比如在学生对自己学习过程的控制、主动参与学习的动机等方面都给学生提出了新要求。但是，我在公共类课程的教学过程中能够明显感受到不同学科专业学生的积极性、主动性有着显著的差异，比如咱们学校汉语言文学专业的学生就比体育教育专业学生的学习动力要强一些。这种差异有时候感觉还是比较明显的。"

（四）学生混合学习中学业情绪体验现状及特点

1. 学生混合学习中学业情绪体验整体现状

学生的积极激活情绪，如享受、希望和骄傲，平均值相对较高，表明大多数学生在混合学习环境中体验到了积极激活情绪，并且体验感受相对一致。一半以上的学生对这些积极激活情绪有较高的体验程度，标准差相对较小，说明学生在体验这些情绪时的变异性不大。学生的消极激活情绪体验程度较低，但存在个体差异。消极激活情绪，如愤怒、焦虑和羞愧，平均值相对较低，但标准差较大，表明虽然这些情绪的体验程度较低，但仍有一定比例的学生感受到这些情绪，尤其是焦虑情绪的均值相对较高，表明学生体验的焦虑情绪相对比较明显。学生的消极失活情绪体验程度最低。消极失活情绪，如绝望和无聊，平均值低，中位数也较低，说明这些情绪在学生中的体验程度较低。尽管标准差显示体验这些情绪的变异性存在，但总体上这些消极情绪不是学生的普遍体验，从学生访谈中也可以得到一定程度的验证。

有的同学会对混合学习充满期待，并在学习过程中体验到积极激活情绪。有学生认为："我对未来充满了希望，尤其是在我通过混合学习获得了新知识和技能后。我感到通过这些学习经历，我能够实现自己的学术和职业目标。当我在混合学习中取得好成绩或完成一个困难的任务时，我感到非常骄傲。这种成就感激励我继续努力并追求更高的标准。"有的同学则可能因各种原因体验到消极激活情绪，感到焦虑和羞愧："当我遇到技术问题或者感觉在线资源对用户不够友好时，我会感到沮丧和愤怒。这种感觉会暂时影响我的学习效率。另外，面对即将到来的考试或重要学习任务，我经常感到焦虑，这种焦虑有时让我感到压力。""如果我没能很好地理解课程材料或在讨论中犯了错误，我会感到羞愧。这种情绪会给我带来一些压力。"

教师访谈结果则表明，在课程教学过程中，会有少部分学生慢慢产生无聊情绪，对课程学习不感兴趣，甚至会产生放弃学习的念头。比如有老师认为："我的班上总有极少数同学对课程不感兴趣，觉得上课无聊，我跟他们也深入交流过，他们觉得课程内容太难或无法跟上进度、对课程内容和教学方法不感兴趣，有时候他们也对自己的这种现状感到绝望。"有老师则表示："在上课时积极跟老师互动、在线下积极参与各项学习任务的学生，往往会更享受学习过程，也对自己的学习充满希望，而且在取得好的成绩或者得到老师和同学的认可时，能看出有明显的成就感、骄傲感。”

2. 混合学习中学业情绪体验的学生差异特点

性别差异对情绪体验有显著影响。在积极情绪体验上，性别并不是一个区分因素，男生和女生在享受学习过程、希望实现目标以及因成就而感到骄傲方面具有相似性。然而，在愤怒、焦虑、羞愧、绝望和无聊等消极情绪维度上，女生相较于男生平均得分更低，且差异具有统计学意义上的显著性。本研究结果与现有的研究结论存在差异。比如，在数学课程学习过程中，成就情绪在性别方面存在差异，Held 和 Hascher① 认为，由于能力信念较弱，加上数学成绩的主观价值较高，女生表现的乐趣明显弱于男孩，焦虑、绝望和羞耻感更强。

年级差异对情绪体验的影响不大。方差分析结果表明，不同年级间的情感体验平均值差异未达到统计学上的显著性水平，表明年级并不是影响学生学业情绪的关键因素。

学科差异影响情绪体验。社科类学生在积极情绪维度上的平均得分普遍高于艺体类和理工类学生，表明社科类学生对积极情绪的体验更为强烈。艺体类和理工类学生在愤怒、焦虑、羞愧、绝望和无聊等消极情绪维度上的平均得分更高，显示出不同的情绪体验倾向。

在学业情绪体验学生差异方面，有教师总结：“我注意到性别差异可能影响学生的情绪体验。例如，女生可能在某些消极情绪上表现得更为敏感。年级和学科背景也会影响情绪体验，不同年级的学生可能在适应混合学习的过程中表现出不同的情绪反应，而不同学科的学生可能对特定学习内容有不同的情绪反应。”

二　混合学习环境通过学业情绪影响深层认知投入的作用机制

回归分析的结果表明，在混合学习环境感知直接影响深层认知投入方

① Held, T., Hascher, T., “Testing Effects of Promoting Antecedents of Mathematics Achievement Emotions: A Change-Change Model”, *Learning and Individual Differences* 93, 2022, pp. 102-112.

面，易用性、灵活性和结构提供显著正向影响深层认知投入。学生与内容的互动也显示出显著的正向影响，而学习资源的可得性和自主支持的影响则不显著。在控制-价值评估对深层认知投入的影响上，学生对混合学习环境的学习控制评估和内部价值评估显著正向影响深层认知投入，而外部价值评估的影响不显著。积极激活情绪（如享受、希望、骄傲）显著正向影响深层认知投入，而消极激活情绪（如愤怒、焦虑）和消极失活情绪（如绝望、无聊）的影响显著但较小。通过中介效应检验了混合学习环境感知、控制-价值评估、学业情绪和深层认知投入等变量之间的关系，并揭示了学业情绪在其中的中介作用。通过对 37 个中介效应模型进行检验，共得到如表 8-1 所示的混合学习环境因素通过控制-价值评估、学业情绪影响深层认知投入的中介效应路径。

表 8-1　混合学习环境通过学业情绪影响深层认知投入的作用机制

自变量	中介效应
易用性	易用性→积极激活情绪→深层认知投入
有用性	有用性→内部价值评估→深层认知投入
	有用性→积极激活情绪→深层认知投入
	有用性→内部价值评估→积极激活情绪→深层认知投入
灵活性	有用性→积极激活情绪→深层认知投入
	灵活性→学习控制评估→深层认知投入
	灵活性→内部价值评估→深层认知投入
	灵活性→学习控制评估→积极激活情绪→深层认知投入
	灵活性→内部价值评估→积极激活情绪→深层认知投入
学习资源的可得性	学习资源的可得性→学习控制评估→深层认知投入
	学习资源的可得性→内部价值评估→深层认知投入
	学习资源的可得性→积极激活情绪→深层认知投入
	学习资源的可得性→外部价值评估→深层认知投入▲
	学习资源的可得性→消极激活情绪→深层认知投入▲
	学习资源的可得性→内部价值评估→积极激活情绪→深层认知投入
	学习资源的可得性→学习控制评估→积极激活情绪→深层认知投入

续表

自变量	中介效应
学生与内容的互动	学生与内容的互动→积极激活情绪→深层认知投入
	学生与内容的互动→学习控制评估→深层认知投入
	学生与内容的互动→内部价值评估→深层认知投入
	学生与内容的互动→学习控制评估→积极激活情绪→深层认知投入
	学生与内容的互动→内部价值评估→积极激活情绪→深层认知投入
	学生与内容的互动→外部价值评估→深层认知投入▲
	学生与内容的互动→外部价值评估→积极激活情绪→深层认知投入▲
自主支持	自主支持→外部价值评估→深层认知投入▲
	自主支持→积极激活情绪→深层认知投入
	自主支持→外部价值评估→积极激活情绪→深层认知投入▲
	自主支持→消极激活情绪→深层认知投入▲
	自主支持→外部价值评估→消极激活情绪→深层认知投入▲
	自主支持→消极失活情绪→深层认知投入▲
	自主支持→外部价值评估→消极失活情绪→深层认知投入▲
教师参与	教师参与→内部价值评估→深层认知投入
	教师参与→积极激活情绪→深层认知投入
	教师参与→内部价值评估→积极激活情绪→深层认知投入
结构提供	结构提供→内部价值评估→深层认知投入
	结构提供→积极激活情绪→深层认知投入
	结构提供→内部价值评估→积极激活情绪→深层认知投入
社会临场感	社会临场感→内部价值评估→深层认知投入
	社会临场感→积极激活情绪→深层认知投入
	社会临场感→内部价值评估→积极激活情绪→深层认知投入

注：标注▲的路径是包含了外部价值评估、消极情绪的中介效应路径。加注阴影的中介路径为与混合学习环境影响浅层认知投入不一致的路径，未加注阴影的路径则为相似的路径。

（一）技术使用通过学业情绪影响深层认知投入的作用机制

技术与传统教学方法的融合，正在改变教学和学习的方式。众多高等教育机构已经意识到，技术的运用能够提升学生的学习体验和促进知识获取。研究者和教育从业者也呼吁高校应对21世纪的社会、经济和技术挑战。混合学习提供了一种创新方法，使学习过程更高效、便捷。在这一背景下，技术在促进学生投入方面的作用成为关注焦点，因为这一议题已成为学生教育体验的核心要素①。本研究的数据统计分析发现，混合学习环境中的技术使用主要通过以下中介路径影响深层认知投入。

1. 积极激活情绪的中介作用

技术易用性、有用性、灵活性通过积极激活情绪的中介作用显著影响深层认知投入。在易用性影响深层认知投入中介效应模型中，易用性显著直接影响深层认知投入，易用性通过积极激活情绪显著正向间接影响深层认知投入，中介效应占总效应的 71.6%，易用性对深层认知投入的影响主要是通过积极激活情绪间接实现的。

在有用性影响深层认知投入方面，学生对混合学习中技术有用性的感知，反映了学生对混合学习方式内在价值的评估，即学生认可这种学习方式对其学习的影响，进而能够产生积极激活情绪。因此，该影响机制主要通过内部价值评估和积极激活情绪的链式中介路径产生影响，而分别通过内部价值评估和积极激活情绪产生的中介效应较小，研究结果较好地体现了学业情绪价值理论所提出的“环境因素、控制-价值评估、学业情绪、学习结果”的顺序影响过程。

在灵活性影响深层认知投入方面，学生对灵活性的感知能够预测学生的学习控制评估和内部价值评估，产生主要作用的中介路径包括两个：通过积极激活情绪产生的中介效应以及通过学习控制评估、积极激活情绪产生的链式中介效应，而且链式中介效应的作用更加重要。

2. 消极情绪的影响

回归分析结果报告了内部价值评估显著负向影响消极激活情绪和消极失活情绪，即学生越认为混合学习方式本身对学习效果具有意义，越不容易产生消极情绪。另外，回归结果还显示学习控制评估显著负向影响消极失活情绪。在学业情绪对技术使用影响深层认知投入的中介效应分析中，消极情绪

① Henderson, M., Selwyn, N., Aston, R., “What Works and Why? Student Perceptions of ‘Useful’ Digital Technology in University Teaching and Learning”, *Studies in Higher Education* 42 (8), 2015, pp. 1567-1579.

的中介作用以及通过控制-价值评估、消极情绪产生的链式中介效应均不显著。结果表明，在技术使用影响深层认知投入的机制中，虽然消极情绪显著负向影响深层认知投入，但当学生感知到学习控制或者内部价值时，消极情绪对学生深层认知投入的影响很小。

研究结论：综合来看，技术使用的三个维度显著影响深层认知投入，除了直接效应外，更多的是通过学习控制评估、内部价值评估以及积极激活情绪的中介路径产生影响。

（二）学习资源通过学业情绪影响深层认知投入的作用机制

1. 积极激活情绪的中介作用

在学习资源的可得性影响深层认知投入方面，学习资源的可得性通过积极激活情绪的简单中介作用以及通过学习控制评估、内部价值评估与积极激活情绪的链式中介作用影响深层认知投入。而外部价值评估的中介效应结果表明，学习资源的可得性虽然显著正向影响外部价值评估，但通过外部价值评估产生的对深层认知投入的间接效应为负且不显著，产生主要影响的是积极激活情绪的中介效应和直接效应。在学生与内容的互动影响深层认知投入方面，中介效应分析结果与学习资源的可得性影响深层认知投入的结果一致。

2. 消极情绪的影响

在学习资源的可得性影响深层认知投入方面，在学习控制评估和内部价值评估的各自中介模型中，消极情绪对学习资源的可得性影响深层认知投入的中介效应均不显著，主要通过学习控制评估和内部价值评估的中介效应和直接效应产生影响。而在外部价值评估中介模型中，主要是学习资源的可得性对深层认知投入的直接影响。在学生与内容的互动方面，中介效应结果跟学习资源的可得性影响深层认知投入的机制结果一致。

研究结论：综合来看，当学生体验积极激活情绪时，学习资源的可得性主要通过直接效应和积极激活情绪的中介作用影响深层认知投入。而当学生体验到消极情绪时，则受到学生对环境感知的直接影响和控制-价值评估的中介影响，消极情绪对深层认知投入的影响不显著。需要注意的是，当学生对混合学习的价值评估是外部价值评估时，外部价值评估及消极情绪对深层认知投入的影响不显著，或者这两者的中介效应占总效应的比例较小，环境因素对深层认知投入的直接效应占主要地位。

（三）教师支持通过学业情绪影响深层认知投入的作用机制

1. 积极激活情绪的中介作用

不同教师支持会带来学生不同的价值评估，自主支持显著负向影响外部价值评估，教师参与和结构提供则显著正向影响内部价值评估，进而通过学业情绪对深层认知投入产生影响。在积极激活情绪的3个中介模型中可以看出，自主支持对深层认知投入的影响主要通过积极激活情绪的简单中介效应和自主支持的直接效应实现，而与外部价值评估相关的中介效应不显著或者效应非常小。内部价值评估和积极激活情绪的链式中介效应对教师参与和结构提供的影响比较显著，和直接效应共同对深层认知投入产生较大影响。

2. 消极情绪的影响

消极情绪对教师支持影响深层认知投入的中介效应因价值评估的不同而存在差异。当学生对混合学习进行外部价值评估时，教师支持对深层认知投入的影响主要是直接影响，中介效应此时不显著或者比较小。当学生进行内部价值评估时，消极情绪的中介效应不显著或显著但中介效应占总效应比例较小，内部价值评估对教师支持影响深层认知投入的中介效应显著，且占比较大。

研究结论：教师支持对深层认知投入的影响主要通过积极激活情绪和价值评估实现。自主支持通过积极激活情绪直接影响深层认知投入，而教师参与和结构提供则通过内部价值评估和积极激活情绪的链式中介效应产生较大影响。消极情绪在不同价值评估下对深层认知投入的影响不同，外部价值评估时中介效应不显著，内部价值评估时消极情绪中介效应较小，但内部价值评估本身对深层认知投入有显著中介作用。总体而言，教师支持通过价值评估和学业情绪的中介作用显著影响学生的深层认知投入。

（四）社会临场感通过学业情绪影响深层认知投入的作用机制

1. 积极激活情绪的中介作用

与积极激活情绪对其他混合学习环境感知变量影响深层认知投入的中介效应一样，社会临场感对深层认知投入的影响路径主要有3种：通过积极情绪的简单中介路径、通过内部价值评估和积极激活情绪的链式中介路径以及直接路径。

2. 消极情绪的影响

消极情绪对社会临场影响深层认知投入的中介作用不显著，主要通过内部价值评估的中介作用和社会临场感的直接效应产生影响。

研究结论：社会临场感主要通过积极激活情绪的简单中介路径、内部价值评估与积极激活情绪的链式中介路径，以及直接路径3条路径影响深层认知投入。消极情绪的中介作用不显著，社会临场感对深层认知投入的影响更多是通过内部价值评估和直接效应实现。

积极激活情绪对混合学习感知变量影响深层认知投入的中介效应显著，主要作用机制包括通过积极激活情绪的简单中介作用，以及通过学习控制评估、内部价值评估和积极激活情绪的链式中介作用影响深层认知投入。而外部价值评估的中介效应不显著或者效应较小。这跟学业情绪控制-价值理论的基本观点基本一致。当学生认为自己对混合学习过程可控，并能认可混合学习方式的内部价值时，就会产生积极情绪，进而影响学习。而混合学习环境各维度因素对控制-价值评估的影响不一样，导致了混合学习环境影响深层认知投入的不同路径。

三　混合学习环境通过学业情绪影响浅层认知投入的作用机制

回归分析表明，技术使用维度的3个变量对学生浅层认知投入的影响均不显著，学习资源的可得性、学生与内容的互动显著影响浅层认知投入，教师支持维度的自主支持和结构提供也显著影响浅层认知投入，而教师参与对学生浅层认知投入的影响则不显著。社会临场感对浅层认知投入的影响显著。在控制-价值评估对认知投入的影响方面，学生的学习控制评估和内部价值评估显著正向影响浅层认知投入，外部价值评估的影响不显著。而在学业情绪的影响方面，积极激活情绪显著正向影响浅层认知投入，消极激活情绪和消极失活情绪的影响不显著。在此基础上，本研究分析了学业情绪对混合学习环境感知影响学生浅层认知投入的中介效应。回归分析和中介分析结果表明，外部价值评估和消极情绪对浅层认知投入的直接影响及其对混合学习环境影响浅层认知投入的中介作用都不显著。中介效应结果如表 8-2 所示。

表 8-2　混合学习环境通过学业情绪影响浅层认知投入的作用机制

自变量	中介效应
易用性	易用性→积极激活情绪→浅层认知投入
有用性	有用性→内部价值评估→浅层认知投入
	有用性→积极激活情绪→浅层认知投入
	有用性→内部价值评估→积极激活情绪→浅层认知投入
灵活性	灵活性→内部价值评估→浅层认知投入
	灵活性→积极激活情绪→浅层认知投入
	灵活性→内部价值评估→积极激活情绪→浅层认知投入
	灵活性→学习控制评估→积极激活情绪→浅层认知投入
学习资源的可得性	学习资源的可得性→学习控制评估→浅层认知投入
	学习资源的可得性→内部价值评估→浅层认知投入
	学习资源的可得性→积极激活情绪→浅层认知投入
	学习资源的可得性→内部价值评估→积极激活情绪→浅层认知投入
	学习资源的可得性→学习控制评估→积极激活情绪→浅层认知投入
	学习资源的可得性→外部价值评估→积极激活情绪→浅层认知投入▲
学生与内容的互动	学生与内容的互动→内部价值评估→浅层认知投入
	学生与内容的互动→积极激活情绪→浅层认知投入
	学生与内容的互动→学习控制评估→积极激活情绪→浅层认知投入
	学生与内容的互动→内部价值评估→积极激活情绪→浅层认知投入
	学生与内容的互动→外部价值评估→积极激活情绪→浅层认知投入▲
自主支持	自主支持→积极激活情绪→浅层认知投入
	自主支持→外部价值评估→积极激活情绪→浅层认知投入▲
教师参与	教师参与→内部价值评估→浅层认知投入
	教师参与→积极激活情绪→浅层认知投入
	教师参与→内部价值评估→积极激活情绪→浅层认知投入
结构提供	结构提供→内部价值评估→浅层认知投入
	结构提供→积极激活情绪→浅层认知投入
	结构提供→内部价值评估→积极激活情绪→浅层认知投入

续表

自变量	中介效应
社会临场感	社会临场感→内部价值评估→浅层认知投入
	社会临场感→积极激活情绪→浅层认知投入
	社会临场感→内部价值评估→积极激活情绪→浅层认知投入

注：标注▲的路径是包含了外部价值评估的中介效应路径。加注阴影的中介路径为与混合学习环境影响深层认知投入不一致的路径，未加注阴影的路径则为相似的路径。

比较表 8-1 和表 8-2 可以看出以下两点。

第一，混合学习环境影响浅层认知投入的中介路径几乎全部包含在混合学习环境影响深层认知投入的中介路径关系中，表明浅层认知投入和深层认知投入的产生机制基本相似，但也存在不同的路径，仅有一条浅层认知投入的中介效应路径不同于深层认知投入的中介效应路径。比较结果显示了深层认知投入的产生路径要比浅层认知投入更复杂。

第二，与浅层认知投入产生中介效应路径不相似的深层认知投入产生中介效应路径共 10 条，其中有 8 条均为包括了外部价值评估和消极情绪的中介效应路径。通过分析这些外部价值评估和消极情绪的中介路径可知，这些路径在中介效应检验中虽然显著，但这些路径效应占总效应的比例非常低，表明这些路径与其他路径相比对学生深层认知投入的影响相对比较小。

研究结论：混合学习环境因素直接影响学生浅层认知投入，并通过控制-价值评估、学业情绪间接影响学生浅层认知投入，其中控制-价值评估、学业情绪的中介效应占总效应比例较高，表明混合学习环境因素主要通过中介路径而非直接效应促进学生的浅层认知投入。

四　学科对认知投入发生机制的调节作用

由中介效应学科差异检验结果可以看出，在混合学习环境影响深层认知投入和浅层认知投入的中介效应路径上，不同学科之间存在一定的差异。但对总效应的学科差异检验结果发现，只有在 3 个中介模型中总效应存在学科差异。

在消极激活情绪对自主支持影响深层认知投入的中介效应模型中，总中介效应在理工类、社科类和艺体类之间存在显著差异，理工类>社科类（diff=

0.070，p=0.034），艺体类>社科类（diff=0.094，p=0.019），表明社科类在该路径上的效应低于理工类和艺体类。

在消极激活情绪对结构提供影响深层认知投入的中介效应模型中，总中介效应在社科类和艺体类之间存在显著差异，艺体类>社科类（diff=0.135，p=0.048），表明社科类学生在该路径上的效应低于艺体类学生。

在积极激活情绪对自主支持影响浅层认知投入的中介效应模型中，总中介效应在理工类、社科类和艺体类之间存在显著差异，理工类<社科类（diff=-0.157，p=0.003），理工类<艺体类（diff=-0.132，p=0.010）。

除上述中介效应在学科间存在显著差异外，其他中介模型的总效应在学科之间不存在显著差异。

研究结论：学业情绪在混合学习环境影响学生认知投入的中介效应上具有一定的稳定性，受学科变量的影响不大。

五　混合学习环境对认知投入的影响机制总结

通过对混合学习环境影响深层认知投入和浅层认知投入中介效应结果的比较可以看出，在混合学习环境和认知投入之间起到重要中介作用的是学习控制评估、内部价值评估以及积极激活情绪，既有简单中介作用，又有链式中介作用。而外部价值评估、消极情绪对混合学习环境影响认知投入的中介效应检验结果表明，虽然这些中介变量的影响显著，但占总效应的比例较小。

本研究根据上述结果总结，将理论模型简化为如图 8-1 所示的中介效应模型。

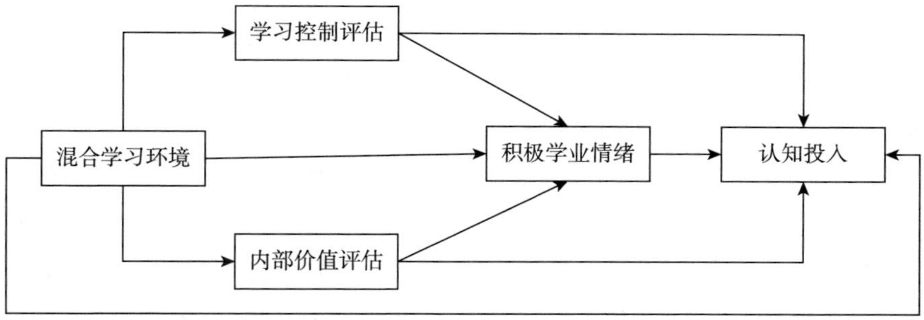

图 8-1　混合学习环境影响认知投入中介效应简化模型

与研究提出的理论模型相比，简化模型比较清晰地呈现了混合学习环境对认知投入的影响机制，可以看出混合学习环境影响认知投入的路径主要包括：混合学习环境对认知投入的直接影响，混合学习环境通过积极激活情绪间接影响认知投入，混合学习环境通过学习控制评估间接影响认知投入，混合学习环境通过内部价值评估间接影响认知投入，混合学习环境通过学习控制评估、积极激活情绪的链式中介效应影响认知投入，以及混合学习环境通过内部价值评估、积极激活情绪的链式中介效应影响认知投入。简化模型有助于教育者和研究人员理解在混合学习环境中，哪些因素对学生的认知投入有重要影响，并为设计更有效的教学策略提供依据。

第二节　未来展望

学习投入研究仍然是一个新兴领域，有许多空白需要填补，尤其是混合学习代表了教学交付的根本性转变，有时会导致理论与实践不匹配，需要对混合学习中的学习投入进行更全面深入的研究，以解决理论与实践脱节带来的问题，提升混合学习效果。

（一）研究设计方面

目前研究较多依赖横断面方法和自我报告措施，这些方法可能无法对学习者参与的动态性、复杂性等特征进行详尽的描述，从而留下了广阔的空间，需要定性纵向研究和来自多个数据来源的更多经验证据来填补。对复杂学习过程中情绪体验的时间动态研究表明，基于持续时间，情绪可以被分类为持续一段时间的持续状态、几乎立即消失的短暂状态和中间状态。如果这种分类也适用于学业情绪，那么测量情绪的时间可能需要相应地改变。例如，短暂的成就情绪应该实时测量，而不是延迟测量。未来的研究可以使用实时测量，如经验取样法，来捕捉任务过程中的情绪轨迹。另外，未来的研究也可以将自我报告、学习分析与现代技术结合起来，如面部表情识别等。通过引入更多元的研究方法和工具，提高研究的深度和拓展研究的广度。例如，可以采用混合方法进行研究设计，结合定量和定性数据，以获得更全面的研究视角。

（二）研究对象方面

未来的研究应更全面地考虑影响混合学习成果的学生个体变量。除了性别、年级和学科等人口学特征外，还应包括学生的ICT经验、自我效能感、自我激励、学习风格、责任感等心理和行为特征。通过构建更全面的个体特征变量模型，可以更准确地预测和解释混合学习环境下的学习效果。

（三）研究验证方面

未来的研究应将更多的精力投入验证研究结果对实践的改进效果上。可以通过与教育机构合作，将研究成果转化为具体的教学策略和实践指南，并在实际教学中进行测试和评估。通过实证研究，收集反馈信息，不断优化和调整策略，以确保研究成果能够真正促进混合学习环境的优化和学习效果的提升。

主要参考文献

[1]〔美〕戴维·H. 乔纳森：《学习环境的理论基础》，郑太年、任友群译，华东师范大学出版社，2002。

[2] L. 约翰逊等：《新媒体联盟地平线报告（2015高等教育版）》，《北京广播电视大学学报》2015年第S1期。

[3] 柴晓运、龚少英：《中学生感知到的数学教师支持问卷的编制》，《心理与行为研究》2013年第4期。

[4] 陈玲、左昭、金娅婷：《中学生在线辅导过程中的学业情绪成因及其影响研究》，《中国电化教育》2024年第11期。

[5] 陈卫东、刘欣红、王海燕：《混合学习的本质探析》，《现代远距离教育》2010年第5期。

[6] 陈新亚：《混合学习环境下高校课堂论证式教学研究》，博士学位论文，浙江大学，2022，第9页。

[7] 戴金辉、袁靖：《单因素方差分析与多元线性回归分析检验方法的比较》，《统计与决策》2016年第9期。

[8] 戴静、顾小清：《从认知到情感：自适应学习系统中反馈影响学业情绪的框架构建与应用研究》，《中国电化教育》2024年第11期。

[9] 丁妍、范慧慧等：《混合式课程教学设计质量与倾向的研究——以全国30门获奖混合式课程为例》，《电化教育研究》2021年第1期。

[10] 董妍、俞国良：《青少年学业情绪问卷的编制及应用》，《心理学报》2007年第5期。

[11] 方杰、张敏强、邱皓政：《中介效应的检验方法和效果量测量：回顾与展望》，《心理发展与教育》2012年第1期。

[12] 冯晓英、王瑞雪、吴怡君：《国内外混合式教学研究现状述评——基于混合式教学的分析框架》，《远程教育杂志》2018年第3期。
[13] 高洁：《在线学业情绪对学习投入的影响——社会认知理论的视角》，《开放教育研究》2016年第2期。
[14] 何克抗：《从Blending Learning看教育技术理论的新发展（上）》，《电化教育研究》2004年第3期。
[15] 季常弘、张丽莉：《浅谈情绪调节及对学生学业的影响》，《辽宁省交通高等专科学校学报》2003年第3期。
[16] 蒋玲、黄磊、张丹清：《基于Windows Live群的混合式学习课程平台应用研究》，《中国电化教育》2012年第10期。
[17] 乐国安、董颖红：《情绪的基本结构：争论、应用及其前瞻》，《南开学报》（哲学社会科学版）2013年第1期。
[18] 黎加厚：《信息时代的教育叙事与教师主体意识的觉醒》，《中国电化教育》2004年第10期。
[19] 李克东、赵建华：《混合学习的原理与应用模式》，《电化教育研究》2004年第7期。
[20] 李利、顾卫星、叶建敏等：《混合学习中大学生教学情境感知对深度学习的影响研究》，《中国电化教育》2019年第9期。
[21] 李爽、喻忱：《远程学生学习投入评价量表编制与应用》，《开放教育研究》2015年第6期。
[22] 李妍、朱永海、丁智：《混合学习中基于雨课堂的深度学习探究——以"多媒体创作基础及应用"课程为例》，《现代教育技术》2018年第11期。
[23] 李奕萱等：《高中生物理和化学学科中同伴学业支持与学业情绪的关系：学习效能感的中介作用和性别的调节作用》，《心理发展与教育》2023年1期。
[24] 刘红云：《高级心理统计》，中国人民大学出版社，2019。
[25] 刘江岳、李思婣：《混合式学习效果影响因素及机制研究——基于结构方程模型的实证分析》，《中国教育信息化》2024年第2期。

［26］刘影：《中学生学业情绪表达策略使用的情境特异性》，博士学位论文，华东师范大学，2018。
［27］卢丹：《批判性思维导向的混合学习环境设计与应用研究》，博士学位论文，东北师范大学，2018。
［28］卢国庆、刘清堂、郑清等：《智能教室中环境感知及自我效能感对个体认知投入的影响研究》，《远程教育杂志》2021 年第 3 期。
［29］栾琳、董艳、刘金金：《教师支持策略对大学生在线学习投入的影响研究》，《现代教育技术》2022 年第 3 期。
［30］马惠霞：《大学生学业情绪研究》，北京师范大学出版社，2011。
［31］马婧：《混合教学环境下大学生学习投入影响机制研究——教学行为的视角》，《中国远程教育》2020 年第 2 期。
［32］师亚飞、童名文、孙佳等：《混合同步学习环境对学生认知投入的影响机制研究》，《中国远程教育》2021 年第 9 期。
［33］孙众等：《混合学习的深化与创新——第八届混合学习国际会议暨教育技术国际研讨会综述》，《中国远程教育》2015 年第 9 期。
［34］汤冬玲等：《情绪调节自我效能感：一个新的研究主题》，《心理科学进展》2010 年第 4 期。
［35］腾艳杨：《社会临场感研究综述》，《现代教育技术》2013 年第 3 期。
［36］田浩、武法提：《协作问题解决中平等参与对大学生认知投入的影响机制研究》，《现代远距离教育》2024 年第 4 期。
［37］王改花、张李飞、傅钢善：《学习者特征对混合学习效果影响研究》，《开放教育研究》2021 年第 1 期。
［38］王红梅、张琪、黄志南：《开放学习环境中学习行为投入与认知投入的实证研究》，《现代教育技术》2019 年第 12 期。
［39］王晓晨、黄荣怀、王梦舒等：《智慧教室环境下的中小学课堂人际互动分析》，《电化教育研究》2016 年第 12 期。
［40］王雪等：《在线学习资源如何影响学业情绪和学习效果——基于控制-价值理论的元分析》，《现代远程教育研究》2021 年第 5 期。
［41］韦晓保等：《课堂环境、二语坚毅与英语学业成绩的关系——学业情绪

的中介作用》,《现代外语》2024 年第 1 期。

[42] 温忠麟、张雷、侯杰泰等:《中介效应检验程序及其应用》,《心理学报》2004 年第 5 期。

[43] 吴南中、夏海鹰:《混合学习中"虚实互动"效果的影响因素研究》,《现代远距离教育》2019 年第 2 期。

[44] 吴南中:《混合学习视域下的教学设计框架重构——兼论教育大数据对教学设计的支持作用》,《中国电化教育》2016 年第 5 期。

[45] 夏洋:《中国英语学习者课堂学业情绪影响机制研究》,中央编译出版社,2016。

[46] 燕奉群:《高中生学业情绪、学习动机和学业成就的关系研究》,硕士学位论文,哈尔滨师范大学,2012。

[47] 杨晓哲、叶露:《新技术支持下义务教育的学习环境与方式变革》,《全球教育展望》2022 年第 5 期。

[48] 尹玮等:《教师支持对大学生二语交际意愿的影响:思维模式和学业情绪的中介作用》,《外语界》2024 年第 5 期。

[49] 俞国良、董妍:《学业情绪研究及其对学生发展的意义》,《教育研究》2005 年第 10 期。

[50] 约翰·丹尼尔等:《理解教育技术——从慕课到混合学习,下一步走向何方?》,《开放教育研究》2015 年第 6 期。

[51] 詹泽慧、李晓华:《混合学习:定义、策略、现状与发展趋势——与美国印第安纳大学柯蒂斯·邦克教授的对话》,《中国电化教育》2009 年第 12 期。

[52] 张婧鑫、姜强、赵蔚:《在线学习社会临场感影响因素及学业预警研究——基于 CoI 理论视角》,《现代远距离教育》2019 年第 4 期。

[53] 张茜、王建华:《教师支持与大学生外语学习投入的关系探究——学业情绪的多重中介作用》,《中国外语》2023 年第 5 期。

[54] 张亚、姜占好:《人机混合反馈环境对学习投入和二语写作水平的影响研究》,《外语界》2022 年第 4 期。

[55] 张屹、郝琪、陈蓓蕾等:《智慧教室环境下大学生课堂学习投入度及影

响因素研究——以“教育技术学研究方法课”为例》，《中国电化教育》2019 年第 1 期。

[56] 赵淑媛：《基于控制-价值理论的大学生学业情绪研究》，博士学位论文，中南大学，2013。

[57] 周俊、马世澎：《SPSSAU 科研数据分析方法与应用》，电子工业出版社，2024。

[58] 朱波、吴萍萍：《富技术学习空间支持的混合学习路向》，《济南大学学报》（社会科学版）2022 年第 6 期。

[59] Abualrub, I., Karseth, B., Stensaker, B., "The Various Understandings of Learning Environment in Higher Education and Its Quality Implications", *Quality in Higher Education* 19 (1), 2013, pp. 90-110.

[60] Ahmed, W., et al., "Perceived Social Support and Early Adolescents' Achievement: The Mediational Roles of Motivational Beliefs and Emotions", *Journal of Youth and Adolescence* 39 (1), 2008, pp. 36-46.

[61] Al-Azawei, A., Parslow, P., Lundqvist, K., "Investigating the Effect of Learning Styles in a Blended E-learning System: An Extension of the Technology Acceptance Model (TAM)", *Australasian Journal of Educational Technology* 33 (2), 2017, pp. 1-23.

[62] Alshuaibi, M. S. I., Alshuaibi, A. S. I., Shamsudin, F. M., et al., "Use of Social Media, Student Engagement, and Academic Performance of Business Students in Malaysia", *International Journal of Educational Management* 32 (4), 2018, pp. 625-640.

[63] Appleton, J. J., Christenson, S. L., Furlong, M. J., "Student Engagement with School: Critical Conceptual and Methodological Issues of the Construct", *Psychology in the Schools* 45 (5), 2008, pp. 369-386.

[64] Appleton, J. J., Christenson, S. L., Kim, D., et al., "Measuring Cognitive and Psychological Engagement: Validation of the Student Engagement Instrument", *Journal of School Psychology* 44 (5), 2006, pp. 427-445.

[65] Arbaugh, J. B., "How Classroom Environment and Student Engagement Af-

fect Learning in Internet-based MBA Courses", *Business Communication Quarterly* 63 (4), 2000, pp. 9–26.

[66] Arbaugh, J. B., et al., "Developing a Community of Inquiry Instrument: Testing a Measure of the Community of Inquiry Framework Using a Multi-institutional Sample", *The Internet and Higher Education* 11 (3–4), 2008, pp. 133–136.

[67] Axelson, R. D., Flick, A., "Defining Student Engagement", *Change: The Magazine of Higher Learning* 43 (1), 2010, pp. 38–43.

[68] Baragash, R. S., Al-Samarraie, H., "Blended Learning: Investigating the Influence of Engagement in Multiple Learning Delivery Modes on Students' Performance", *Telematics and Informatics* 35 (7), 2018, pp. 2082–2098.

[69] Belmont, et al., "Teacher as social context questionnaire (TASC-Q) ", https://www.pdx.edu/psychology/assessments.

[70] Bieleke, M., Gogol, K., Goetz, T., et al., "The AEQ-S: A Short Version of the Achievement Emotions Questionnaire", *Contemporary Educational Psychology* 65, 2021, p. 101940.

[71] Boelens, R., De Wever, B., Voet, M., "Four Key Challenges to the Design of Blended Learning: A Systematic Literature Review", *Educational Research Review* 22, 2017, pp. 1–18.

[72] Boelens, R., Voet, M., De Wever, B., "The Design of Blended Learning in Response to Student Diversity in Higher Education: Instructors' Views and Use of Differentiated Instruction in Blended Learning", *Computers & Education* 120, 2018, pp. 197–212.

[73] Boer, W. D., Collis, B., "Becoming More Systematic About Flexible Learning: Beyond Time and Distance", *Research in Learning Technology* 13 (1), 2005, pp. 33–48.

[74] Castro, R., "Blended Learning in Higher Education: Trends and Capabilities", *Education and Information Technologies* 24 (4), 2019, pp. 2523–2546.

[75] Coates, H., "A Model of Online and General Campus-based Student Engage-

ment", *Assessment & Evaluation in Higher Education* 32 (2), 2007, pp. 121-141.

[76] Cohen, A., Soffer, T., Henderson, M., "Students' Use of Technology and Their Perceptions of Its Usefulness in Higher Education: International Comparison", *Journal of Computer Assisted Learning* 38 (5), 2022, pp. 1321-1331.

[77] Corno, L., Mandinach, E. B., "The Role of Cognitive Engagement in Classroom Learning and Motivation", *Educational Psychologist* 18 (2), 1983, pp. 88-108.

[78] Davis, F. D., "Perceived Usefulness, Perceived Ease of Use, and User Acceptance of Information Technology", *MIS Quarterly* 13 (3), 1989, p. 319.

[79] Davis, F. D., "User Acceptance of Information Technology: System Characteristics, User Perceptions and Behavioral Impacts", *International Journal of Man-machine Studies* 38 (3), 1993, pp. 475-487.

[80] Deschacht, N., Goeman, K., "The Effect of Blended Learning on Course Persistence and Performance of Adult Learners: A Difference-in-Differences Analysis", *Computers & Education*, 2015, pp. 83-89.

[81] Dietrich, J., Dicke, A-L., Kracke, B., et al., "Teacher Support and Its Influence on Students' Intrinsic Value and Effort: Dimensional Comparison Effects Across Subjects", *Learning and Instruction* 39, 2015, pp. 45-54.

[82] Dupeyrat, C., Mariné, C., "Implicit Theories of Intelligence, Goal Orientation, Cognitive Engagement, and Achievement: A Test of Dweck's Model with Returning to School Adults", *Contemporary Educational Psychology* 30 (1), 2005, pp. 43-59.

[83] Dziuban, C., Graham, C. R., Moskal, P. D., et al., "Blended Learning: The New Normal and Emerging Technologies", *International Journal of Educational Technology in Higher Education* 15, 2018, pp. 1-16.

[84] Ertmer, P. A., Sadaf, A., Ertmer, D. J., "Student-Content Interactions in Online Courses: The Role of Question Prompts in Facilitating Higher-level

Engagement with Course Content", *Journal of Computing in Higher Education* 23 (2-3), 2011, pp. 157-186.

[85] Fisher, R., Perényi, A., Birdthistle, N., "The Positive Relationship Between Flipped and Blended Learning and Student Engagement, Performance and Satisfaction", *Active Learning in Higher Education* 22 (2), 2021, pp. 97-113.

[86] Floyd, K., Harrington, S., Santiago, J., "The Effect of Engagement and Perceived Course Value on Deep and Surface Learning Strategies", *Informing Science: The International Journal of an Emerging Transdiscipline* 12, 2009, pp. 181-190.

[87] Fredricks, J. A., Blumenfeld, P. C., Friedel, J., et al., "School Engagement", *What Do Children Need to Flourish? Conceptualizing and Measuring Indicators of Positive Development*, ed. Moore, K. A., Lippman, L. H., (Springer, 2006).

[88] Fredricks, J. A., Blumenfeld, P. C., Paris, A. H., "School Engagement: Potential of the Concept, State of the Evidence", *Review of Educational Research* 74 (1), 2004, pp. 59-109.

[89] Fredricks, J. A., McColskey, W., "The Measurement of Student Engagement: A Comparative Analysis of Various Methods and Student Self-report Instruments", *Handbook of Research on Student Engagement*, ed. Dunne, E., Owen, D. (Boston, MA: Springer, 2012).

[90] Fredricks, J. A., Wang, M. T., Linn, J. S., et al., "Using Qualitative Methods to Develop a Survey Measure of Math and Science Engagement", *Learning and Instruction* 43, 2016, pp. 5-15.

[91] Frenzel, A. C., Pekrun, R., Goetz, T., "Girls and Mathematics—A "Hopeless" Issue? A Control-Value Approach to Gender Differences in Emotions Towards Mathematics", *European Journal of Psychology of Education* 22 (4), 2007, pp. 497-514.

[92] Frenzel, A. C., Pekrun, R., Goetz, T., "Perceived Learning Environment

and Students' Emotional Experiences: A Multilevel Analysis of Mathematics Classrooms", *Learning and Instruction* 17 (5), 2007, pp. 478–493.

[93] Garrison, D. R., Anderson, T., Archer, W., "Critical Inquiry in a Text-based Environment: Computer Conferencing in Higher Education", *The Internet and Higher Education* 2 (2–3), 2000, pp. 87–105.

[94] Garrison, D. R., Kanuka, H., "Blended Learning: Uncovering Its Transformative Potential In Higher Education", *The Internet and Higher Education* 7 (2), 2004, pp. 95–105.

[95] Goetz, T., et al., "Characteristics of Teaching and Students' Emotions in the Classroom: Investigating Differences Across Domains", *Contemporary Educational Psychology* 38 (4), 2013, pp. 383–394.

[96] Graham, C. R., Handbook of Blended Learning: Global Perspectives, Local Designs (San Francisco, C. A.: Pfeiffer Publishing, 2006).

[97] Graham, C. R., Osguthorpe, R. T., Russell, T., "Blended Learning Environments: Definitions and Directions", *Quarterly Review of Distance Education* 4 (3), 2003, pp. 227–233.

[98] Greene, B. A., "Measuring Cognitive Engagement With Self-report Scales: Reflections from Over 20 Years of Research", *Educational Psychologist* 50 (1), 2015, pp. 14–30.

[99] Greene, B. A., Miller, R. B., "Influences on Achievement: Goals, Perceived Ability, and Cognitive Engagement", *Contemporary Educational Psychology* 21 (2), 1996, pp. 181–192.

[100] Halverson, L. R., et al., "A Thematic Analysis of the Most Highly Cited Scholarship in the First Decade of Blended Learning Research", *The Internet and Higher Education* 20, 2014, pp. 20–34.

[101] Held, T., Hascher, T., "Testing Effects of Promoting Antecedents of Mathematics Achievement Emotions: A Change-Change Model", *Learning and Individual Differences* 93, 2022, pp. 102–112.

[102] Hoi, V. N., Mu, G. M., "Perceived Teacher Support and Students' Accept-

ance of Mobile-assisted Language Learning: Evidence From Vietnamese Higher Education Context", *British Journal of Educational Technology* 52 (2), 2020, pp. 879-898.

[103] Huang, C., "Achievement Goals and Achievement Emotions: A Meta-analysis", *Educational Psychology Review* 23, 2011, pp. 359-388.

[104] Inok Ahn, et al., "Measuring Teacher Practices that Support Student Motivation: Examining the Factor Structure of the Teacher as Social Context Questionnaire Using Multilevel Factor Analyses", *Journal of Psychoeducational Assessment* 37, 2018, pp. 743-756.

[105] Ipinnaiye, O., Risquez, A., "Exploring Adaptive Learning, Learner-Content Interaction and Student Performance in Undergraduate Economics Classes", *Computers* & Education 215, 2024, p. 105047.

[106] Jonassen, D. H., "Objectivism Versus Constructivism: Do We Need a New Philosophical Paradigm?", *Educational Technology Research and Development* 39 (3), 1991, pp. 5-14.

[107] Kahu, E. "Framing Student Engagement in Higher Education", *Studies in Higher Education* 38 (5), 2013, pp. 758-773.

[108] Kahu, E., Stephens, C., Leach, L., et al., "Linking Academic Emotions and Student Engagement: Mature-aged Distance Students' Transition to University", *Journal of Further and Higher Education* 39 (4), 2014, pp. 481-497.

[109] Kintu, M. J., Zhu, C., Kagambe, E., "Blended Learning Effectiveness: The Relationship Between Student Characteristics, Design Features and Outcomes", *International Journal of Educational Technology in Higher Education* 14 (1), 2017.

[110] Kirschner, P., Strijbos, J-W., Kreijns, K., et al., "Designing Electronic Collaborative Learning Environments", *Educational Technology Research and Development* 52 (3), 2004, pp. 47-66.

[111] Kleinginna Jr, P. R., Kleinginna, A. M., "A Categorized List of Emotion

Definitions, with Suggestions for a Consensual Definition", *Motivation and Emotion* 5 (4), 1981, pp. 345–379.

[112] Kuh, G. D., "The National Survey of Student Engagement: Conceptual and Empirical Foundations", *New Directions for Institutional Research*, 2009, pp. 5–20.

[113] Kuh, G. D., "What We're Learning About Student Engagement from NSSE: Benchmarks for Effective Educational Practices", *Change: The Magazine of Higher Learning* 35 (2), 2003, pp. 24–32.

[114] Kuo, Y-C., Walker, A., Schroder, K., et al., "Interaction, Internet Self-efficacy, and Self-regulated Learning as Predictors of Student Satisfaction in Online Education Courses", *The Internet and Higher Education* 20, 2014, pp. 35–50.

[115] Linnenbrink-Garcia, L., Pekrun, R., "Students' Emotions and Academic Engagement: Introduction to the Special Issue", *Contemporary Educational Psychology* 36 (1), 2011, pp. 1–3.

[116] Liu, R-D., Zhen, R., Ding, Y., et al., "Teacher Support and Math Engagement: Roles of Academic Self-efficacy and Positive Emotions", *Educational Psychology* 38 (1), 2017, pp. 3–16.

[117] Locke, E. A., Latham, G. P., "Building a Practically Useful Theory of Goal Setting and Task Motivation: A 35-Year Odyssey", *American Psychologist* 57 (9), 2002, p. 705.

[118] Martín-García, A. V., Martínez-Abad, F., Reyes-González, D., "TAM and Stages of Adoption of Blended Learning in Higher Education by Application of Data Mining Techniques", *British Journal of Educational Technology* 50 (5), 2019, pp. 2484–2500.

[119] Mueller, F. A., Wulf, T., "Blended Learning Environments and Learning Outcomes: The Mediating Role of Flow Experience", *The International Journal of Management Education*, 2022, p. 100694.

[120] Niculescu, A. C., Tempelaar, D. T., Dailey-Hebert, A., et al., "Exten-

ding the Change-Change Model of Achievement Emotions: The Inclusion of Negative Learning Emotions", *Learning and Individual Differences* 47, 2016, pp. 289-297.

[121] Oftedal, B. F., Urstad, K. H., Hvidsten, V., et al., "Blended VS On-campus Learning: A Study of Exam Results in the Bachelor Degree in Nursing", *International Journal of Learning, Teaching and Educational Research* 11 (3), 2015, pp. 59-68.

[122] Pekrun, R., "Control-Value Theory: From Achievement Emotion to a General Theory of Human Emotions", *Educational Psychology Review* 36 (3), 2024.

[123] Pekrun, R., "The Control-Value Theory of Achievement Emotions: Assumptions, Corollaries, and Implications for Educational Research and Practice", *Educational Psychology Review* 18 (4), 2006, pp. 315-341.

[124] Pekrun, R., Elliot, A. J., Maier, M. A., "Achievement Goals and Achievement Emotions: Testing a Model of Their Joint Relations with Academic Performance", *Journal of Educational Psychology* 101 (1), 2009, pp. 115-135.

[125] Pekrun, R., Frenzel, A. C., Götz, T., et al., "Control-Value Theory of Academic Emotions: How Classroom and Individual Factors Shape Students Affect", Annual Meeting of the American Educational Research Association, 2006, pp. 7-11.

[126] Pekrun, R., Goetz, T., Daniels, L. M., et al, "Boredom in Achievement Settings: Exploring Control-Value Antecedents and Performance Outcomes of a Neglected Emotion", *Journal of Educational Psychology* 102 (3), 2010, pp. 531-549.

[127] Pekrun, R., Goetz, T., Frenzel, A. C., et al., "Measuring Emotions in Students' Learning and Performance: The Achievement Emotions Questionnaire (AEQ)", *Contemporary Educational Psychology* 36 (1), 2011, pp. 36-48.

[128] Pekrun, R., Goetz, T., Perry, R. P., "Academic Emotions Questionnaire (AEQ)-User's Manual", Department of Psychology, University of Munich: Munich, Germany, 2005.

[129] Pekrun, R., Goetz, T., Titz, W., et al., "Academic Emotions in Students' Self-regulated Learning and Achievement: A Program of Qualitative and Quantitative Research", *Educational Psychologist* 37 (2), 2002, pp. 91–105.

[130] Pekrun, R., Stephens, E. J., "Achievement Emotions: A Control-Value Approach", *Social and Personality Psychology Compass* 4 (4), 2010, pp. 238–255.

[131] Reeve, J., Jang, H., Carrell, D., et al., "Enhancing Students' Engagement by Increasing Teacher' Autonomy Support", *Motivation and Emotion* 28 (2), 2004, pp. 147–169.

[132] Reeve, J., Tseng, C. M., "Agency as a Fourth Aspect of Students' Engagement During Learning Activities", *Contemporary Educational Psychology* 36 (4), 2011, pp. 257–267.

[133] Richardson, J. C., Swan, K., "Examining Social Presence in Online Courses in Relation to Students' Perceived Learning and Satisfaction", *Journal of Asynchronous Learning Networks* 7 (1), 2001, pp. 68–88.

[134] Rungtusanatham, M., Miller, J. W., Boyer, K. K., "Theorizing, Testing, and Concluding for Mediation in SCM Research: Tutorial And Procedural Recommendations", *Journal of Operations Management* 32 (3), 2014, pp. 99–113.

[135] Ryan, R. M., Deci, E. L., "Intrinsic and Extrinsic Motivation from a Self-determination Theory Perspective: Definitions, Theory, Practices, and Future Directions", *Contemporary Educational Psychology*, 2020, p. 101860.

[136] Ryan, R. M., Deci, E. L., "Self-determination Theory and the Facilitation of Intrinsic Motivation, Social Development, and Well-being", *American Psychologist* 55 (1), 2000, pp. 68–78.

[137] Sadoughi, M., Hejazi, S. Y,, "Teacher Support and Academic Engagement Among Efl Learners: The Role of Positive Academic Emotions", *Studies in Educational Evaluation* 70, 2021, p. 101060.

[138] Shelbi, L., et al., "Students' Active Cognitive Engagement with Instructional Videos Predicts Stem Learning", *Computers & Education* 216, 2024, p. 105050.

[139] Shernoff, D. J., Csikszentmihalyi, M., Shneider, B., et al., "Student Engagement in High School Classrooms from the Perspective of Flow Theory", *School Psychology Quarterly* 18 (2), 2003, pp. 158-176.

[140] Shoshani, A., Steinmetz, S., Kanat-Maymon, Y., "Effects of the Maytiv Positive Psychology School Program on Early Adolescents' Well-being, Engagement, and Achievement", *Journal of School Psychology* 57, 2016, pp. 73-92.

[141] Shulman, L. S., "Making Differences: A Table of Learning", *Change: The Magazine of Higher Learning* 34 (6), 2002, pp. 36-44.

[142] Sinatra, G. M., Heddy, B. C., Lombardi, D., "The Challenges of Defining and Measuring Student Engagement in Science", *Educational Psychologist* 50 (1), 2015, pp. 1-13.

[143] Stark, L., Malkmus, E., Stark, R., et al., "Learning-related Emotions in Multimedia Learning: An Application of Control-Value Theory", *Learning and Instruction* 58, 2018, pp. 42-52.

[144] Stupnisky, R. H., Perry, R. P., Renaud, R. D., et al., "Looking Beyond Grades: Comparing Self-esteem and Perceived Academic Control as Predictors of First-Year College Students' Well-being", *Learning and Individual Differences*, 2013, pp. 151-157;

[145] Subasi, Y., Adalar, H., Tanhan, A., et al., "Investigating Students' Experience of Online/Distance Education with Photovoice During COVID-19", *Distance Education* 44 (3), 2023, pp. 563-587.

[146] Tang, D., Fan, W., Zou, Y., et al., "Self-efficacy and Achievement

Emotions as Mediators Between Learning Climate and Learning Persistence in College Calculus: A Sequential Mediation Analysis", *Learning and Individual Differences* 92, 2021, p. 102094.

[147] Trenholm, S., Hajek, B., Robinson, C. L., et al., "Investigating Undergraduate Mathematics Learners' Cognitive Engagement with Recorded Lecture Videos", *International Journal of Mathematical Education in Science and Technology* 50 (1), 2018, pp. 3-24.

[148] Tu, C. H., "On-line Learning Migration: From Social Learning Theory to Social Presence Theory in a CMC Environment", *Journal of network and Computer applications* 23 (1), 2000, pp. 27-37.

[149] Tze, V., Parker, P., Sukovieff, A., "Control-Value Theory of Achievement Emotions and Its Relevance to School Psychology", *Canadian Journal of School Psychology* 37 (1), 2021, pp. 23-39.

[150] Vaughan, N., "Student Engagement and Blended Learning: Making the Assessment Connection", *Education Sciences* 4 (4), 2014, pp. 247-264.

[151] Venkatesh, V., Bala, H., "Technology Acceptance Model 3 and a Research Agenda on Interventions", *Decision Sciences* 39 (2), 2008, pp. 273-315.

[152] Venn, E., Park, J., Andersen, L. P., et al., "How Do Learning Technologies Impact on Undergraduates' Emotional and Cognitive Engagement with Their Learning?", *Teaching in Higher Education* 28 (4), 2020, pp. 822-839.

[153] Villavicencio, F. T., Bernardo, B. I., "Positive Academic Emotions Moderate the Relationship between Self-regulation and Academic Achievement", *British Journal of Educational Psychology* 83 (2), 2012, pp. 329-340.

[154] Vo, M. H., Zhu, C., Diep, A. N., "Students' Performance in Blended Learning: Disciplinary Difference and Instructional Design Factors", *Journal of Computers in Education* 2020, 7 (4), pp. 487-510.

[155] Walther, J. B., "Interpersonal Effects in Computer-Mediated Interaction",

Communication Research 19 (1), 1992, pp. 52–90.

[156] Wang, M-T., Eccles, J. S., "School Context, Achievement Motivation, and Academic Engagement: A Longitudinal Study of School Engagement Using a Multidimensional Perspective", *Learning and Instruction* 28, 2013, pp. 12–23.

[157] Wang, Q., "A Generic Model for Guiding the Integration of Ict into Teaching and Learning", *Innovations in Education and Teaching International* 45 (4), 2008, pp. 411–419.

[158] Wang, Z., Chen, L., Anderson, T., "A Framework for Interaction and Cognitive Engagement in Connectivist Learning Contexts", *The International Review of Research in Open and Distributed Learning* 15 (2), 2014.

[159] Webb, H. W., Gill, G., Poe, G., "Teaching with the Case Method Online: Pure Versus Hybrid Approaches", *Decision Sciences Journal of Innovative Education* 3 (2), 2005, pp. 223–250.

[160] Welters, R., Lewthwaite, B., Thomas, J., et al., "Re-engaged Students' Perceptions of Mainstream and Flexible Learning Environments—A 'Semi-Quantitative' Approach", *International Journal of Inclusive Education* 23 (12), 2019, pp. 1315–1331.

[161] Wicks, D. A., et al., "An Investigation into the Community of Inquiry of Blended Classrooms by a Faculty Learning Community", *The Internet and Higher Education*, 2015, pp. 53–62.

[162] Wilhelm-Chapin, M. K., Koszalka, T. A., "Graduate Students' Use and Perceived Value of Learning Resources in Learning the Content in an Online Course", *TechTrends* 64 (3), 2020, pp. 361–372.

[163] Wold, K., "Collaborative Inquiry: Expert Analysis of Blended Learning in Higher Education", *International Journal on E-learning* 12 (2), 2013, pp. 221–238.

[164] Wong, Z. Y., Liem, G. A. D., "Student Engagement: Current State of the Construct, Conceptual Refinement, and Future Research Directions", *Edu-*

cational Psychology Review 34 (1), 2021, pp. 107–138.

[165] Wu, C., Gong, X., Luo, L., et al., "Applying Control-Value Theory and Unified Theory of Acceptance and Use of Technology to Explore Pre-service Teachers' Academic Emotions and Learning Satisfaction", *Frontiers in Psychology* 12, 2021.

[166] Xiao, J., "Learner-Content Interaction in Distance Education: The Weakest Link in Interaction Research", *Distance Education* 38 (1), 2017, pp. 123–135.

[167] Xie, K., Heddy, B. C., Vongkulluksn, V. W., "Examining Engagement in Context Using Experience-Sampling Method with Mobile Technology", *Contemporary Educational Psychology*, 2019, p. 101788.

[168] Yang, S. H., "Conceptualizing Effective Feedback Practice Through an Online Community of Inquiry", *Computers & Education* 94, 2016, pp. 162–177.

[169] Zyngier, D., "(Re) conceptualising Student Engagement: Doing Education Not Doing Time", *Teaching and Teacher Education* 24 (7), 2008, pp. 1765–1776.

附　录

附录 1　混合学习环境感知量表

量表/维度	题项	非常不符合	比较不符合	一般	比较符合	非常符合
技术使用量表						
易用性	我很容易就能学会使用相关技术和平台完成学习任务	1	2	3	4	5
	我对混合学习中利用技术和平台进行的互动有清楚的理解	1	2	3	4	5
	我很容易就能熟练地使用技术和平台等完成学习任务	1	2	3	4	5
	我发现使用技术和平台完成学习任务是一件轻松的事	1	2	3	4	5
有用性	使用技术和平台完成学习任务对我的学习很有帮助	1	2	3	4	5
	使用技术和平台完成学习任务能让我学得更好	1	2	3	4	5
	使用技术和平台完成学习任务能提高学习效率	1	2	3	4	5
	使用技术和平台完成学习任务让我有更好的学习表现	1	2	3	4	5
	使用技术和平台能够很好地满足我的学习需要	1	2	3	4	5
灵活性	混合学习方式非常灵活，适合我的学习风格	1	2	3	4	5
	我可以自由地选择手机、平板或者电脑使用在线平台而不受到影响	1	2	3	4	5
	在线提交作业、课程讨论等活动的时间非常灵活	1	2	3	4	5
	我可以灵活地安排自己的在线学习进度	1	2	3	4	5
	我可以有选择地学习在线学习平台的材料	1	2	3	4	5
	我可以在任何地点开始我的在线学习	1	2	3	4	5

续表

量表/维度	题项	非常不符合	比较不符合	一般	比较符合	非常符合
学习资源量表						
可用性	使用在线学习平台的网络费用并不昂贵	1	2	3	4	5
	我的网速够快，总是能够保证我可以快速使用在线学习平台	1	2	3	4	5
	在线学习平台非常稳定，极少出现无法访问的情况	1	2	3	4	5
学生与内容的互动	学习平台提供的课程材料能够帮我更好地理解学习内容	1	2	3	4	5
	学习平台提供的课程材料激发了我的学习兴趣	1	2	3	4	5
	学习平台提供的课程材料在促进我将个人经验与新学到的知识相结合方面发挥了积极作用	1	2	3	4	5
	我很容易就能访问到学习平台上的课程材料	1	2	3	4	5
教师支持量表						
自主支持	我的老师会倾听我的想法	1	2	3	4	5
	我的老师会讨论如何将学到的知识应用到实践中去	1	2	3	4	5
教师参与	我的老师喜欢我	1	2	3	4	5
	我的老师对我很关心	1	2	3	4	5
	我的老师很了解我	1	2	3	4	5
	我的老师在我学习过程中肯花时间陪伴我	1	2	3	4	5
	我的老师会跟我交流讨论	1	2	3	4	5
结构提供	我的老师教我如何自己解决问题	1	2	3	4	5
	当我无法解决问题时，我的老师会提供多种问题解决方式	1	2	3	4	5
	我的老师会关注我的理解情况	1	2	3	4	5
	我的老师在教授新内容前会了解我的准备情况	1	2	3	4	5
社会临场感						
社会临场感	了解我的同学让我在在线学习活动中有归属感	1	2	3	4	5
	清楚地了解同学的个性、特点对我与同学互动很重要	1	2	3	4	5
	我认为在线互动提供了一种方便、灵活的沟通方式，是非常好的交流方式	1	2	3	4	5

续表

量表/维度	题项	非常不符合	比较不符合	一般	比较符合	非常符合
社会临场感	在线互动时我感到很舒适、放松，没有压力	1	2	3	4	5
	在线互动时我感到很自在、自信，能够积极参与讨论并分享观点	1	2	3	4	5
	我在跟同学互动时感到轻松、自在，能够自然地沟通交流	1	2	3	4	5
	当我提出与其他同学不同的意见时，我仍然能够感到被尊重和信任，这让我感到舒适	1	2	3	4	5
	在讨论中我感到自己的意见被认可、重视和尊重	1	2	3	4	5

附录 2　混合学习环境控制-价值评估量表

量表/维度	题项	非常不符合	比较不符合	一般	比较符合	非常符合
控制-价值评估量表						
学习控制评估	在混合学习的课程中，我相信自己能够通过自己的努力来提高学习成绩	1	2	3	4	5
	在混合学习中付出的努力越多，我的成绩就越好	1	2	3	4	5
	我自己对混合学习课程的学习表现负有主要责任	1	2	3	4	5
内部价值评估	不管成绩如何，我都认为混合学习这种方式对我十分重要	1	2	3	4	5
	我认为混合学习这种方式非常有效	1	2	3	4	5
	混合学习方式是我比较喜欢的形式	1	2	3	4	5
	我很喜欢混合学习这种方式	1	2	3	4	5
	混合学习对我的学习起着十分重要的作用	1	2	3	4	5
外部价值评估	混合学习效果不理想对我影响很大	1	2	3	4	5
	不理想的混合学习效果会让我很失望	1	2	3	4	5
	只有混合学习效果比较好，我才能够满意	1	2	3	4	5
	我十分在意混合学习效果	1	2	3	4	5

附录 3　混合学习环境中的学业情绪量表

量表/维度	题项	非常不符合	比较不符合	一般	比较符合	非常符合
学业情绪量表						
享受	我享受混合学习带来的挑战	1	2	3	4	5
	我喜欢通过混合学习这种方式学习知识	1	2	3	4	5
	当我在混合学习中取得进步时，我会很高兴并积极继续学习	1	2	3	4	5
	当混合学习进展顺利时，我会充满动力					
希望	我在混合学习时感到很自信	1	2	3	4	5
	我有信心通过混合学习能够学到东西	1	2	3	4	5
	我对在混合学习中取得进步感到乐观	1	2	3	4	5
	我的自信心激励着我积极参与混合学习	1	2	3	4	5
骄傲	我在混合学习时为自己感到骄傲	1	2	3	4	5
	我为自己在混合学习中取得的成就感到骄傲	1	2	3	4	5
	对混合学习效果感到骄傲是我继续学习的动力	1	2	3	4	5
	当我在混合学习表现出色时，我会非常自豪	1	2	3	4	5
愤怒	混合学习让我感到烦恼	1	2	3	4	5
	我因为必须参与混合学习而感到恼火	1	2	3	4	5
	我非常愤怒，以至于非常不想参与混合学习	1	2	3	4	5
	参加混合学习，我会感到烦躁、不安	1	2	3	4	5
焦虑	混合学习时，我会感到紧张和焦虑	1	2	3	4	5
	我会担心自己能否应对混合学习的各种情况	1	2	3	4	5
	在混合学习时，我尝试通过分散自己的注意力来缓解焦虑	1	2	3	4	5
	不能完成混合学习任务让我感到焦虑	1	2	3	4	5
羞愧	混合学习时，我感到羞愧	1	2	3	4	5
	当我意识到自己的混合学习能力不足时，我感到羞愧	1	2	3	4	5
	因为我在混合学习的课程材料上遇到了很多困难，所以我不会积极参与讨论	1	2	3	4	5
	当我的同学注意到我理解不够时，我感到尴尬并尽量减少接触	1	2	3	4	5

续表

量表/维度	题项	非常不符合	比较不符合	一般	比较符合	非常符合
绝望	混合学习时，我感到无助	1	2	3	4	5
	我接受了自己混合学习能力不足这一事实	1	2	3	4	5
	我感到如此无助，以至于我不能全力以赴地学习	1	2	3	4	5
	缺乏自信让我在开始之前就已经感到无力、怀疑	1	2	3	4	5
无聊	混合学习让我感觉无聊	1	2	3	4	5
	混合学习太无聊以至于我感觉自己在神游	1	2	3	4	5
	我总想把无聊的学习一推再推，不到最后就一直拖延	1	2	3	4	5
	由于无聊，我在混合学习时容易分心，经常走神	1	2	3	4	5

附录 4　混合学习环境中的认知投入量表

量表/维度	题项	非常不符合	比较不符合	一般	比较符合	非常符合
	认知投入量表					
深层认知投入	在学习新知识时，我会用自己的语言进行总结	1	2	3	4	5
	在学习新知识时，我会将新学到的概念或想法与我已掌握的相似内容联系起来	1	2	3	4	5
	在学习新概念时，我会尝试将这些概念与在生活或工作中的实际应用联系起来	1	2	3	4	5
	在学习课程材料时，我会按照对我有意义的顺序对相关信息进行整合组织	1	2	3	4	5
浅层认知投入	我尝试背诵来自学习指南或课程大纲里的知识要点	1	2	3	4	5
	我通过背诵在教材或课堂笔记中的定义的方法，来记忆专业术语	1	2	3	4	5
	我试着对老师在课堂上教授的内容做好笔记	1	2	3	4	5
	我试图通过阅读学习材料来预测哪些是考试的内容	1	2	3	4	5
	我在学习和理解概念时，严格按照课堂讲授或阅读材料中的方式进行	1	2	3	4	5

附录5 教师访谈提纲及访谈对象编码

教师访谈提纲

访谈主题	访谈问题提纲
访谈对象信息	1. 性别、年龄、职称、学历、任教专业、教龄等。
混合学习 环境感知	2. 您如何评价当前的混合学习环境？
	3. 混合学习满足了哪些需求，还存在哪些不足？
	4. 您认为混合学习环境对学生学习成效有何影响？
	5. 在设计和实施混合学习活动时，您如何考虑并整合技术、内容、教师和同伴互动等因素？
混合学习方式的 控制-价值评估	6. 您认为混合学习方式在提供学生自主学习机会方面表现如何？
	7. 您如何平衡在线和面对面教学，以确保学生感受到适当的学习控制？
	8. 您如何评价学生对混合学习方式的价值评价？
混合学习过程中的 学业情绪体验	9. 您观察到学生在混合学习环境中有哪些常见的情绪反应？
	10. 您在学生管理他们在混合学习过程中的情绪体验提供了哪些帮助？
	11. 您认为教师在调节学生学业情绪方面扮演什么角色？
混合学习中学生的 认知投入	12. 您如何评价学生在混合学习环境中的认知投入？
	13. 您采取了哪些措施来促进学生的认知投入？
	14. 您认为哪些因素可能影响学生在混合学习环境中的认知投入？

教师访谈对象编码

访谈对象编号	学科
T-a-1	理工类
T-a-2	理工类
T-a-3	理工类
T-a-4	理工类
T-b-1	社科类
T-b-2	社科类
T-b-3	社科类

续表

访谈对象编号	学科
T-b-4	社科类
T-c-1	艺体类
T-c-2	艺体类
T-c-3	艺体类
T-c-4	艺体类

附录 6　学生访谈提纲及访谈对象编码

学生访谈提纲

访谈主题	访谈问题提纲
访谈对象信息	1. 性别、年龄、年级、学科专业等。
从技术、内容、教师和同伴互动等方面谈谈对混合学习环境的看法	2. 您对目前的混合学习环境有何感受？它如何影响您的学习？
	3. 在混合学习环境中，您觉得哪些方面最有助于您的学习？
	4. 您认为混合学习环境中哪些因素可能会阻碍您的学习？
谈谈对混合学习的主观控制和价值评估情况	5. 您在混合学习环境中感到自己的学习控制程度如何？
	6. 您如何评价在线学习资源和面对面教学的平衡？
	7. 您如何管理自己的学习进度和学习策略？
	8. 您认为混合学习对您来讲最大的益处是什么？
混合学习过程中的学业情绪体验	9. 您在混合学习过程中有哪些情绪体验？
	10. 您认为哪些因素会影响您在混合学习中的情绪？
	11. 您通常如何调节自己的情绪以适应混合学习环境？
混合学习中的认知投入	12. 您如何评价自己在混合学习环境中的认知投入？
	13. 您认为哪些教学方法或活动最能提高您的认知投入？
	14. 您在混合学习中遇到的主要挑战是什么，您是如何克服这些挑战的？

学生访谈对象编码

对象编号	学科	年级	性别	对象编号	学科	年级	性别	对象编号	学科	年级	性别
S-a-1-1	理工类	大一	男	S-b-1-1	社科类	大一	男	S-c-1-1	艺体类	大一	男
S-a-1-2	理工类	大一	女	S-b-1-2	社科类	大一	女	S-c-1-2	艺体类	大一	女
S-a-2-1	理工类	大二	男	S-b-2-1	社科类	大二	男	S-c-2-1	艺体类	大二	男
S-a-2-2	理工类	大二	女	S-b-2-2	社科类	大二	女	S-c-2-2	艺体类	大二	女
S-a-3-1	理工类	大三	男	S-b-3-1	社科类	大三	男	S-c-3-1	艺体类	大三	男
S-a-3-2	理工类	大三	女	S-b-3-2	社科类	大三	女	S-c-3-2	艺体类	大三	女
S-a-4-1	理工类	大四	男	S-b-4-1	社科类	大四	男	S-c-4-1	艺体类	大四	男
S-a-4-2	理工类	大四	女	S-b-4-2	社科类	大四	女	S-c-4-2	艺体类	大四	女

图书在版编目(CIP)数据

混合学习环境中的学业情绪与认知投入：基于控制-价值理论的实证研究 / 马运朋著. --北京：社会科学文献出版社，2025.7. --ISBN 978-7-5228-5253-9

Ⅰ. G442

中国国家版本馆 CIP 数据核字第 20250V3M74 号

混合学习环境中的学业情绪与认知投入

——基于控制-价值理论的实证研究

著　　者 / 马运朋

出 版 人 / 冀祥德
组稿编辑 / 高　雁
责任编辑 / 颜林柯
责任印制 / 岳　阳

出　　版 / 社会科学文献出版社 · 经济与管理分社（010）59367226
地址：北京市北三环中路甲 29 号院华龙大厦　邮编：100029
网址：www.ssap.com.cn
发　　行 / 社会科学文献出版社（010）59367028
印　　装 / 唐山玺诚印务有限公司

规　　格 / 开　本：787mm × 1092mm　1/16
印　张：18.25　字　数：289 千字
版　　次 / 2025 年 7 月第 1 版　2025 年 7 月第 1 次印刷
书　　号 / ISBN 978-7-5228-5253-9
定　　价 / 138.00 元

读者服务电话：4008918866